KB235686

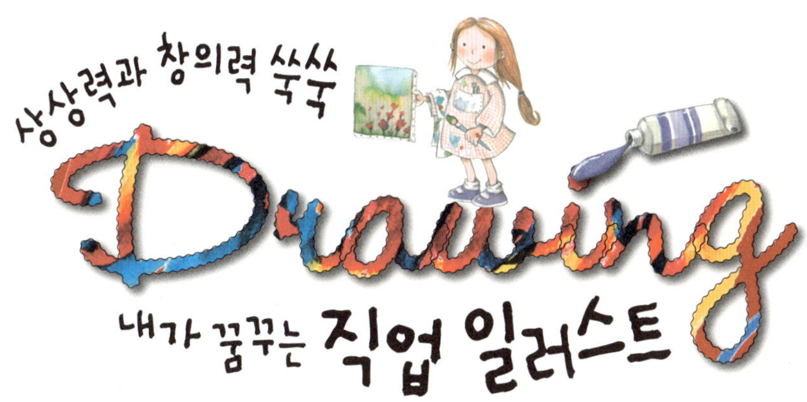

# Drawing

내가 꿈꾸는 **직업 일러스트**

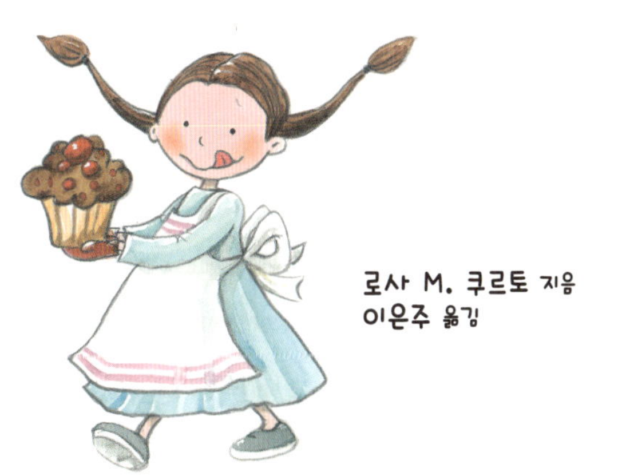

로사 M. 쿠르토 지음
이은주 옮김

초록숲

# 목차

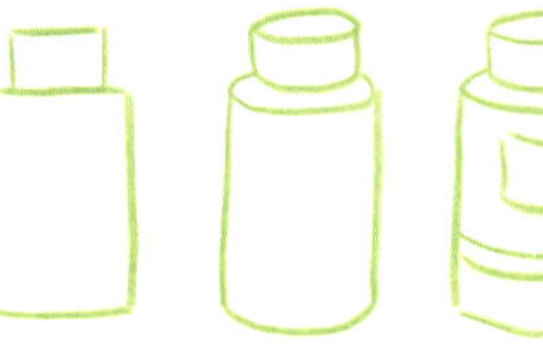
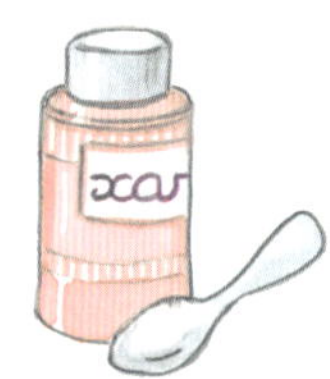



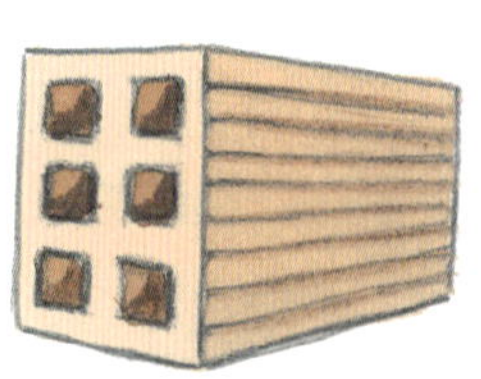
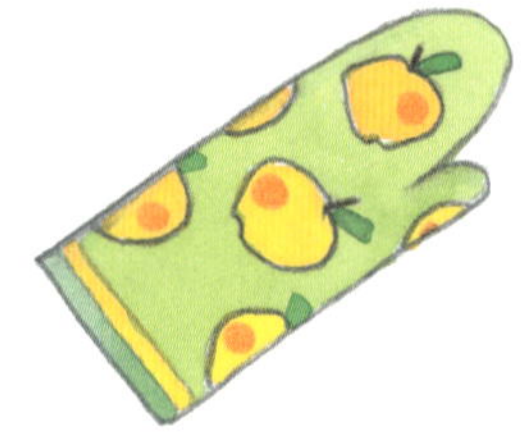



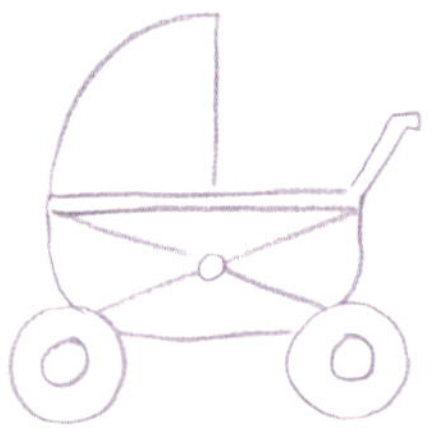
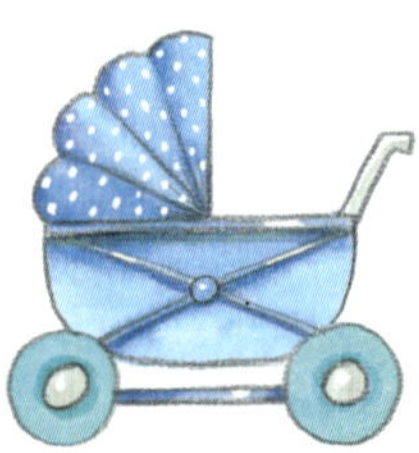



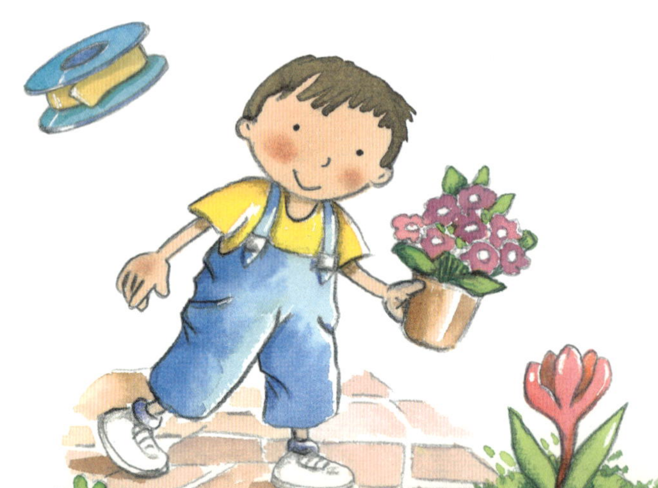
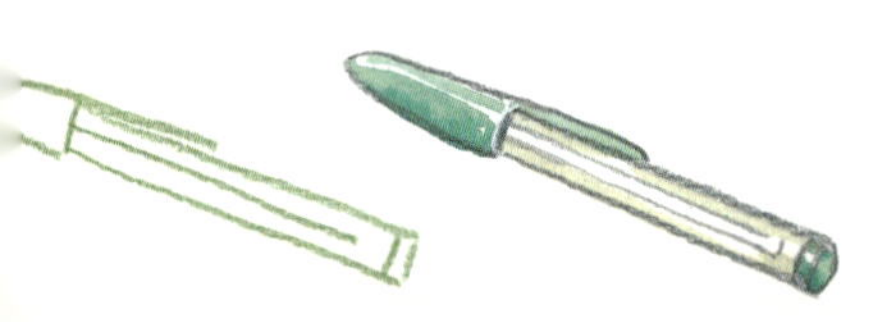

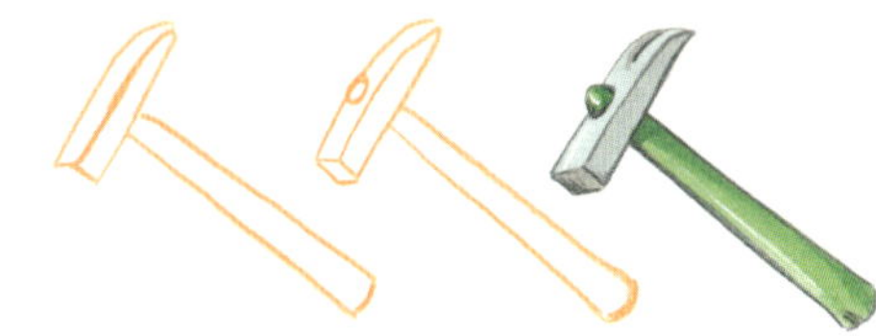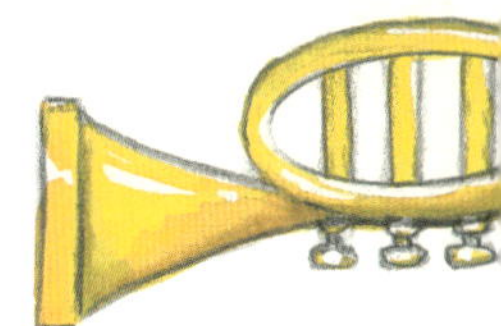



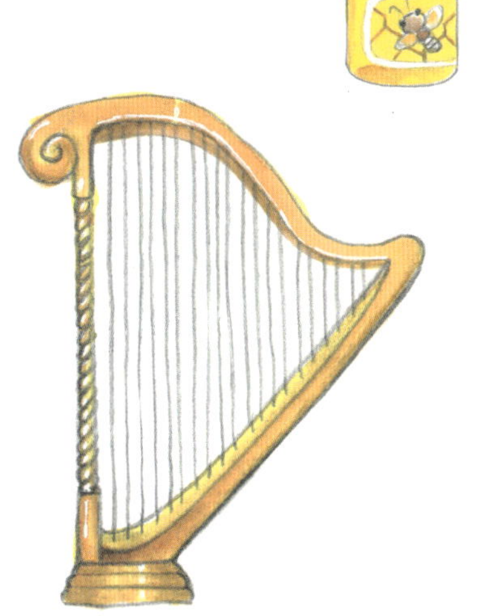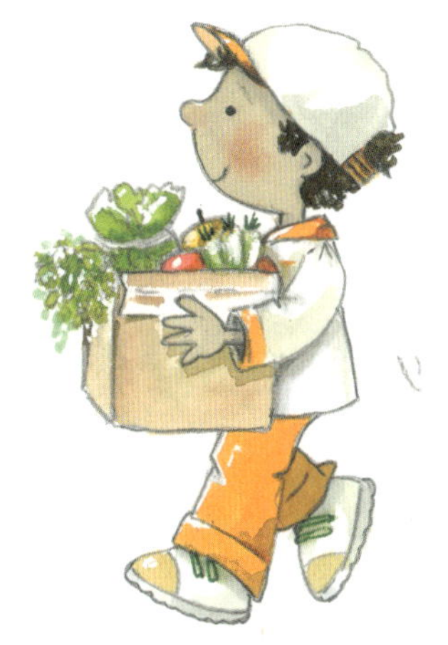

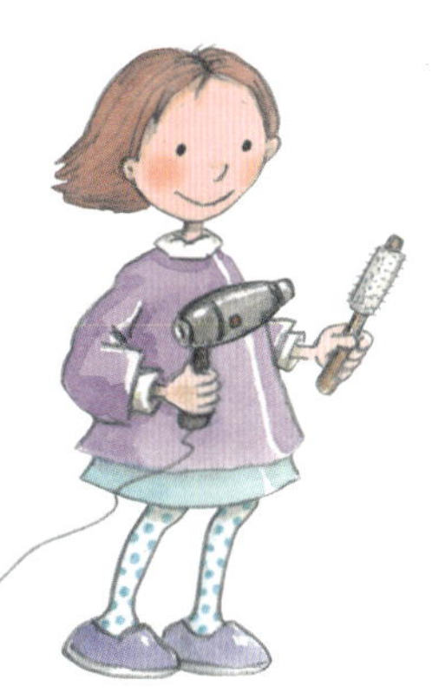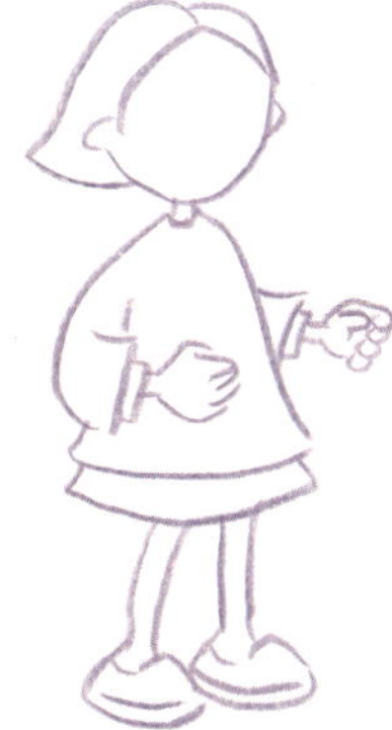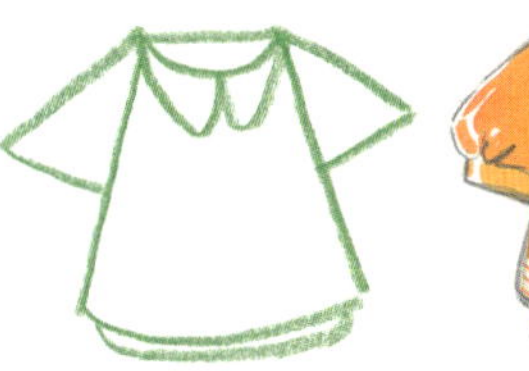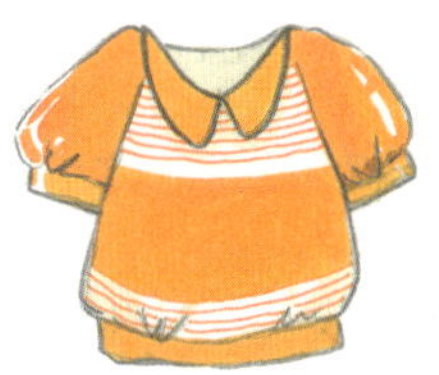

# 엄마는 아기를 돌봐요

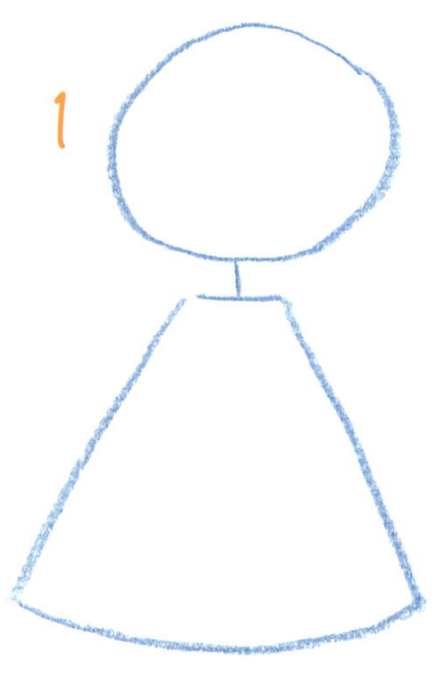

1 먼저 머리와 몸을 그려요.

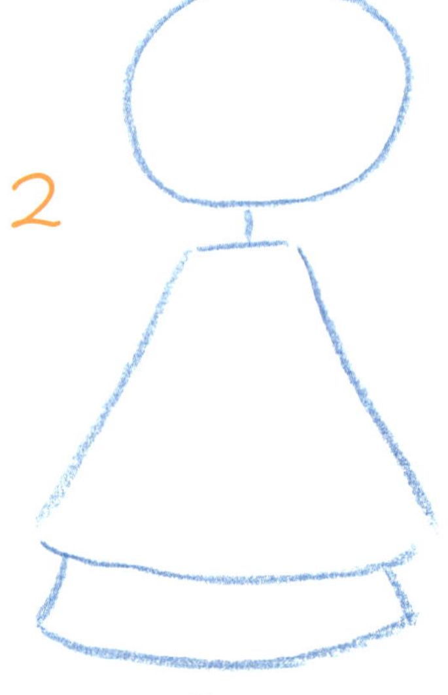

2 치마를 그려요.

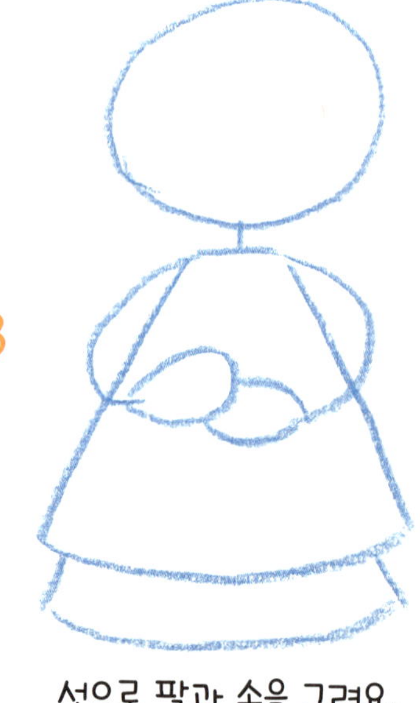

3 선으로 팔과 손을 그려요.

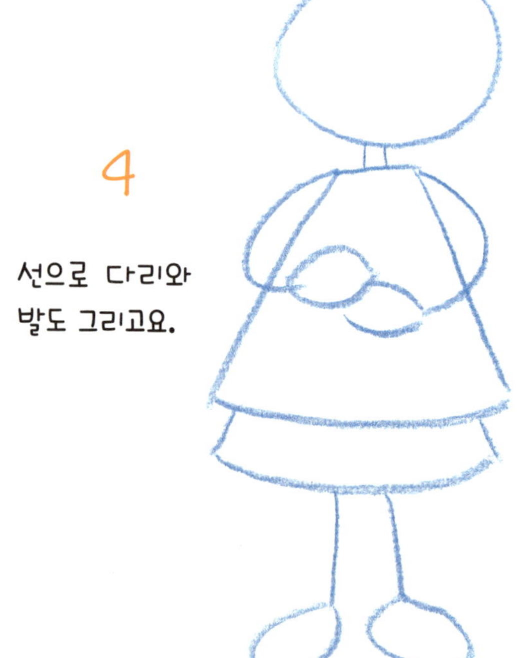

4 선으로 다리와 발도 그리고요.

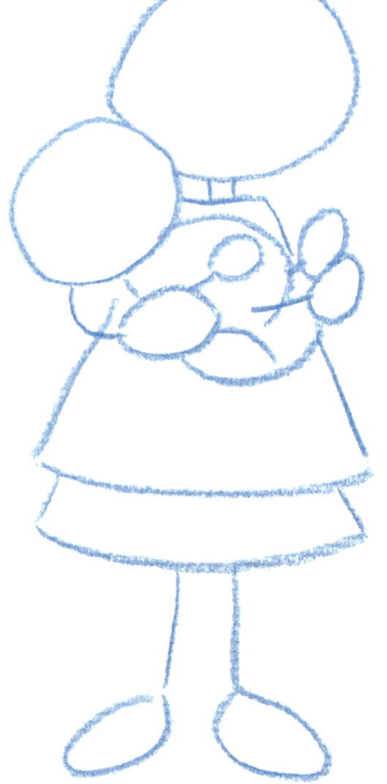

5 팔에 아기를 안겨요.

6

선으로 그린 아기의
팔과 다리를 면으로
표현해요. 선에서 면이
되는 과정을 배워두면
무엇이든 표현할 수
있어요.

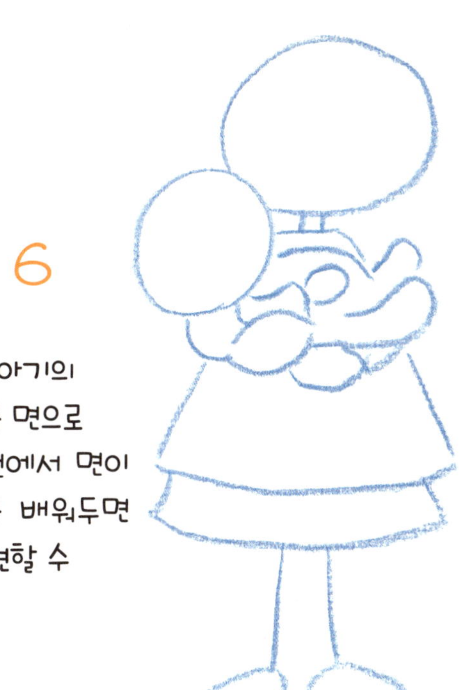

7

엄마 다리도 면으로
표현하고, 손이랑 신발도
자세히 그려요.

8

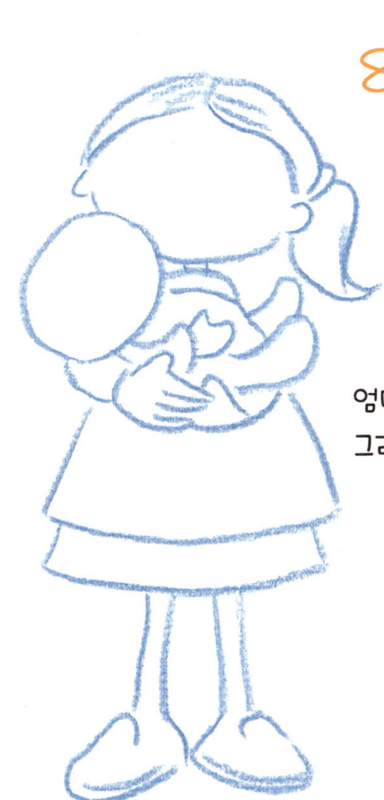

엄마의 머리카락도
그려 주세요.

9

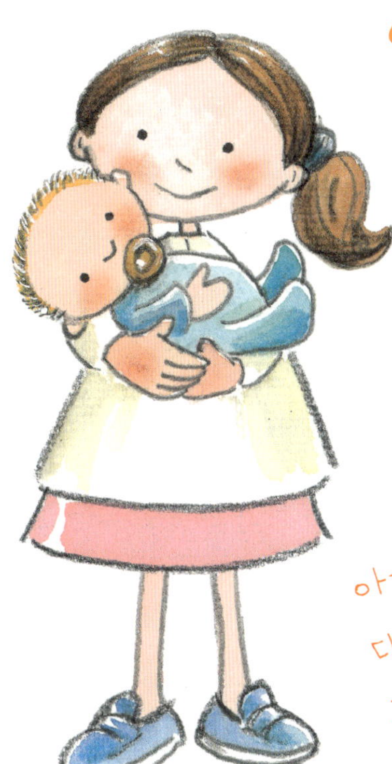

이제 눈, 코, 입을
그리고 예쁘게 색
칠해요.
아기 머리카락과
눈, 코, 입도 그려
넣고요.

아기를 잘 돌봐 주세요.
다정하게,
그리고 부지런히요!

5

# 우유 먹을 시간~

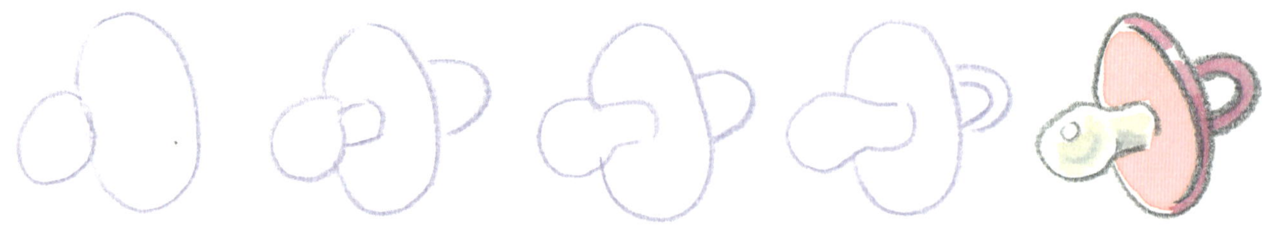

고무젖꼭지를 차근차근 따라 그려 봐요.

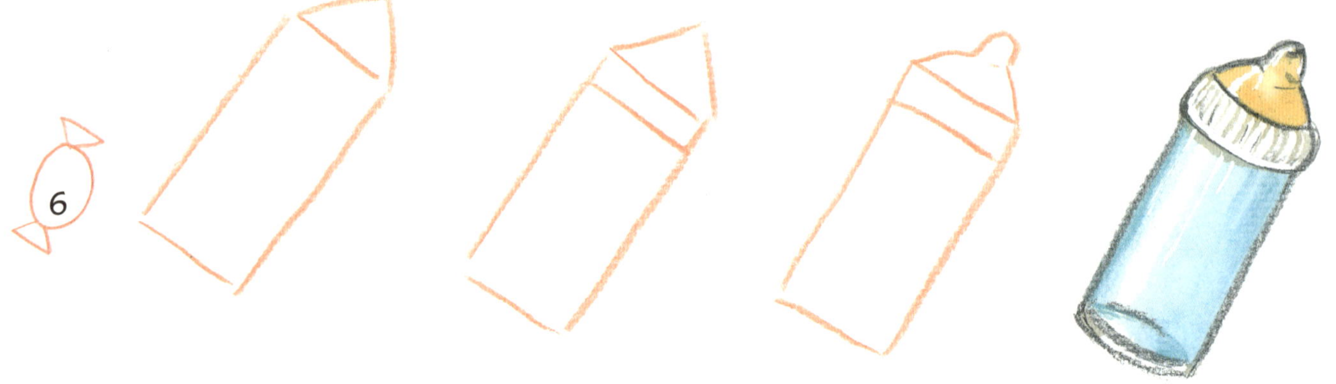

젖병은 병에서 젖꼭지가 달린 뚜껑 순서로 완성해 가요.

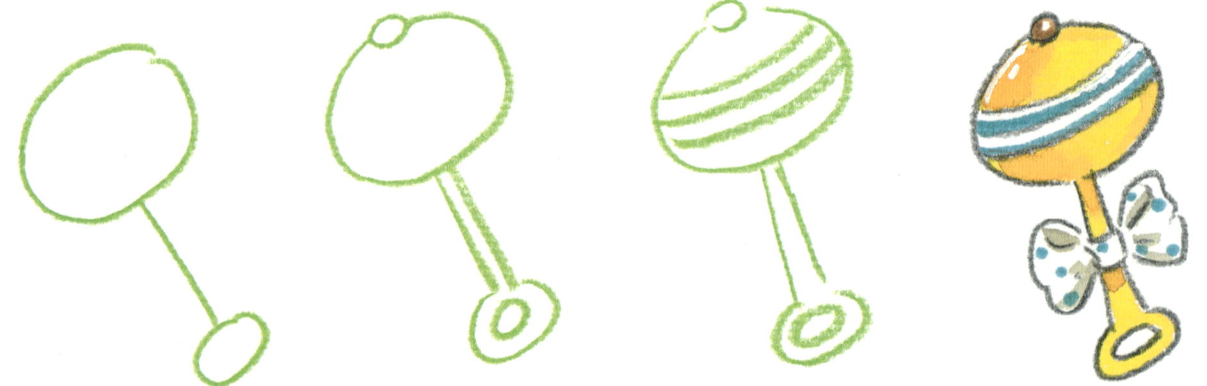

딸랑이는 동그라미와 직선을 먼저 그린 다음 자세하게 그리면 쉬워요.

아기의 기분이 좋아지도록 옷을 갈아입히고, 냠냠 맘마도 먹여요.
자장자장 잠도 재워 주어야 지요.

 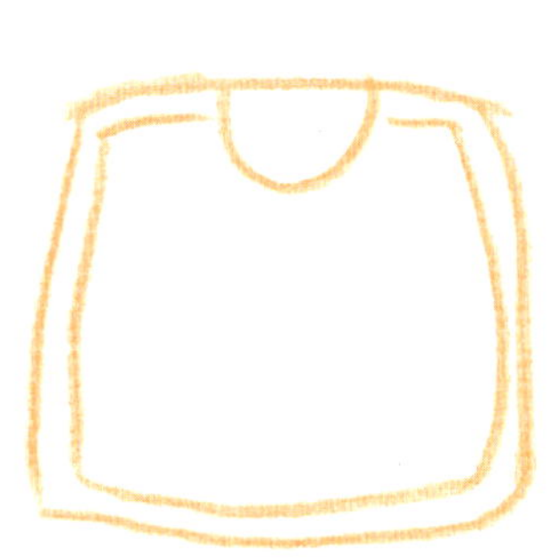 

사각형 턱받이는 먼저 테두리 선을 그리고 자세히 표현한 다음 색칠해요.

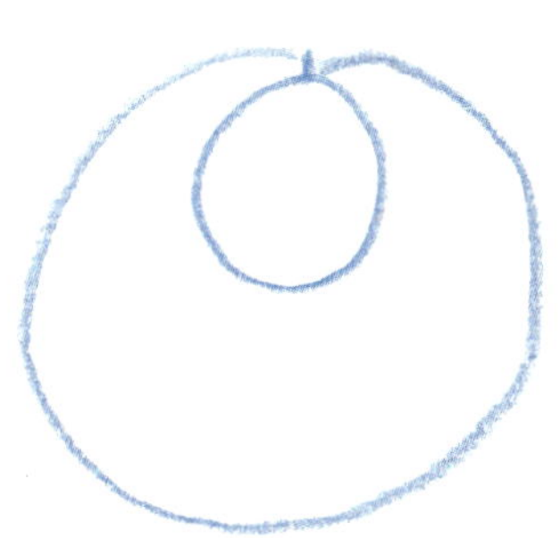 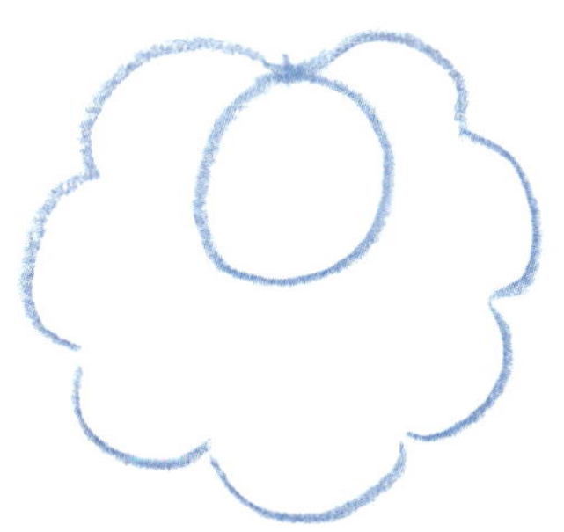 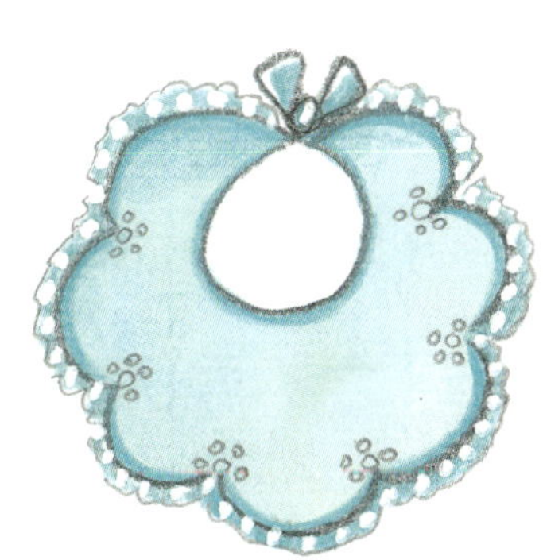

둥근 턱받이는 먼저 동그라미로 연습한 다음 테두리를 구불구불하게 그려 완성해 보아요.

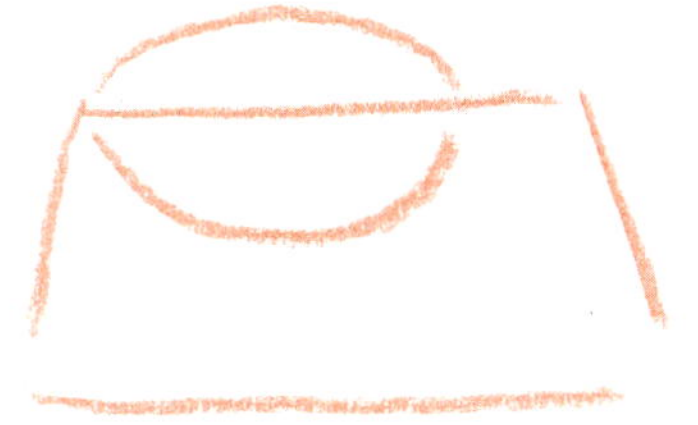 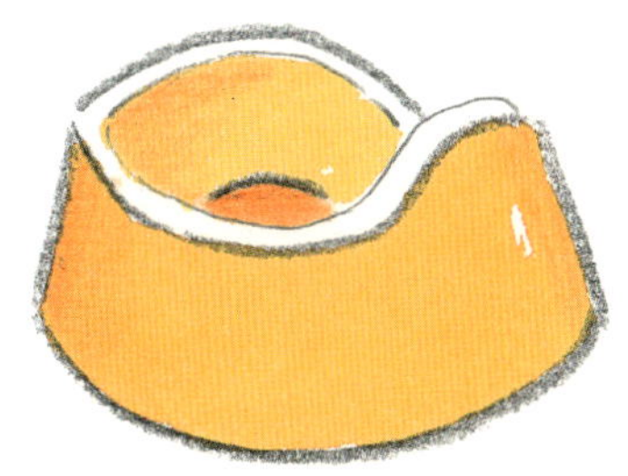

이유식 그릇도 그려 보아요. 사다리꼴과 동그라미를 겹쳐서 그리고 필요 없는 선은 지워요.

두께를 표현할 선을 추가하고 겉과 안을 색칠해요.

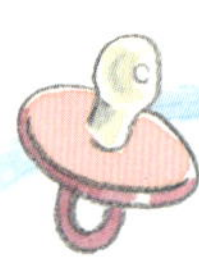

# 장난감을 가지고 재미있게 놀아요

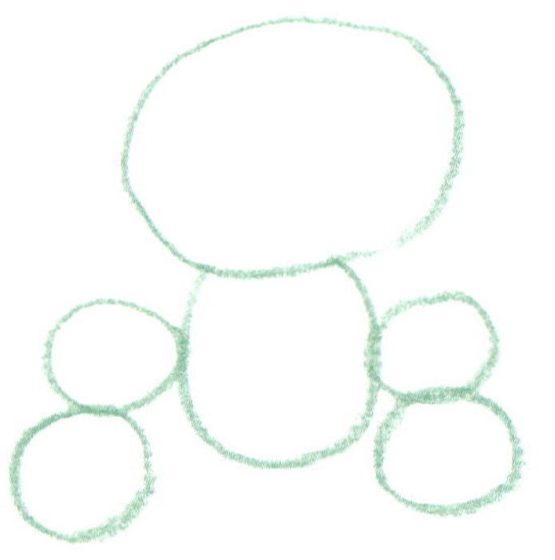 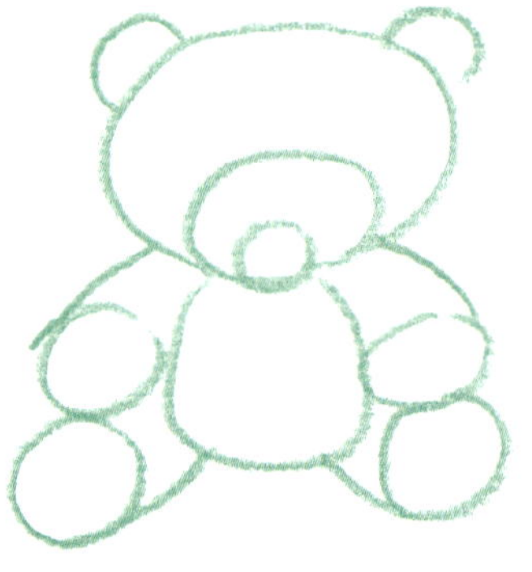 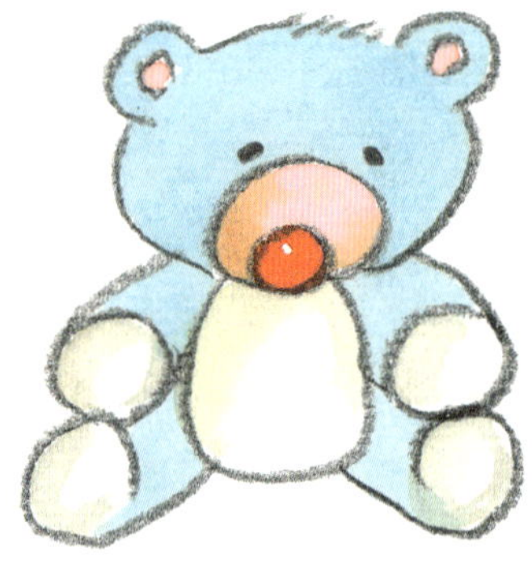

곰돌이 인형은 동그라미 6개로 자리를 잡으면 그리기 쉬워요.
얼굴을 자세히 그리고 색칠하세요.



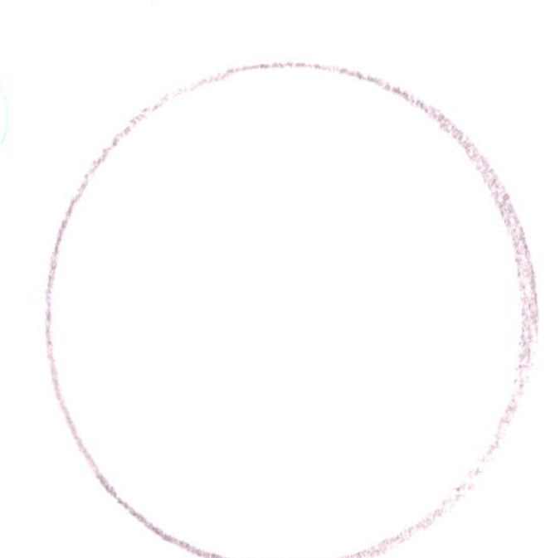 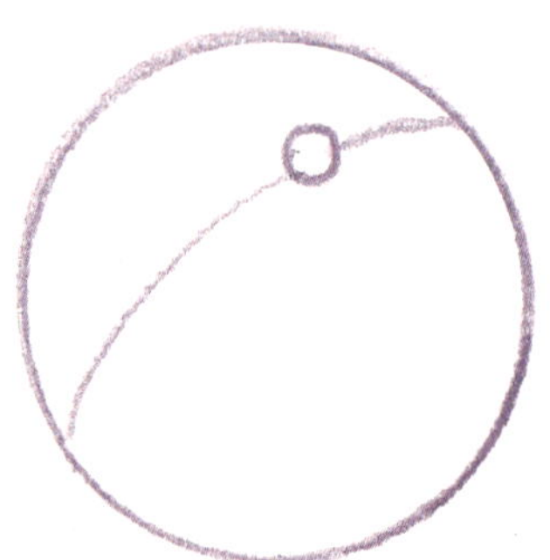 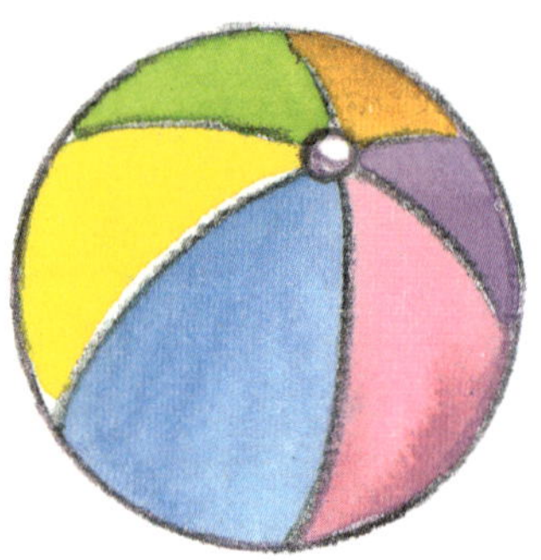

아기들은 알록달록 공이랑 칙칙폭폭 기차를 좋아하지요.

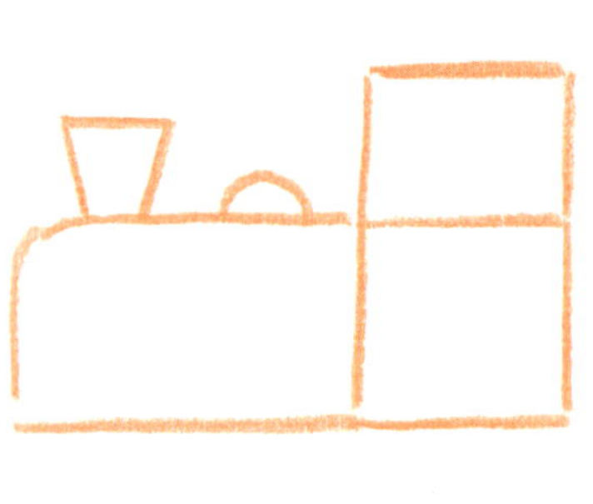 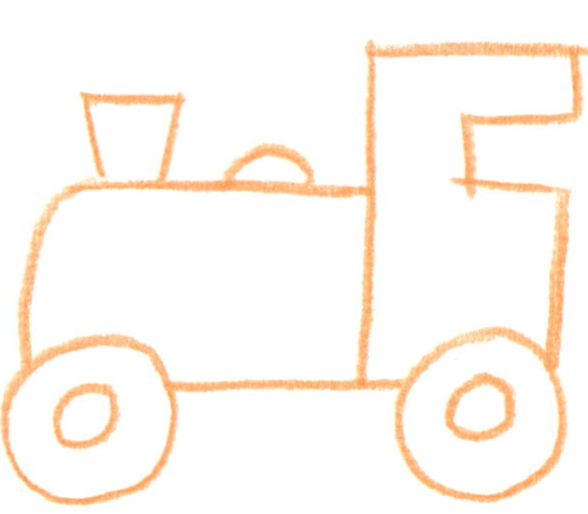 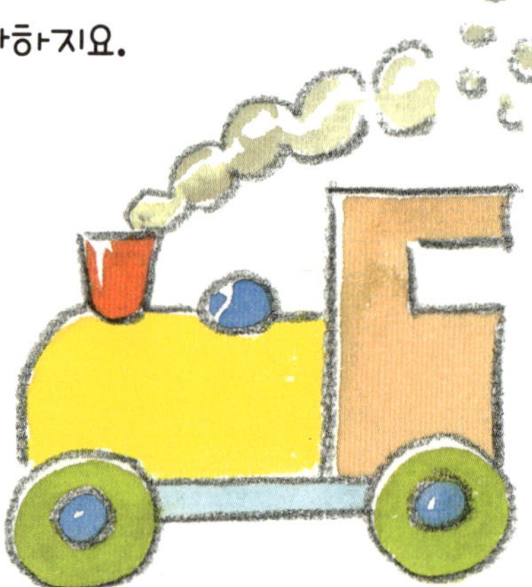

# 바퀴 달린 장난감박스를 그려 보아요

1

네모를 그려요.

2

옆면에도 네모를 그려요.

3

뚜껑을 그리기 시작해요.

4

뚜껑을 완성하고
데굴데굴 바퀴도 그려요.

신 나게 놀고 난 뒤에는
장난감을 제자리에 정리하세요!

5 예쁘게 색칠해요.

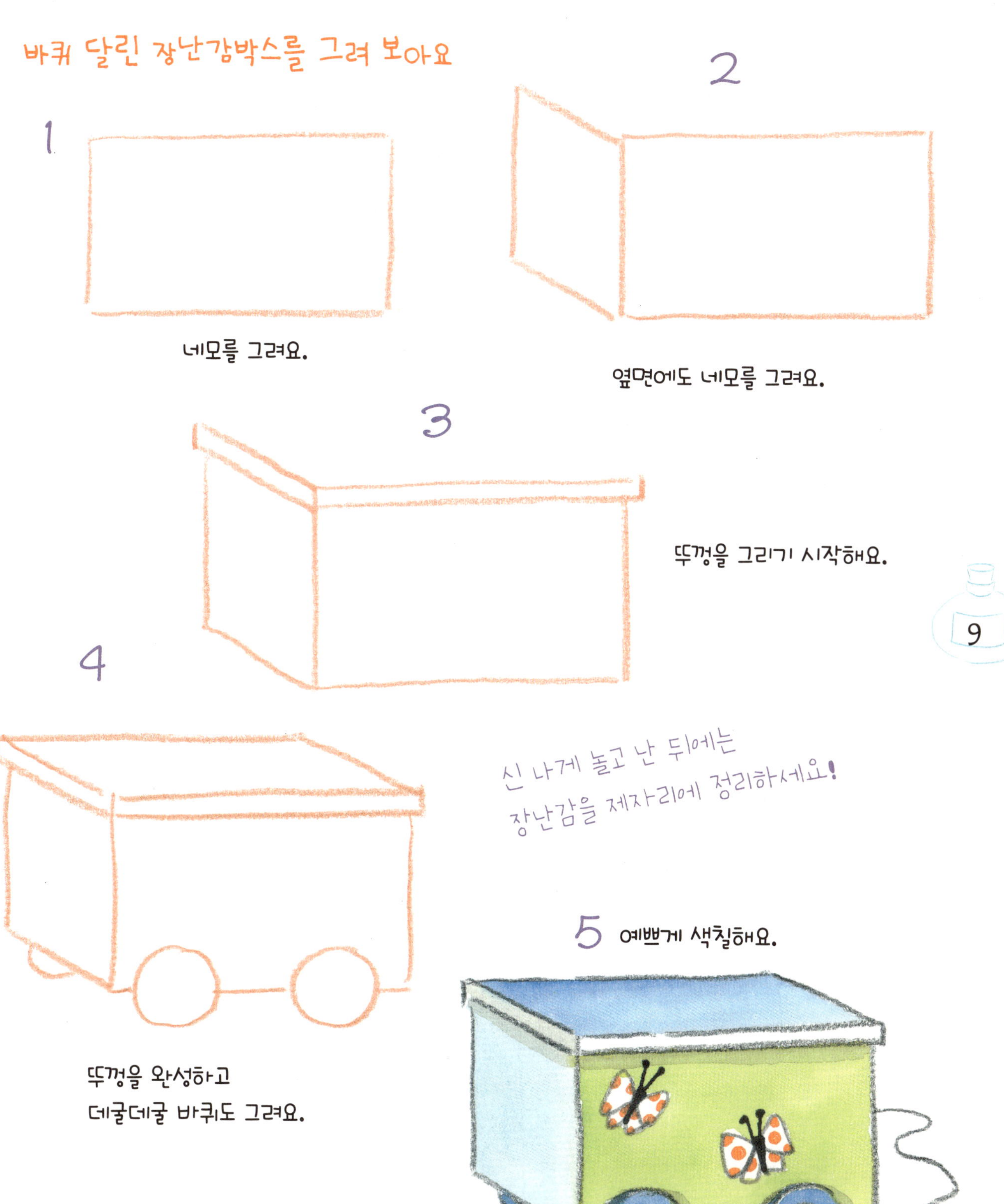

9

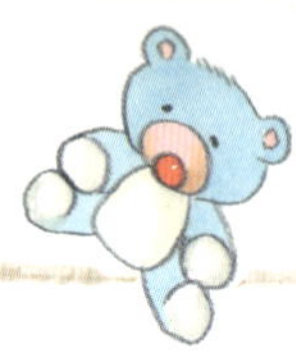

# 아기와 함께 나들이해요

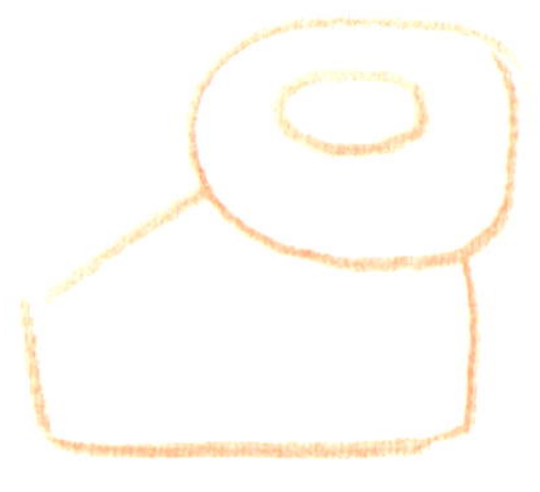 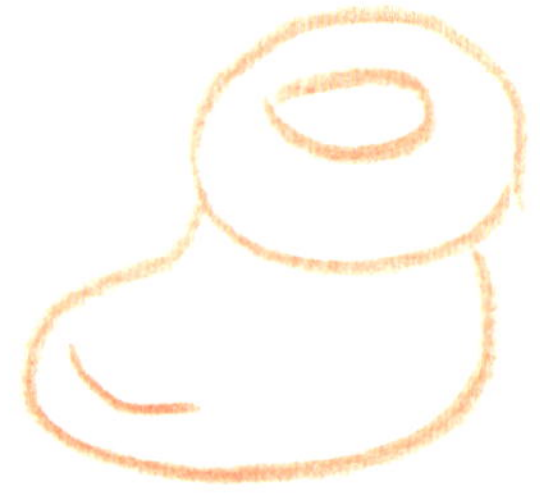 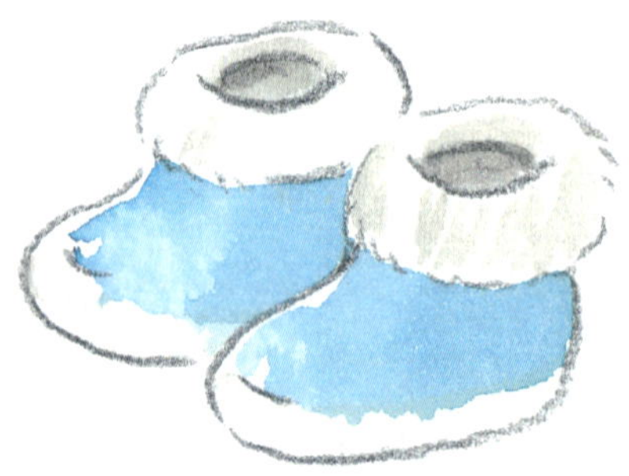

아기 신발은 그리기 쉬워요.
길쭉한 타원형 동그라미를 이용하면 쉽게 그릴 수 있지요.
자세한 모양은 그 다음에 다듬어 가요.

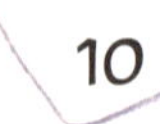
10

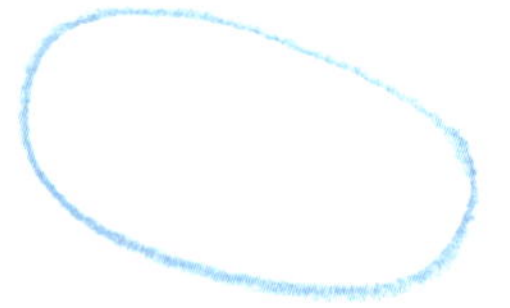 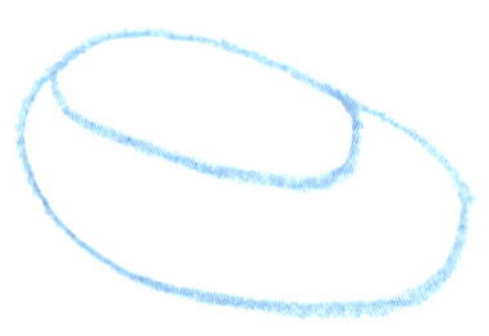 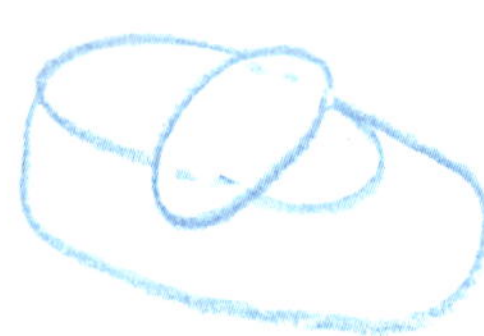 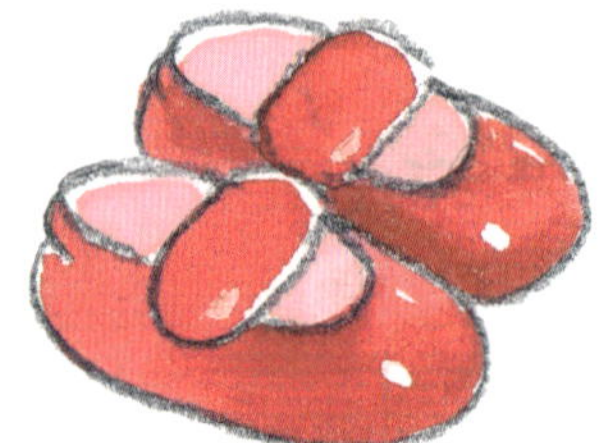

즐겁게 목욕하면 아기가 편안해져요.
욕조를 헤엄치는 오리를 그려 볼까요?

 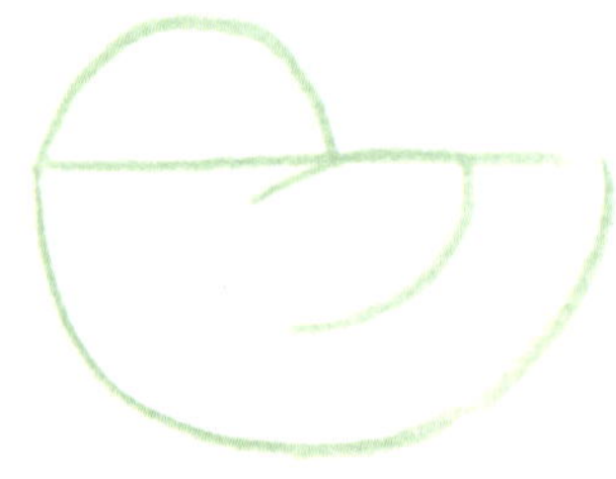 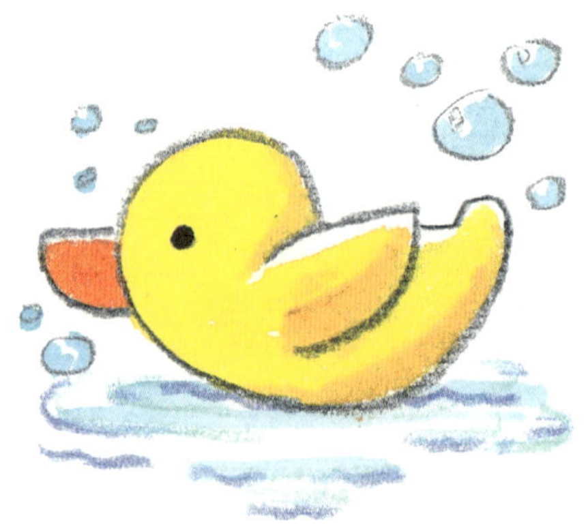

먼저 동그라미
반쪽을 그려요.

머리랑 날개 그리기를
연습해 봐요.

오리의 부리와 눈을
그리고 색칠해요.

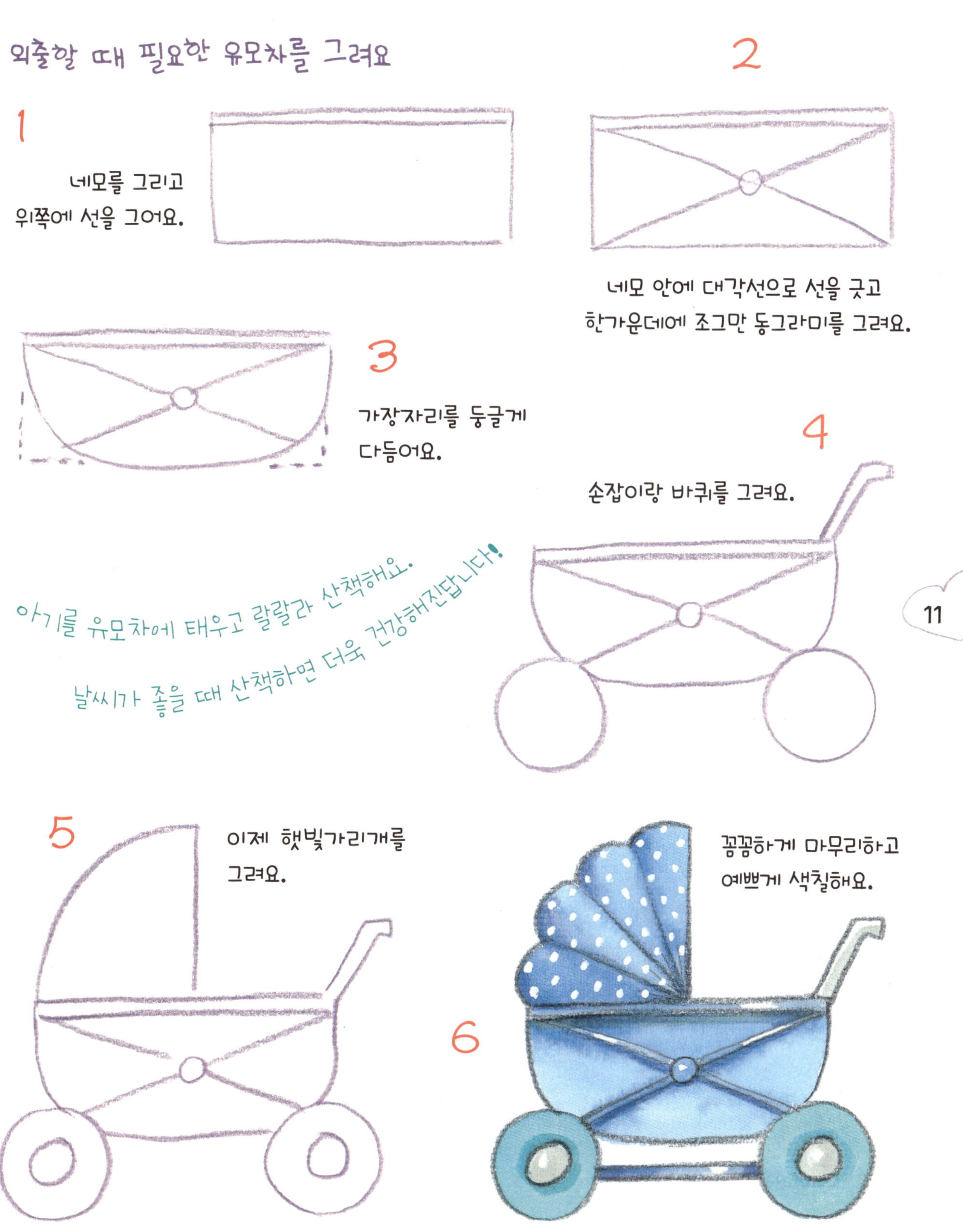
외출할 때 필요한 유모차를 그려요

1
네모를 그리고
위쪽에 선을 그어요.

2
네모 안에 대각선으로 선을 긋고
한가운데에 조그만 동그라미를 그려요.

3
가장자리를 둥글게
다듬어요.

4
손잡이랑 바퀴를 그려요.

11

아기를 유모차에 태우고 랄랄라 산책해요.
날씨가 좋을 때 산책하면 더욱 건강해진답니다!

5
이제 햇빛가리개를
그려요.

6
꼼꼼하게 마무리하고
예쁘게 색칠해요.

# 정원에 핀 꽃을 가꿔요

1

먼저 머리, 몸, 바지를
간단하게 그려요.

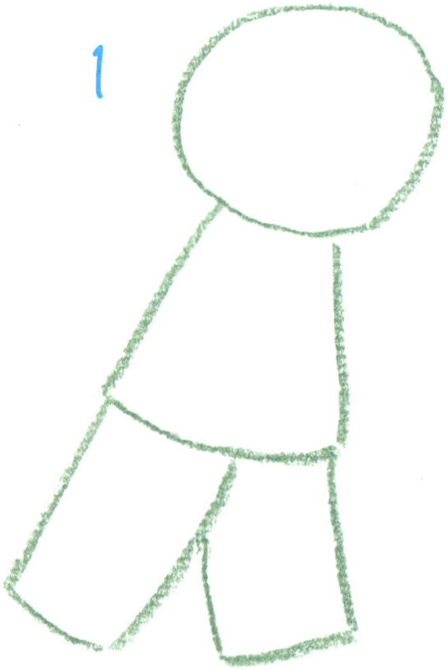

2

소매를 그려요.

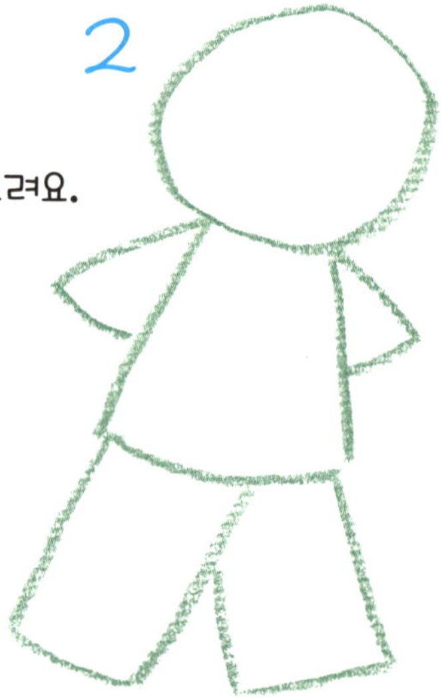

3

다리랑 신발, 목을 그려요.

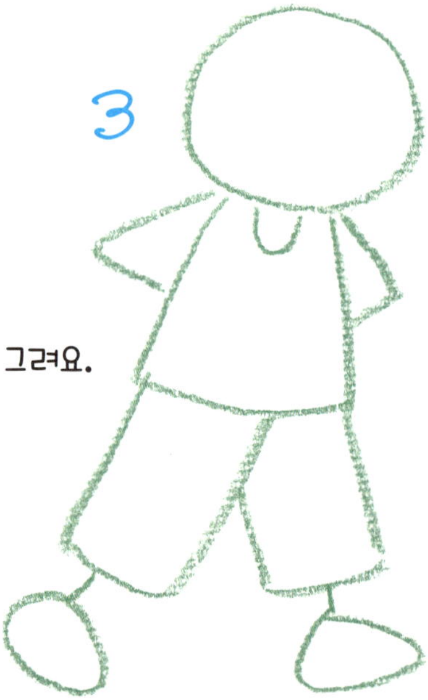

4

팔이랑 손도
그려요.

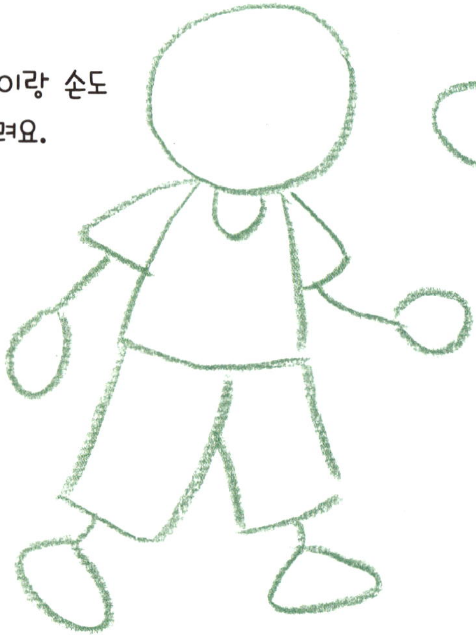

5

팔다리를
두 줄로 그리고,
정원에서 일하기
편한 바지로
갈아입혀요.

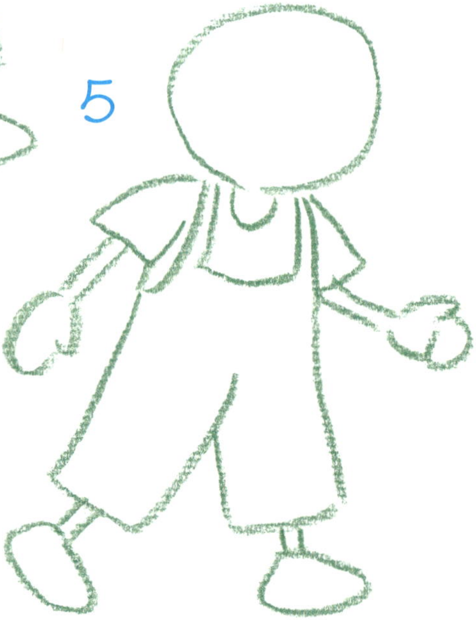

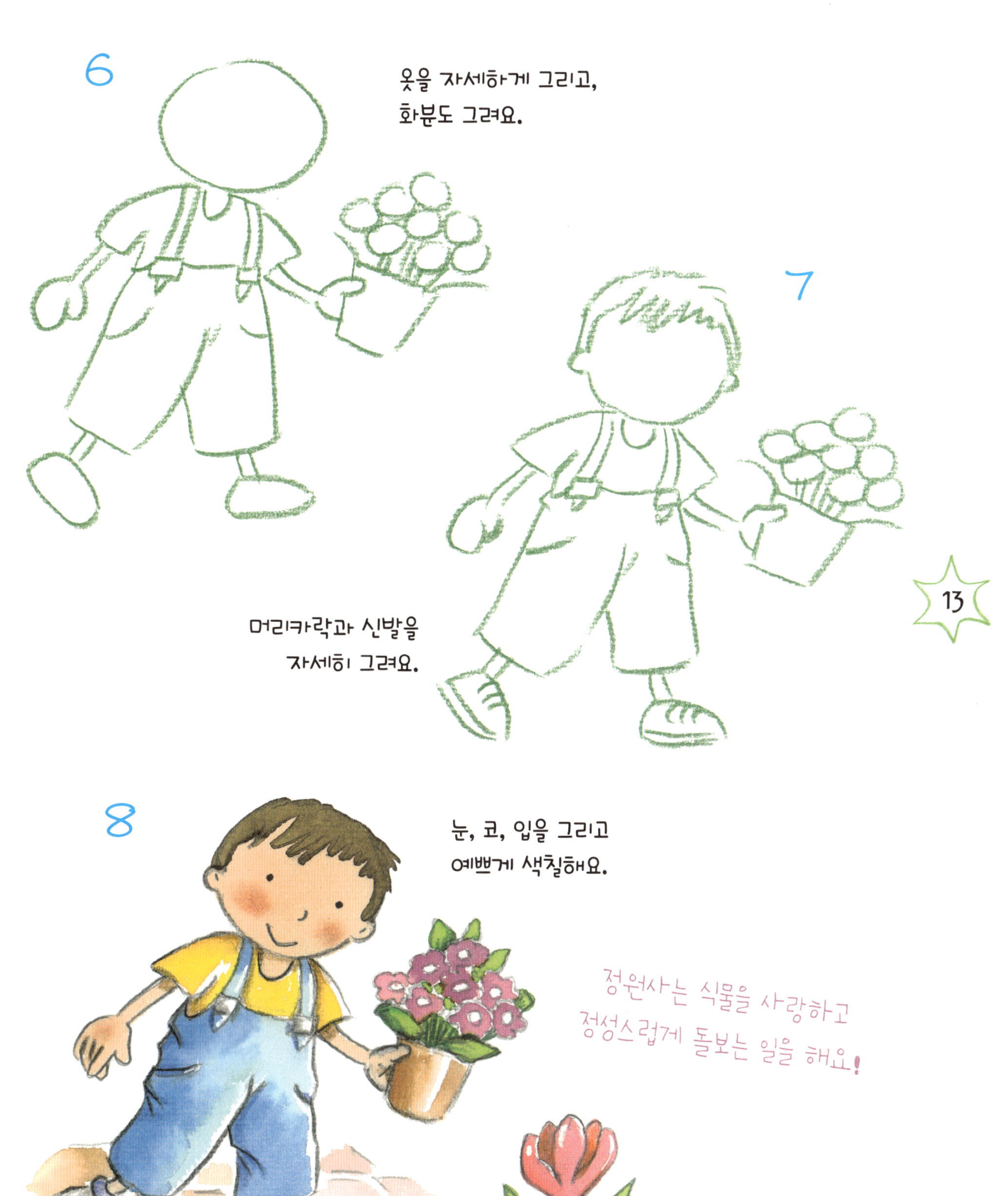

6
옷을 자세하게 그리고,
화분도 그려요.

7
머리카락과 신발을
자세히 그려요.

13

8
눈, 코, 입을 그리고
예쁘게 색칠해요.

정원사는 식물을 사랑하고
정성스럽게 돌보는 일을 해요!

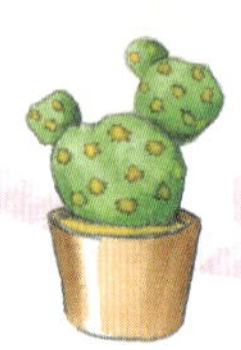

# 식물을 돌보려면 도구가 필요해요

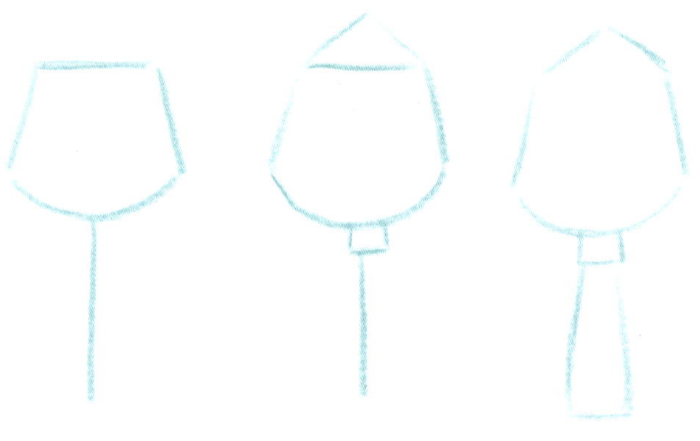

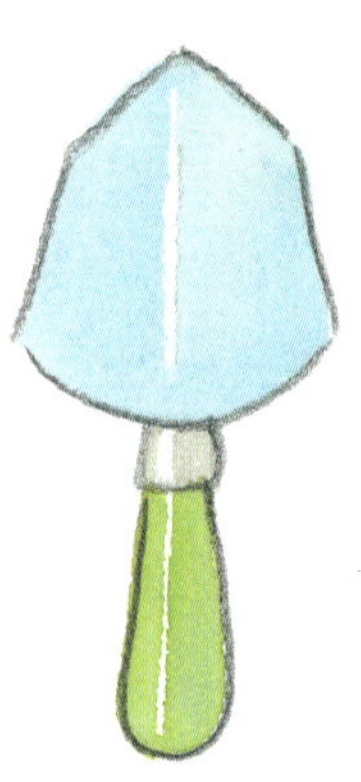

모종삽은 그리기
쉬워요. 차근차근
따라해 봐요.

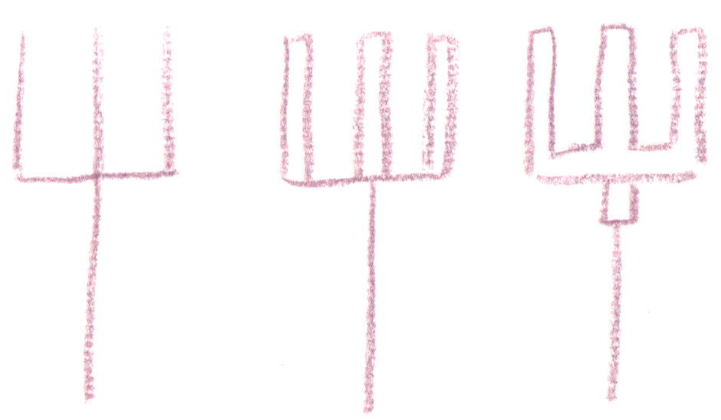

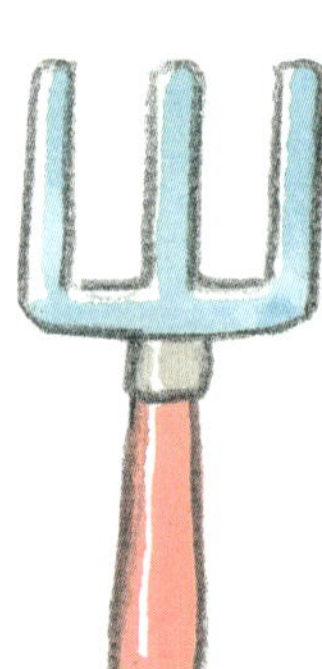

포크 모양 갈고리는
직선으로 그린 다음
선을 더해 두께를
표현하면 돼요.

식물이 무럭무럭 자라게 도와줄 비료가 필요해요.

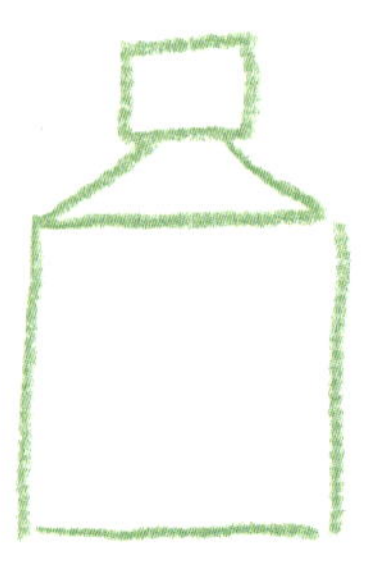

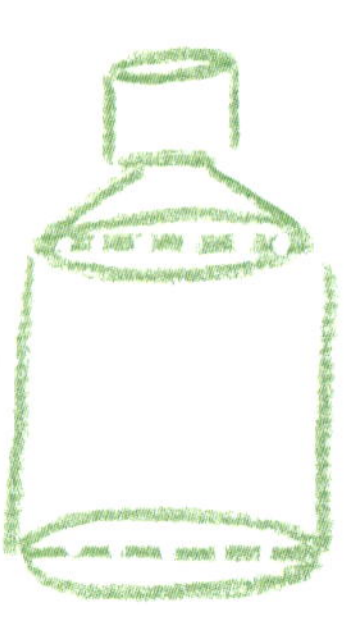

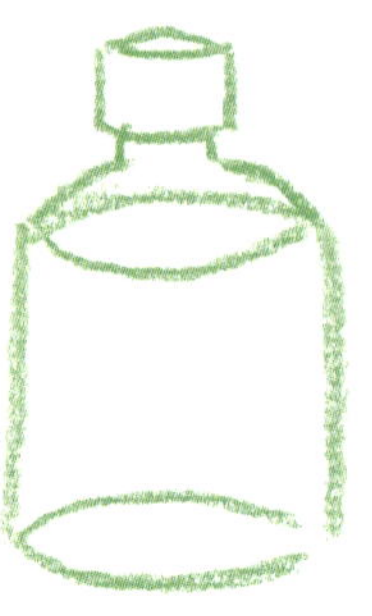

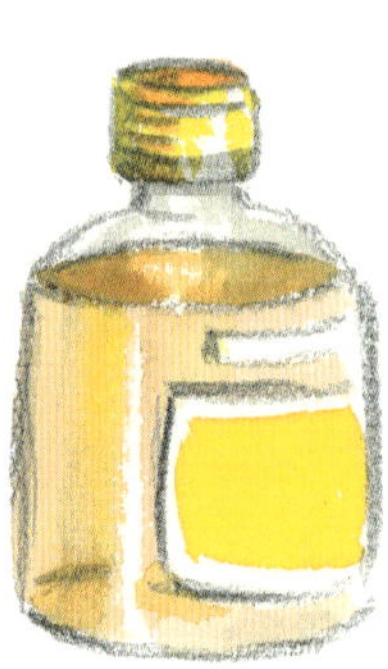

둥근 병도 직선으로
먼저 그린 다음
곡선으로 바꿔 넣으면
근사한 병이
완성돼요.

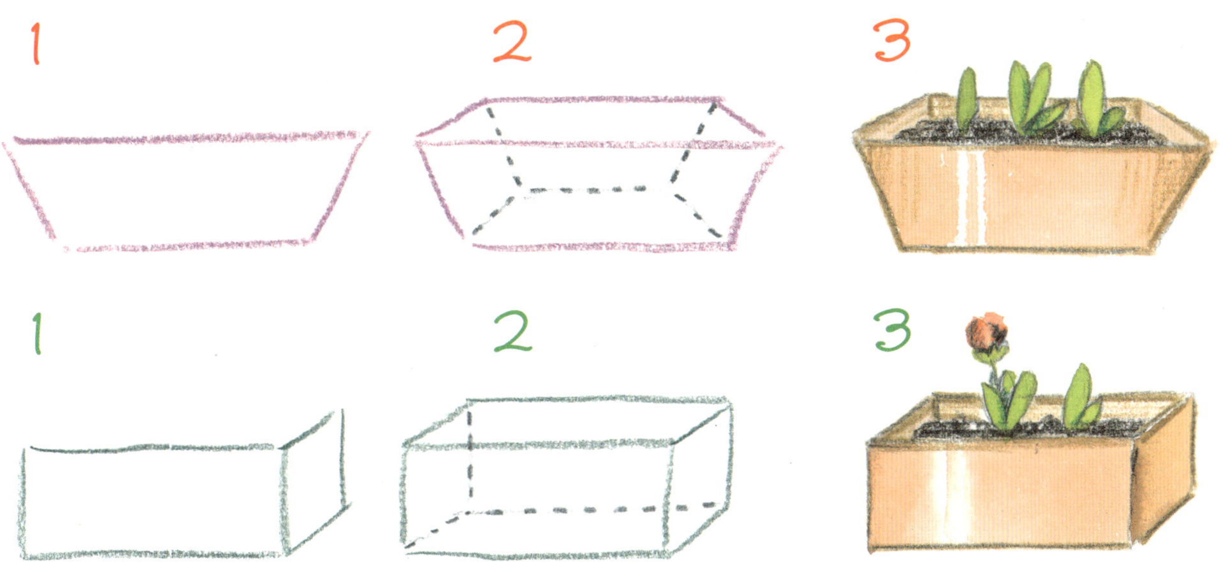

창가에 놓는 화분은 네모로 이루어져 있어요.
어떻게 그리면 입체가 되는지 잘 살펴보세요! 1, 2, 3 순서대로 따라해 보요.

15

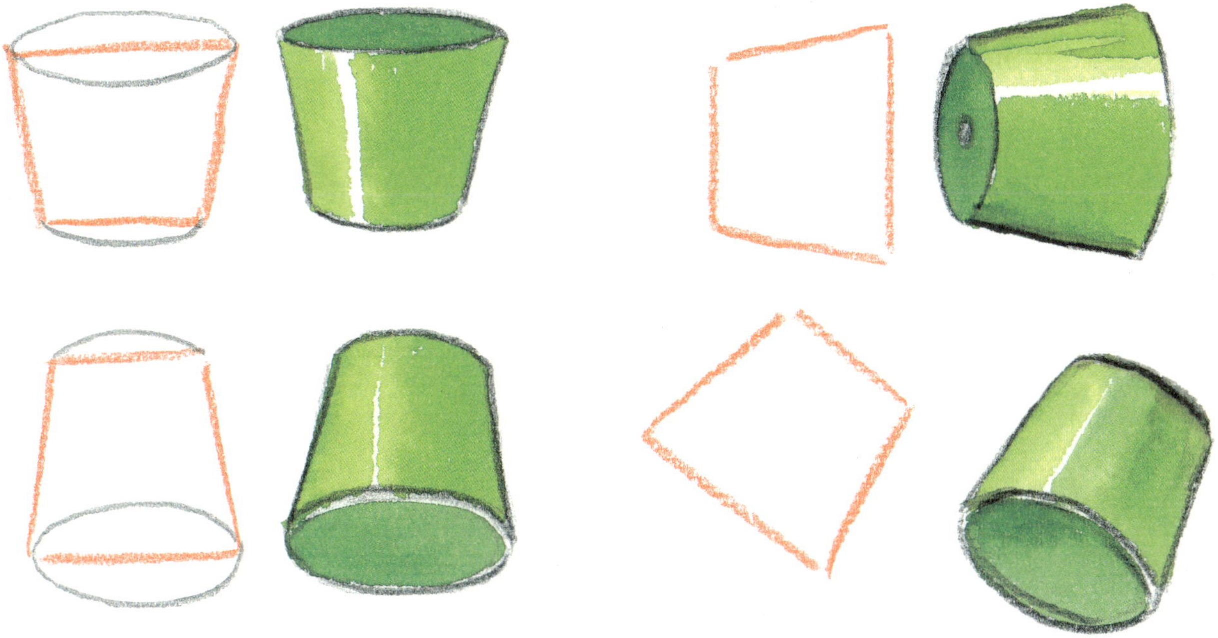

동그란 화분을 여러 방향에서 바라보았어요.
네모와 동그라미부터 그리는 건 모두 똑같죠?

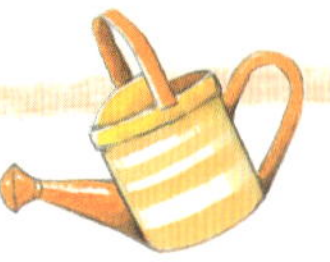

# 무슨 꽃을 심을까요?

곡선과 직선으로 단순하게 표현한 다음 점점 자세하게 표현해요.
대부분의 꽃은 3단계를 거쳐 마지막에 예쁘게 색칠하면 완성된답니다.
자, 어떤 꽃부터 그려 볼까요?

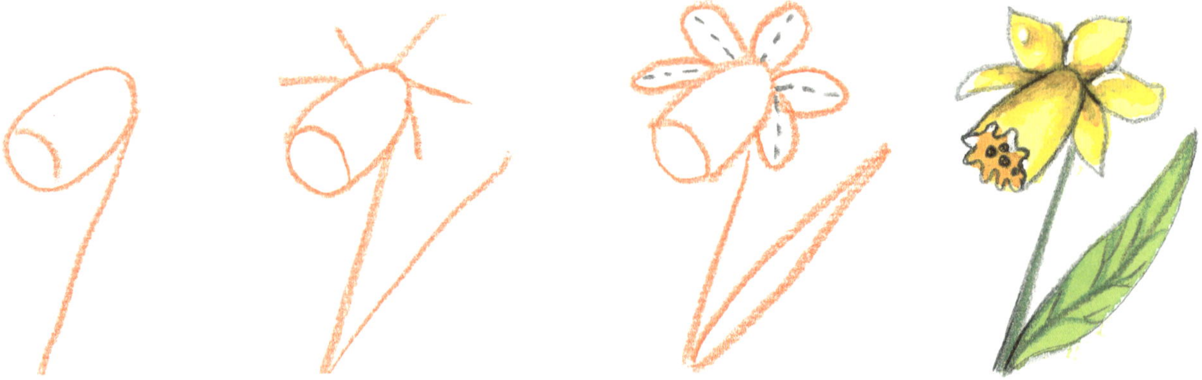

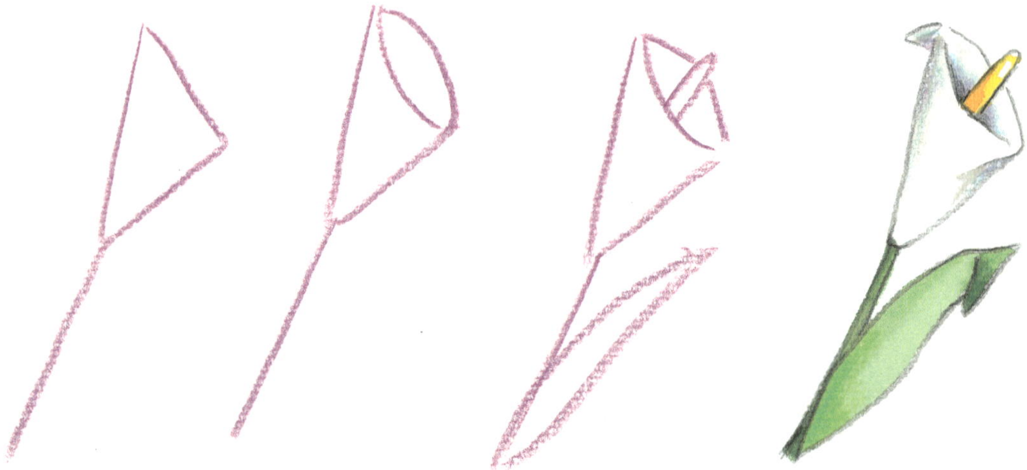

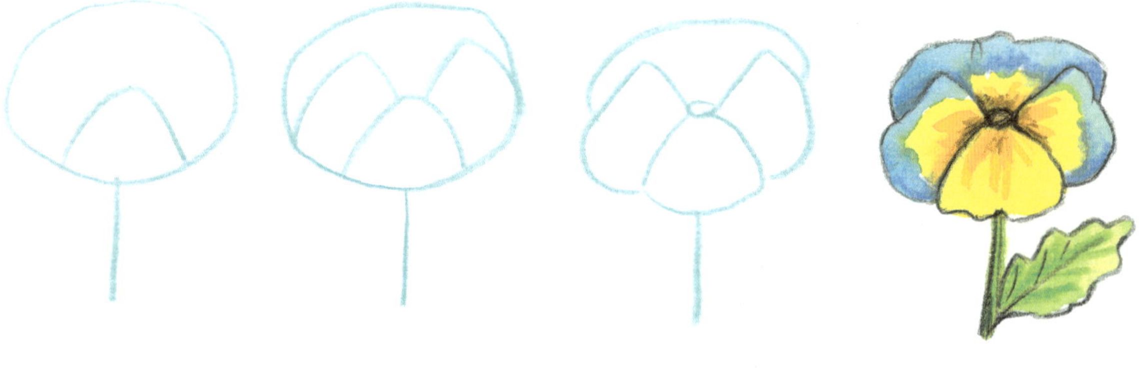

16

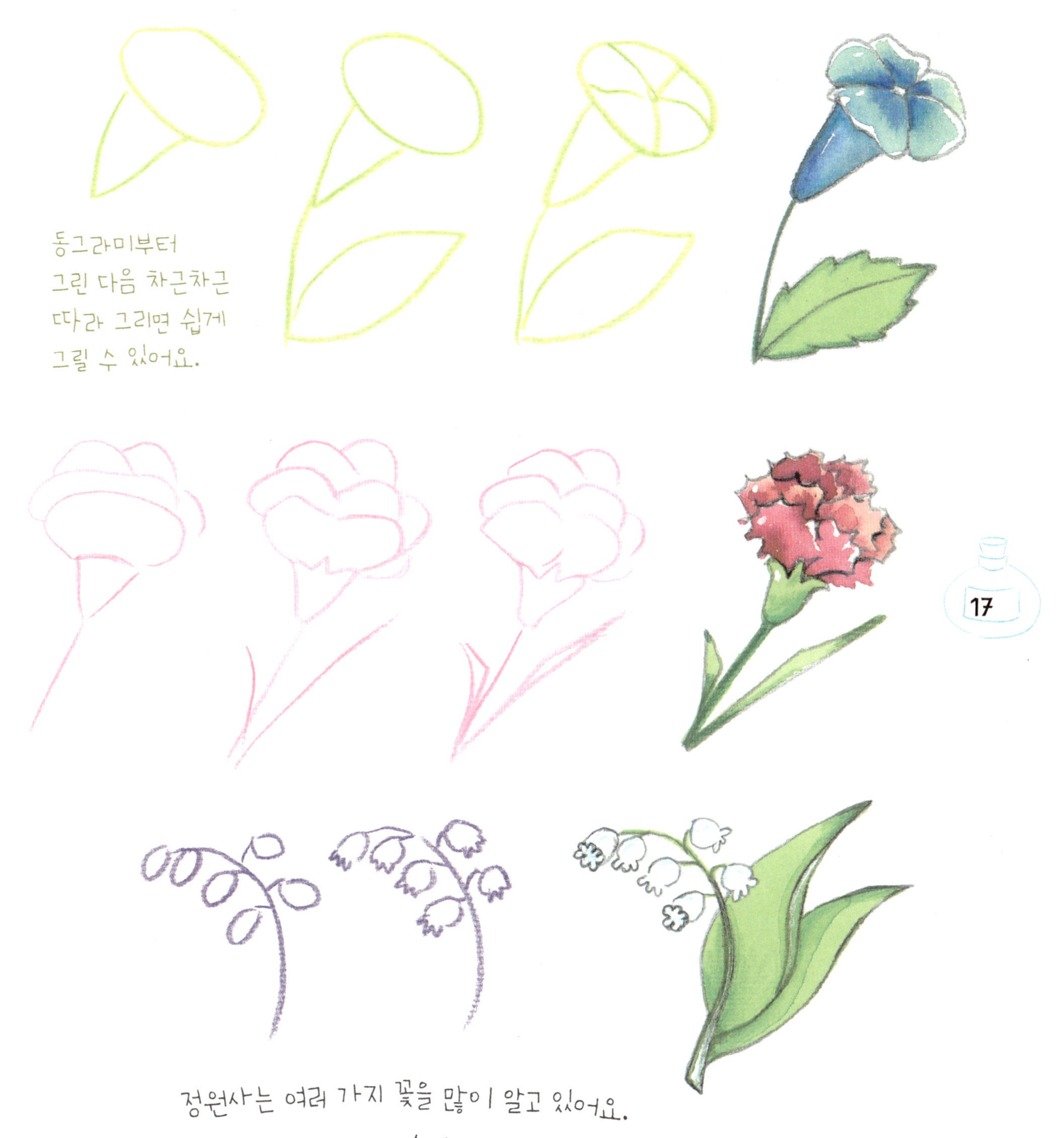

동그라미부터
그린 다음 차근차근
따라 그리면 쉽게
그릴 수 있어요.

17

정원사는 여러 가지 꽃을 많이 알고 있어요.

수선화, 붓꽃, 팬지, 초롱꽃, 카네이션, 은방울꽃……

# 정원을 **구석구석** 둘러 봐요

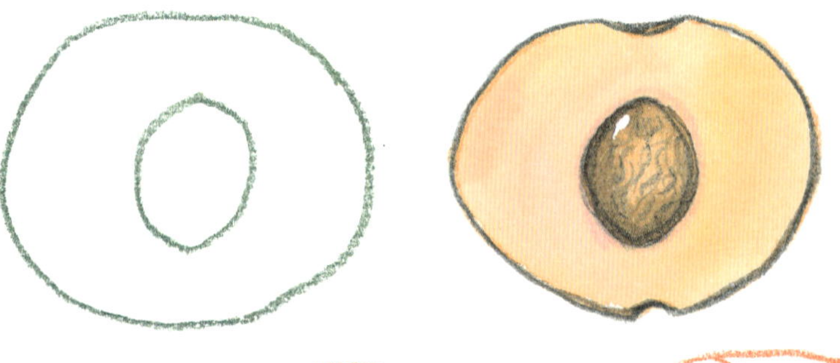

과일이 어떻게 생겼는지 살펴보아요.
동그라미부터 그리면 과일이나 채소,
화분들을 쉽게 그릴 수 있어요.

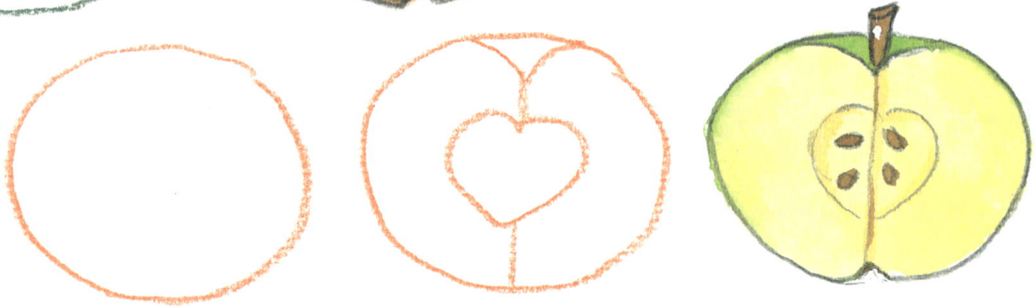

18

## 물뿌리개를 그려 볼까요?

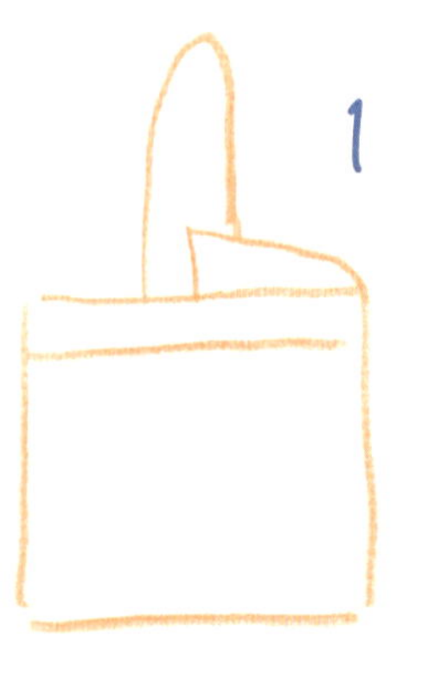

**1** 그림처럼 네모를 그린
다음 선으로 손잡이를
그려요.

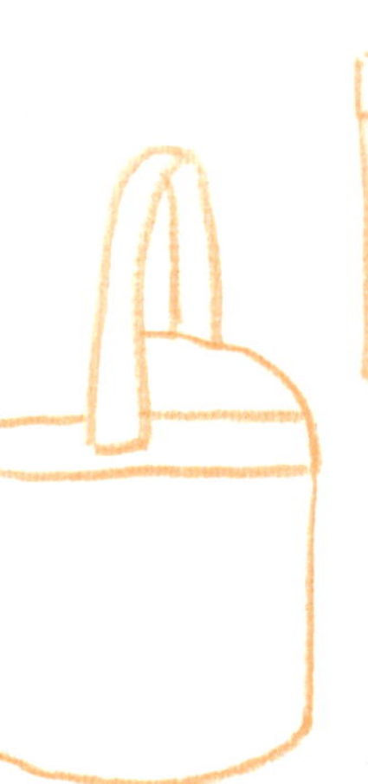

**2** 네모를 둥글게
다듬고 손잡이를
두껍게 그려요.

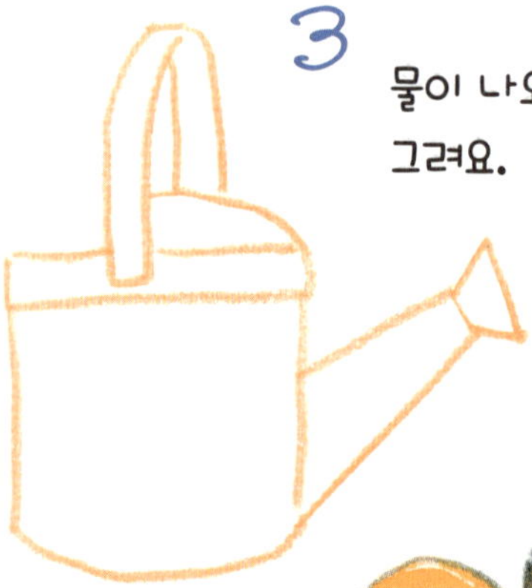

**3** 물이 나오는 부분을
그려요.

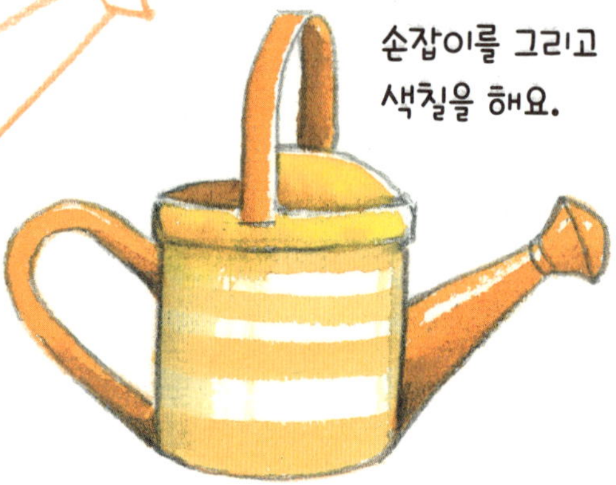

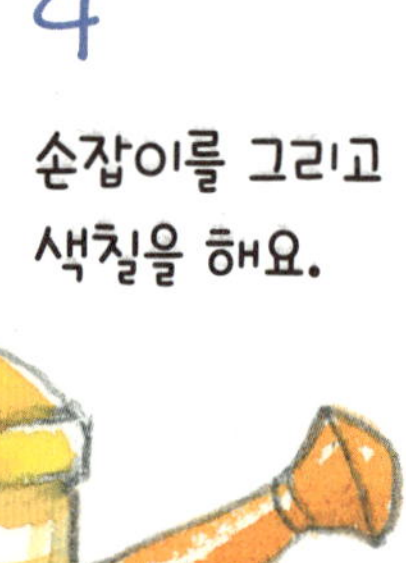

**4** 손잡이를 그리고
색칠을 해요.

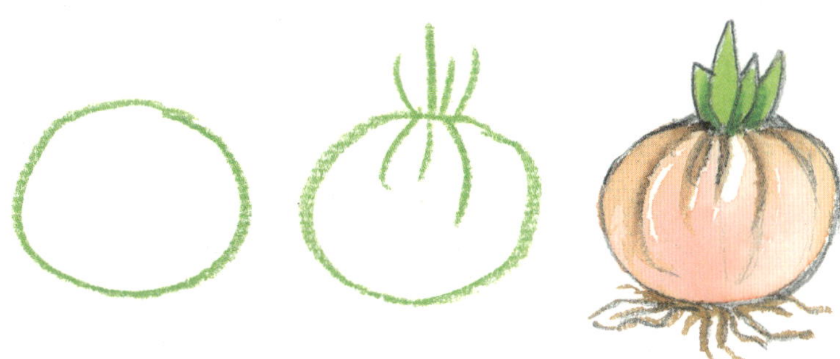



둥글둥글 양파는 둥그라미 위에 싹을 그려요.
길쭉한 양파는 직선으로 단순하게 그린 다음
모양을 다듬어요.

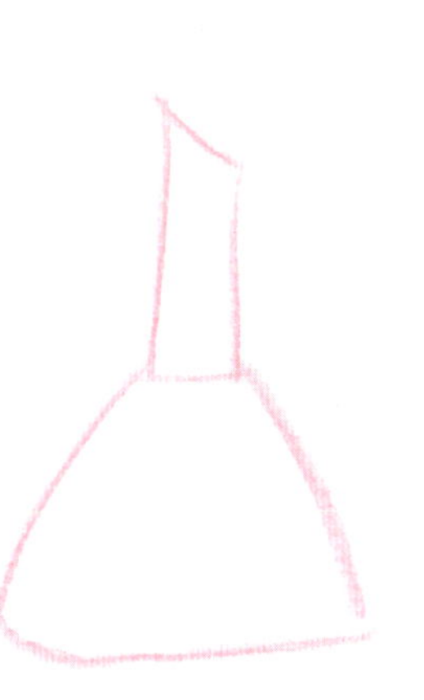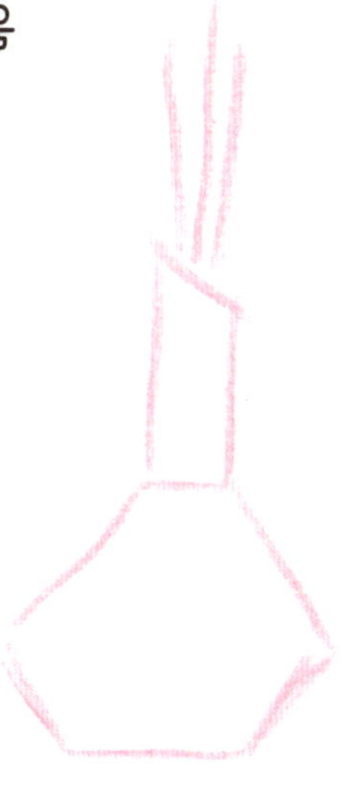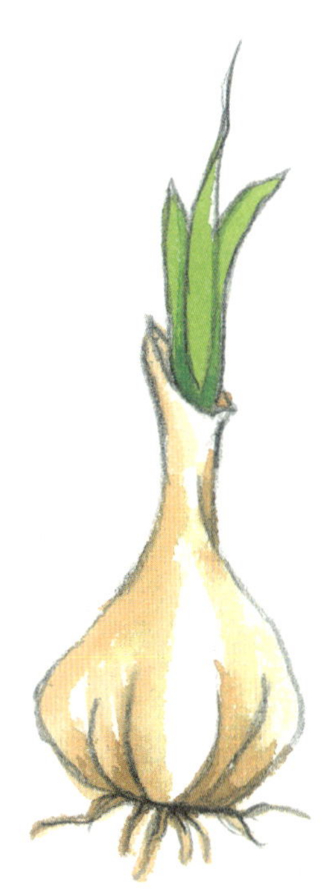

19

선인장은 둥그라미와 네모로 이루어져 있어요.
네모 화분 위에 모양이 다른 둥그라미들을 그려요.

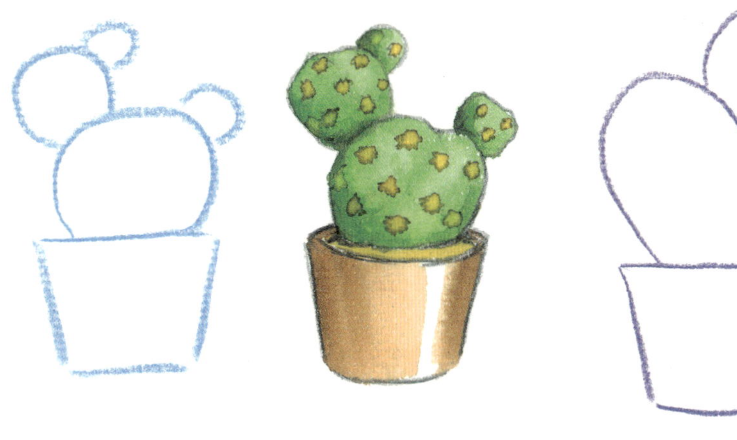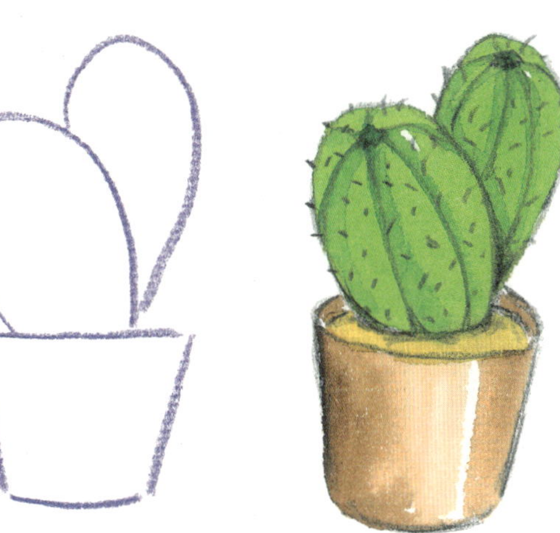

# 나는 맛있는 음식을 만드는 요리사!

**1**

먼저 머리와 몸을 그리고,
선으로 다리와 발을 그려요.

**2**

두 팔과 손, 앞치마를
그려요.

**3**

팔과 다리 위에
셔츠와 바지도
그려 입혀요.

**4**

이제 손에 그릇을
올리고, 앞치마의
어깨 끈과 리본을
그려요.

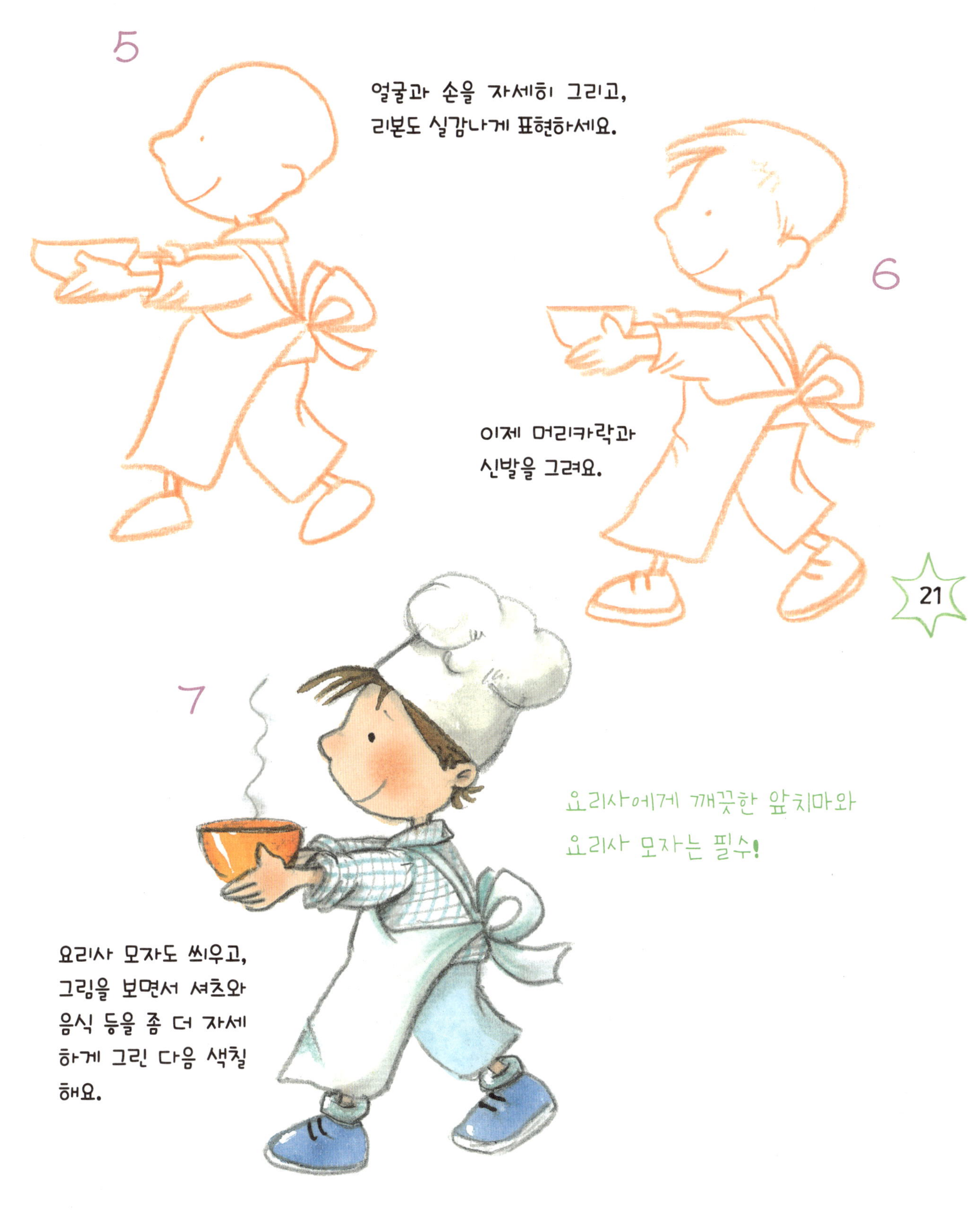

**5**

얼굴과 손을 자세히 그리고,
리본도 실감나게 표현하세요.

**6**

이제 머리카락과
신발을 그려요.



**7**

요리사 모자도 씌우고,
그림을 보면서 셔츠와
음식 등을 좀 더 자세
하게 그린 다음 색칠
해요.

요리사에게 깨끗한 앞치마와
요리사 모자는 필수!

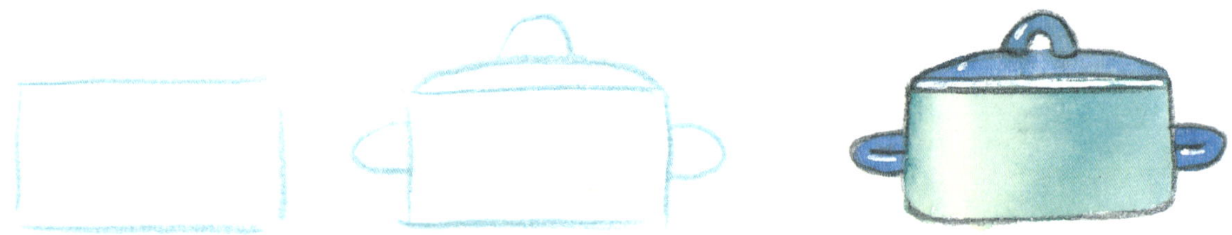

# 주방에는 다양한 냄비들이 있어요

주방에서 사용하는 다양한 냄비들은 네모부터 그리면 돼요.
그다음 뚜껑과 손잡이를 그리고요. 자세하게 마무리하고 색칠해요.



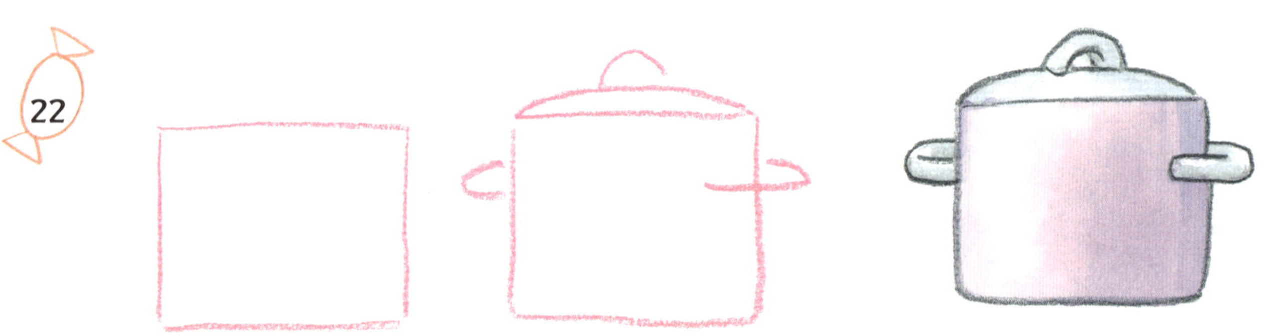

요리사는 여러 가지 도구를 사용해서 요리를 해요.
하루 종일 냄비와 프라이팬 사이를 왔다 갔다 하지요.

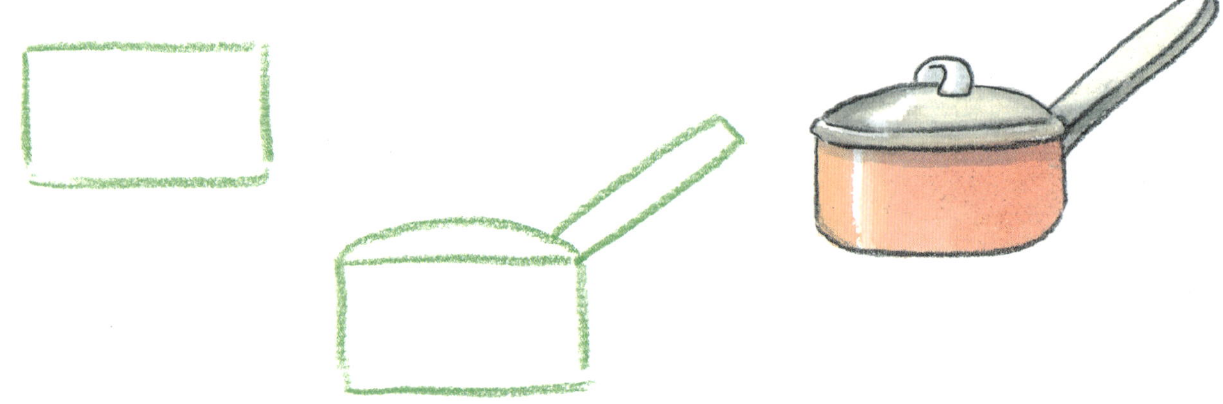

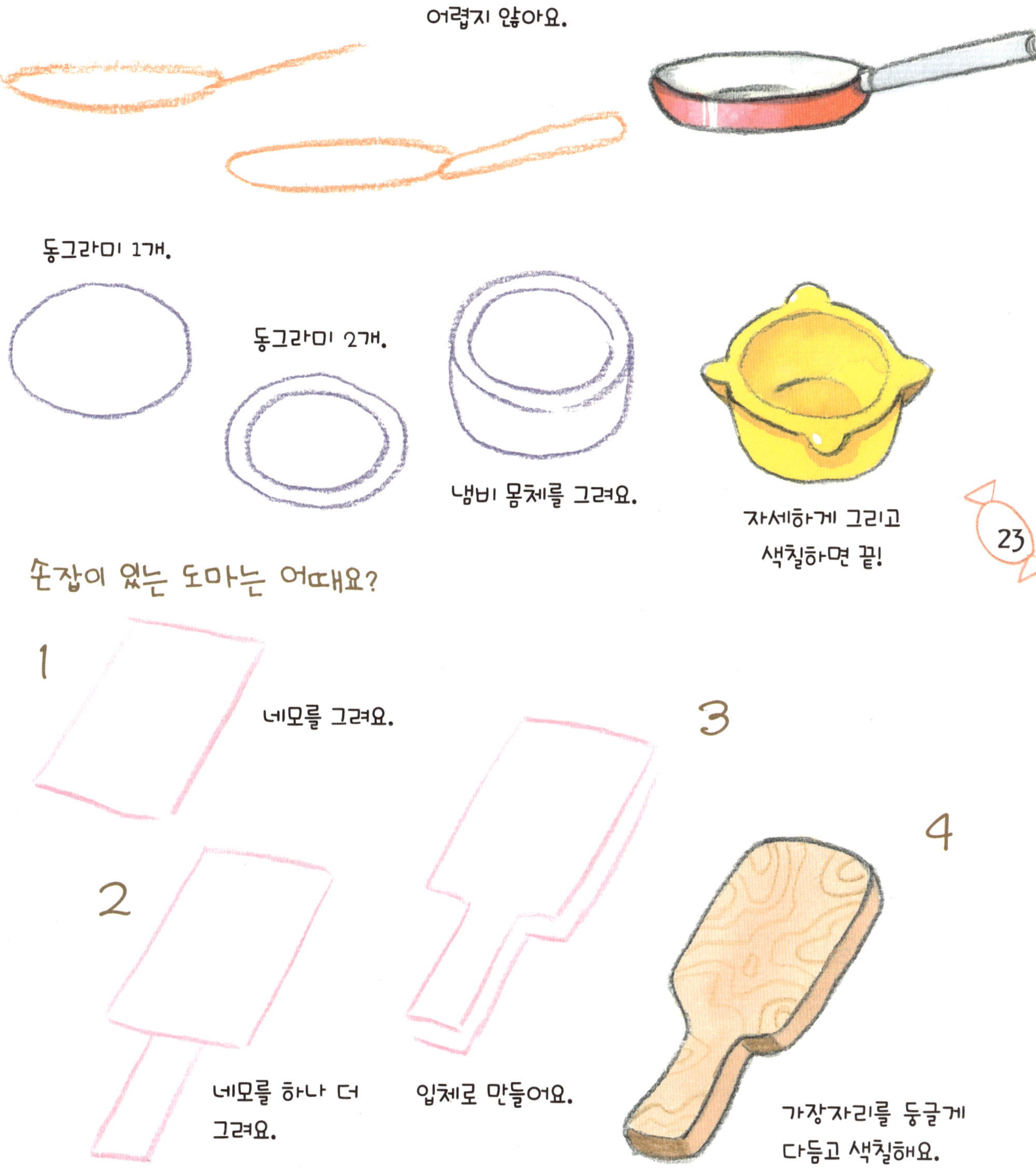

잘 보세요! 3가지 과정만 거치면 완성!
어렵지 않아요.

동그라미 1개.

동그라미 2개.

냄비 몸체를 그려요.

자세하게 그리고
색칠하면 끝!

23

손잡이 없는 도마는 어때요?

1

네모를 그려요.

3

2

네모를 하나 더
그려요.

입체로 만들어요.

4

가장자리를 둥글게
다듬고 색칠해요.

# 맛있게 먹고 마셔요

 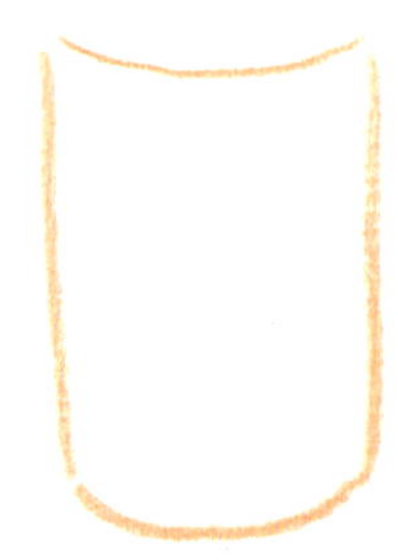 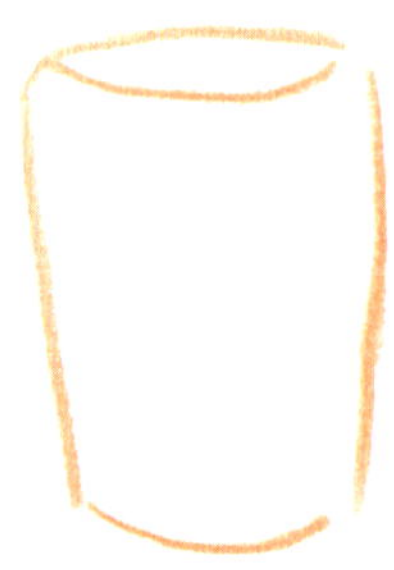 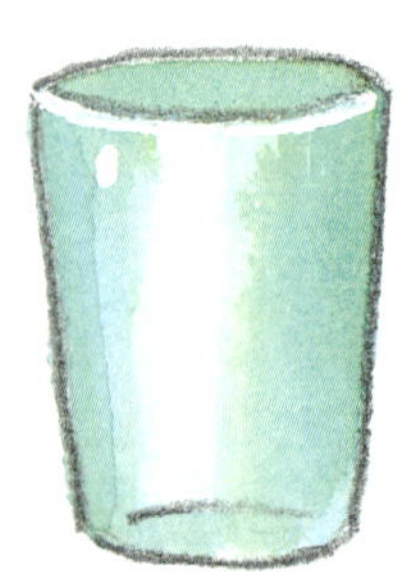

유리컵과 와인잔은 4단계만 따라하면 그리기 완성!

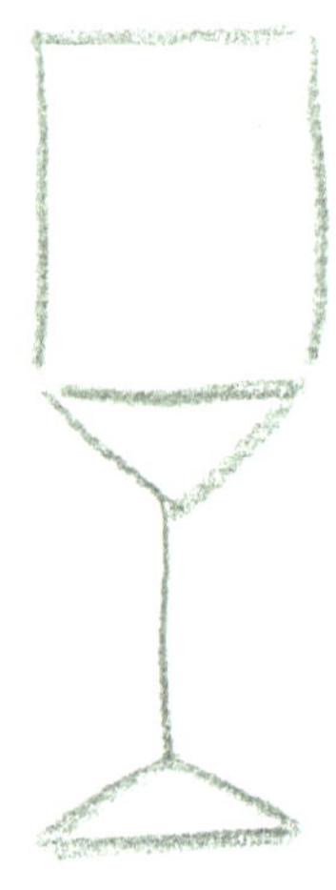 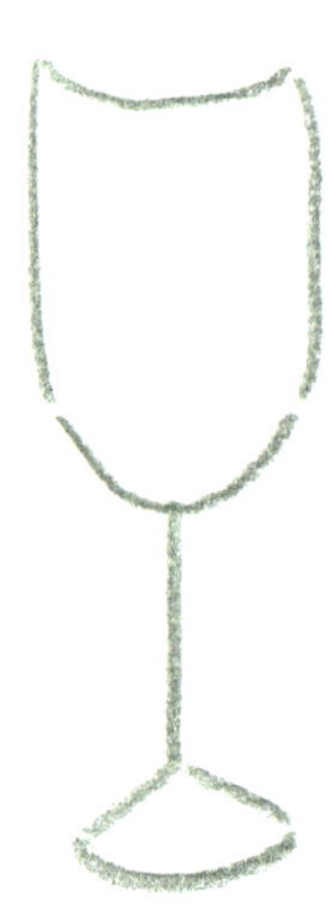 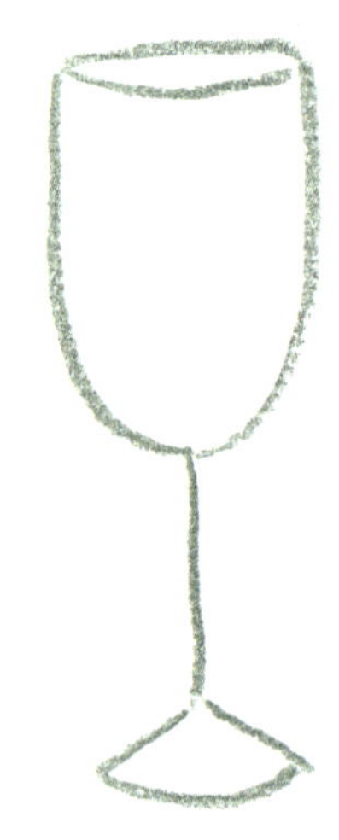 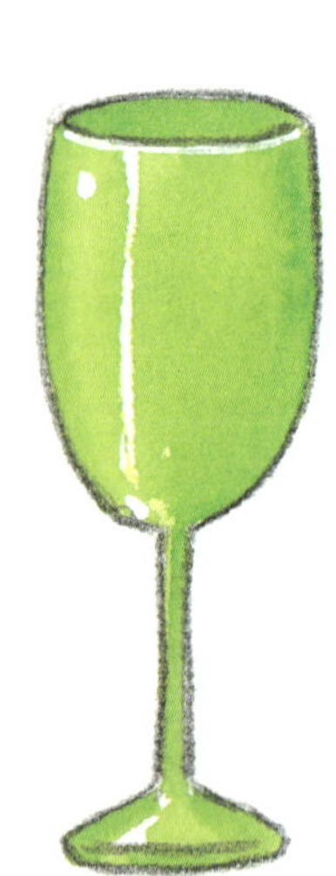

 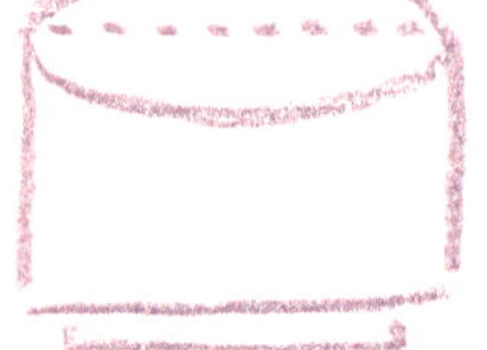 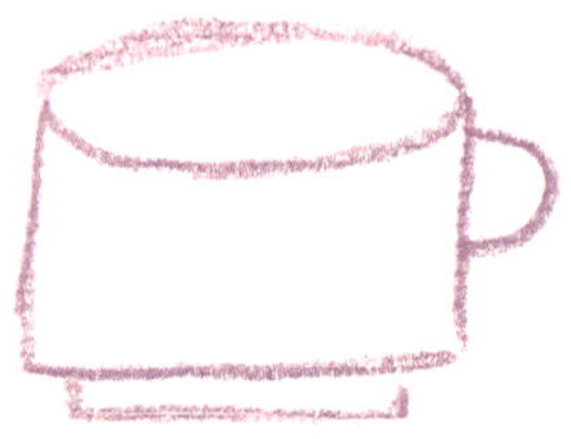 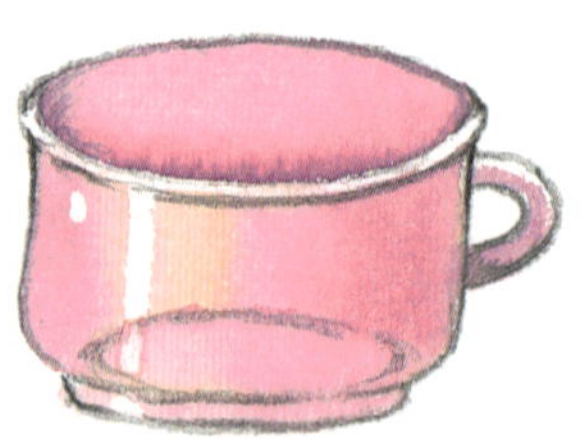

네모를 그려요.   입체로 만들어요.   손잡이를 붙여요.   색칠하면 끝!

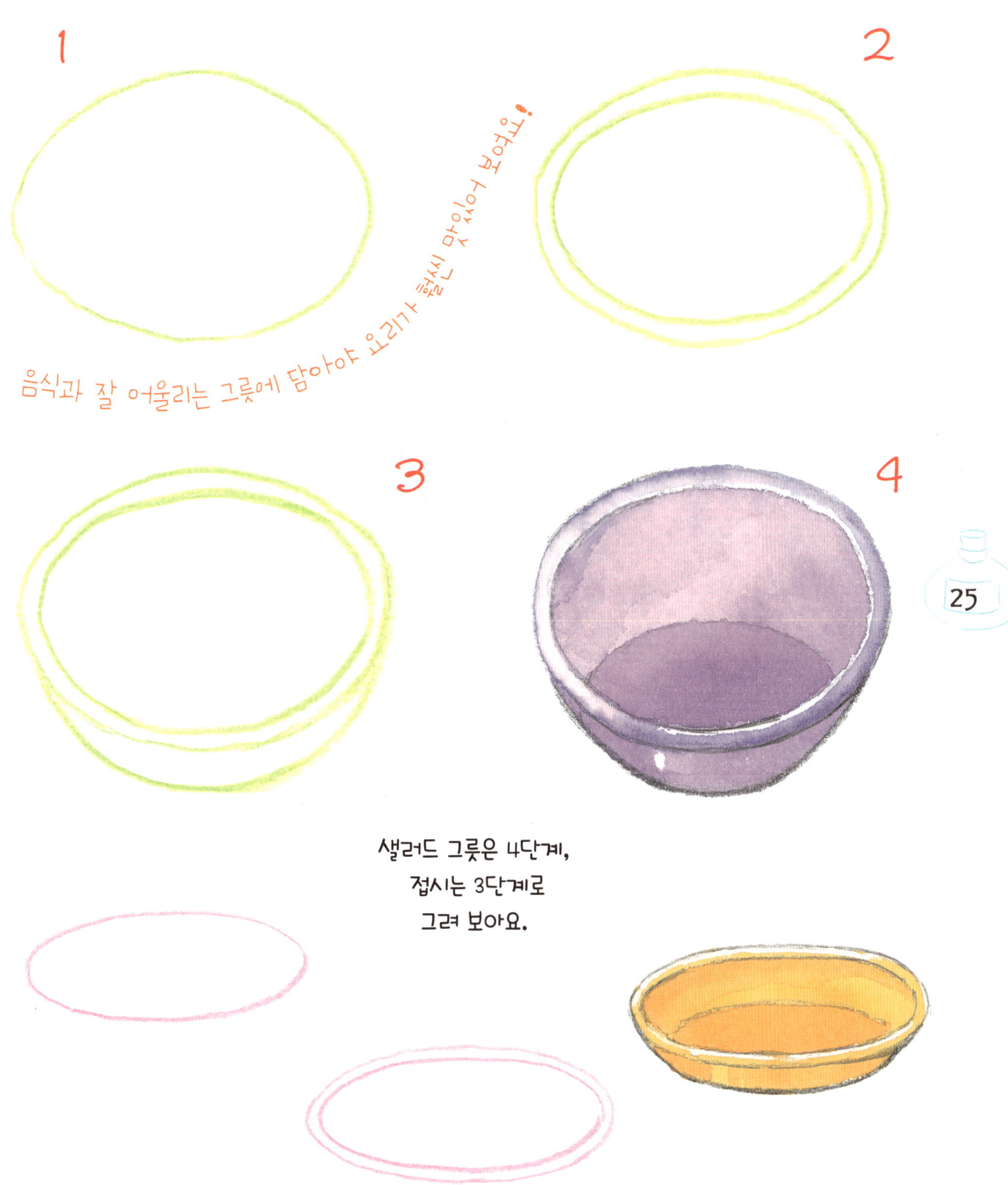

1
2
3
4
음식과 잘 어울리는 그릇에 담아야 요리가 맛있어 보여요!
25
샐러드 그릇은 4단계,
접시는 3단계로
그려 보아요.

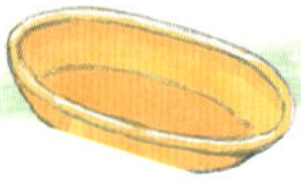

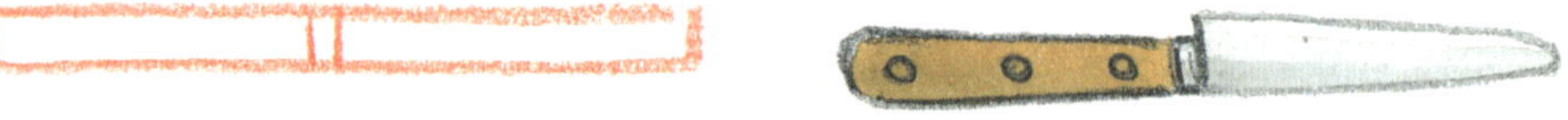

# 어떤 도구가 더 필요할까요?

손잡이는 모두 비슷하게 생겼어요.
칼날을 붙이면 나이프, 둥그라미를 붙이면 숟가락, 삼지창을 붙이면 포크가 되지요.

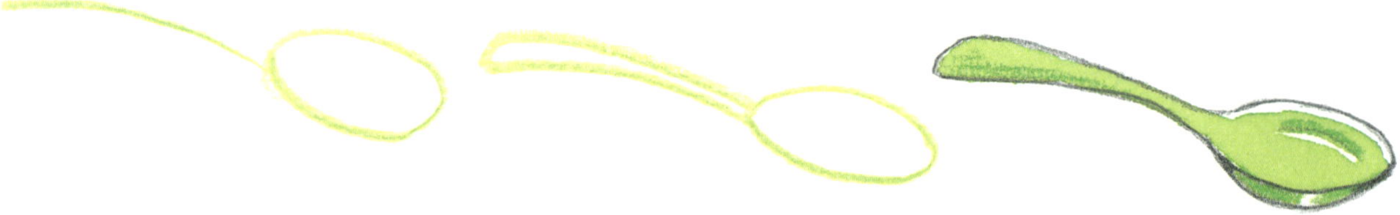

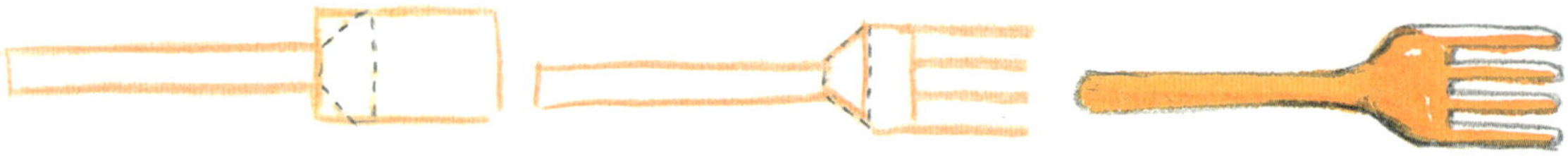

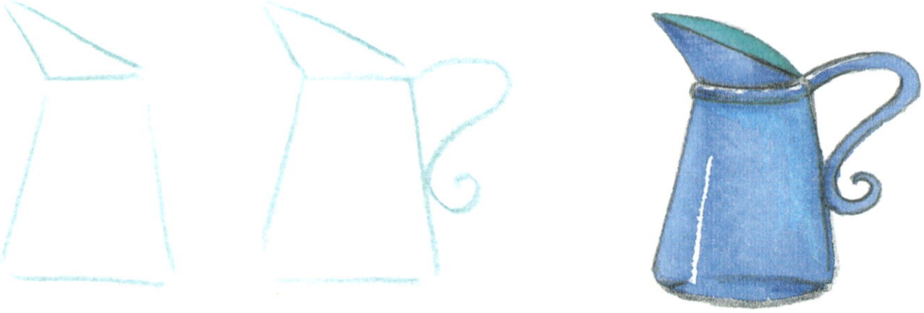

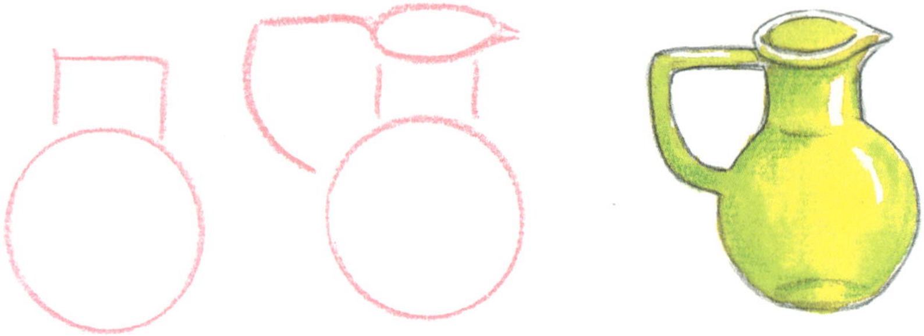

26

주전자는 3단계로
그려요. 세모, 네모,
둥그라미부터 그리면
돼요.

 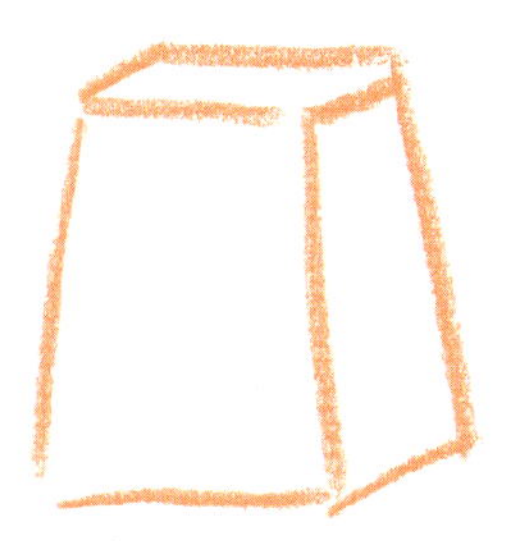 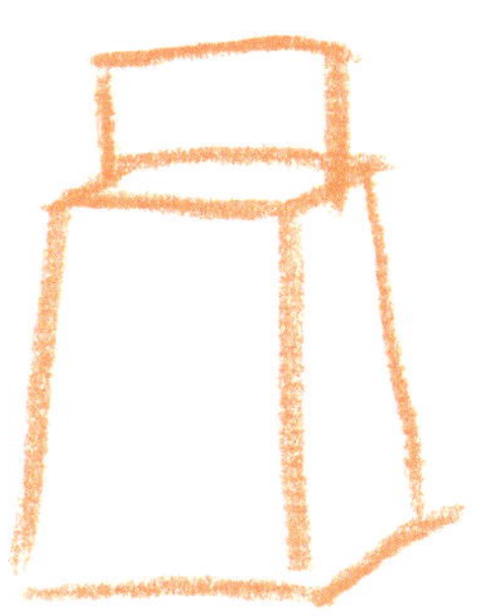 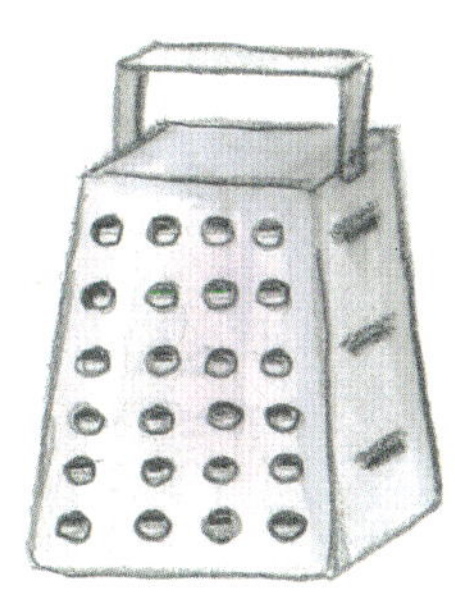



네모부터 차근차근 그려 몸체를 만든 다음 동글동글 구멍을 그려요.
치즈그라인더 완성! 채소를 씻어 건져 물을 빼는 도구도 같은 방법으로 그려 보세요.

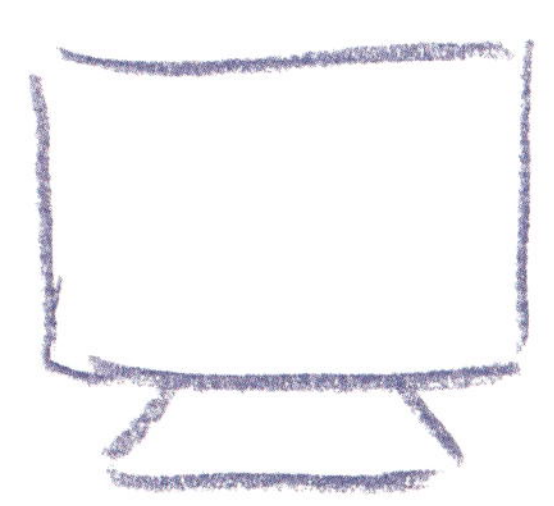 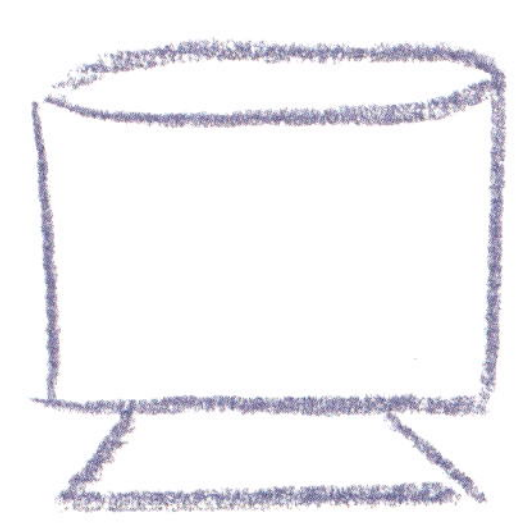 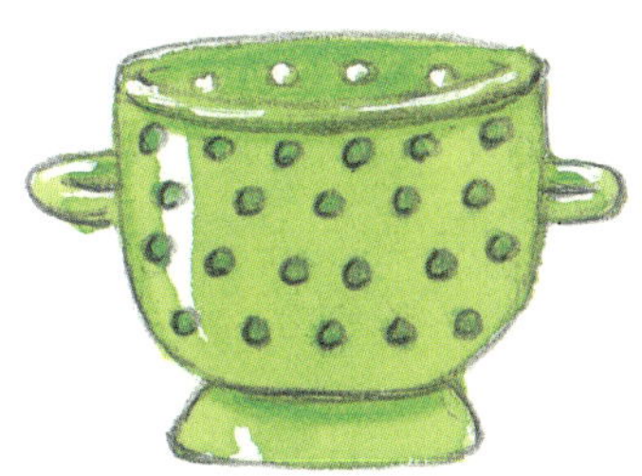

27

복잡해 보이는 전자제품도
네모를 기본으로 하면 쉽게 그릴 수 있어요.

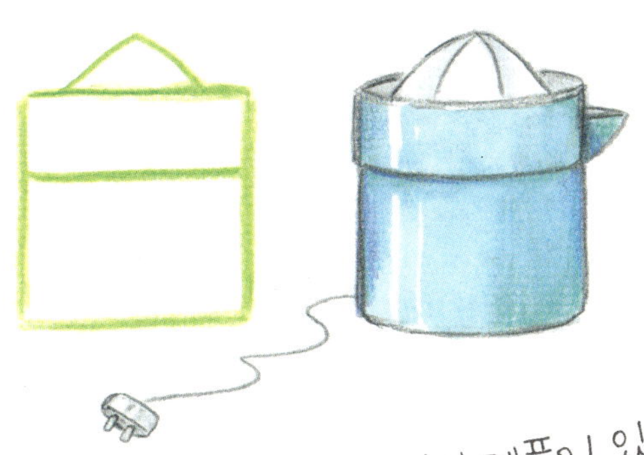

여러분 집의 부엌에는 어떤 전자제품이 있나요?

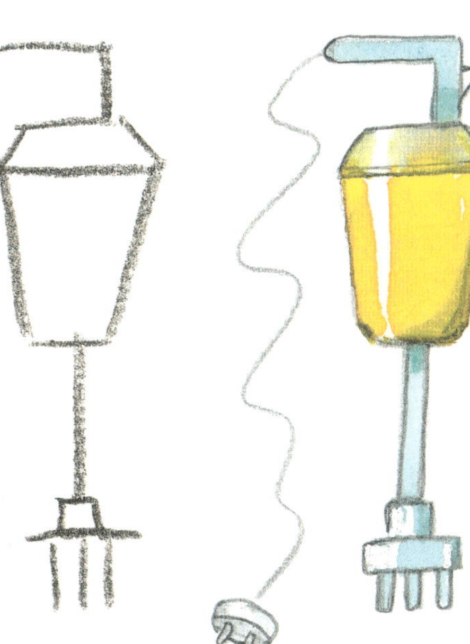

# 선생님은 아이들을 가르치지요

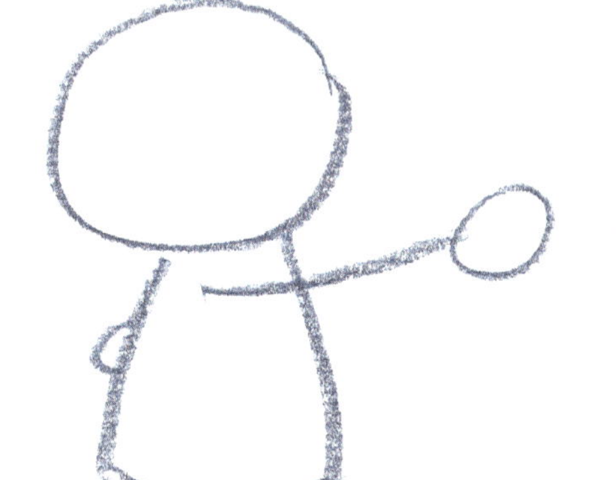

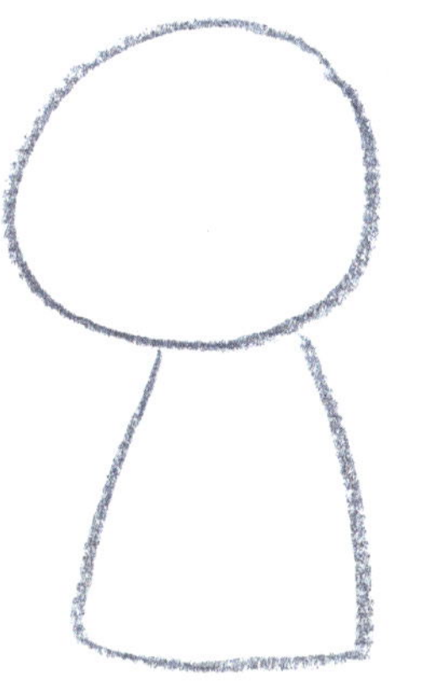

**1**

먼저 머리와 몸을
그려요.

**2**

선으로 팔과 손, 다리와
발을 그려요.



**3**

다리 모양에 맞춰
바지를 그려요.

**4**

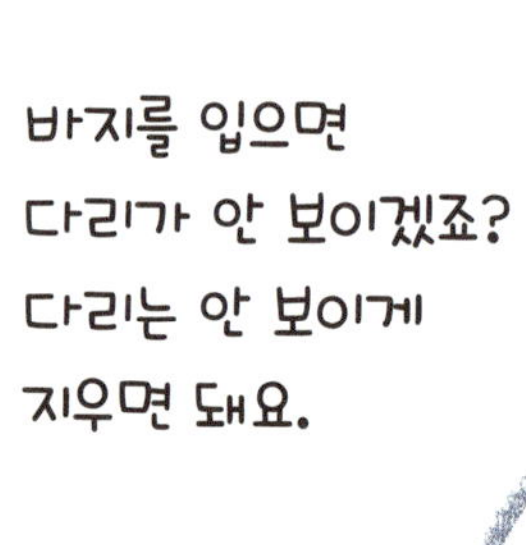

바지를 입으면
다리가 안 보이겠죠?
다리는 안 보이게
지우면 돼요.

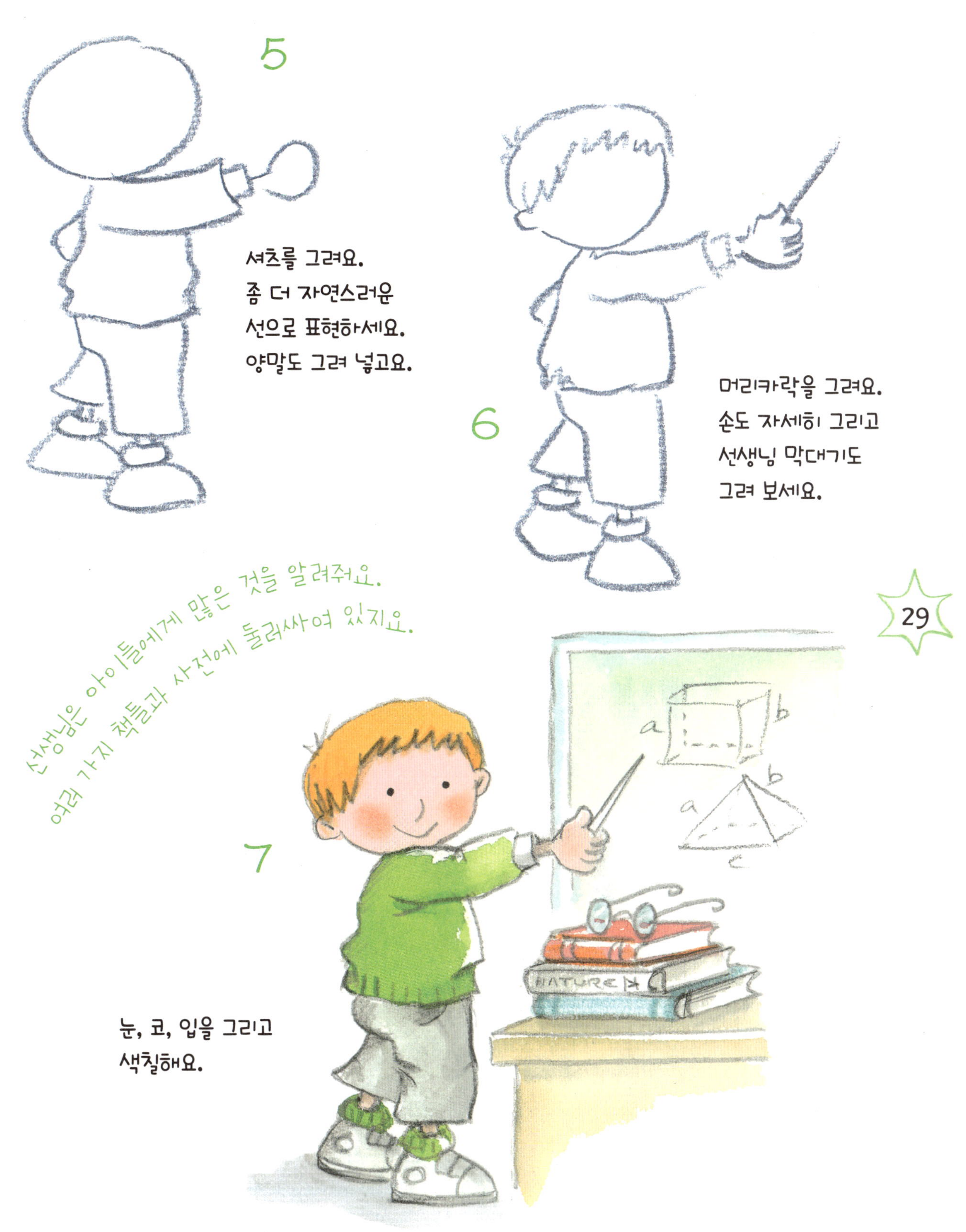

5

셔츠를 그려요.
좀 더 자연스러운
선으로 표현하세요.
양말도 그려 넣고요.

6

머리카락을 그려요.
손도 자세히 그리고
선생님 막대기도
그려 보세요.



선생님은 아이들에게 많은 것을 알려줘요.
여러 가지 책들과 사전에 둘러싸여 있지요.

7

눈, 코, 입을 그리고
색칠해요.

# 선생님이 자주 쓰는 물건은?

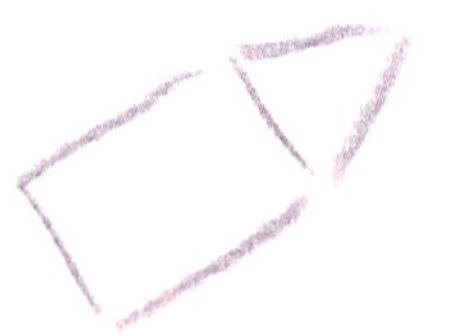 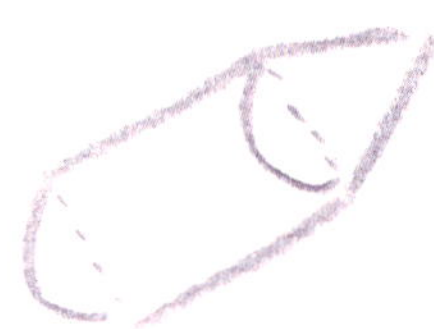 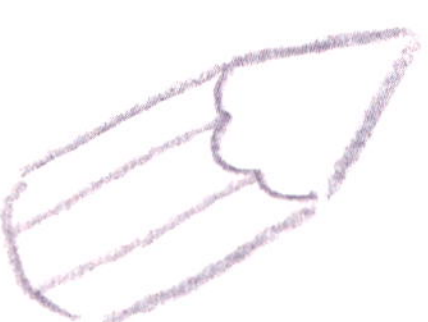 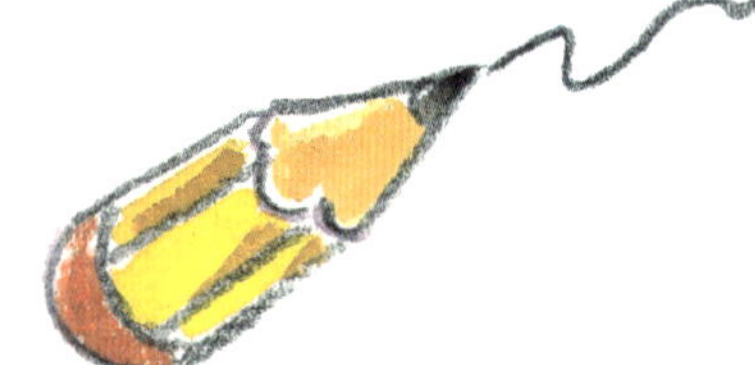

네모와 세모를 그리면 연필을 그릴 수 있어요.

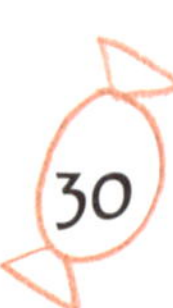

 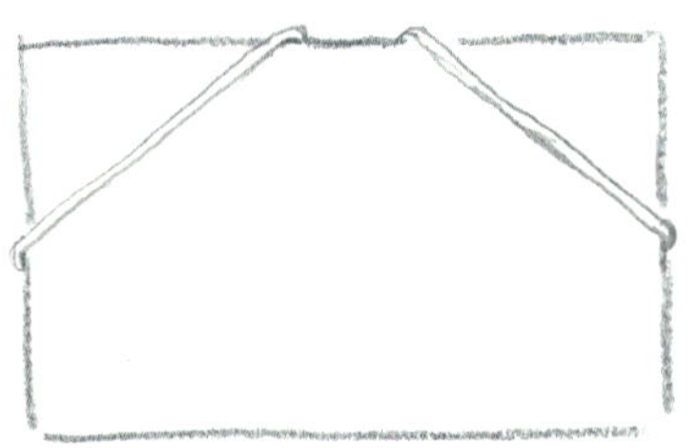 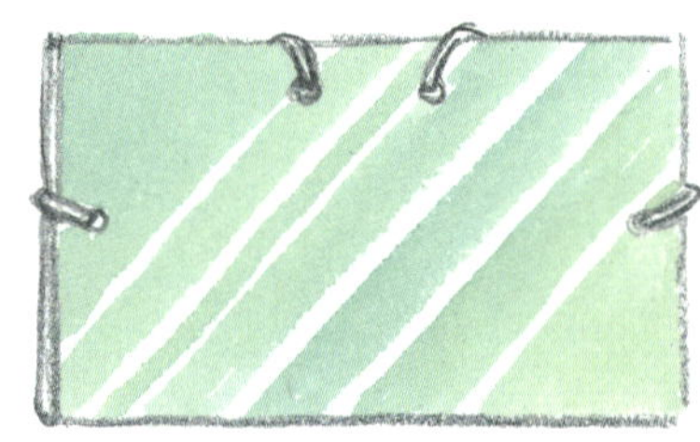

서류를 넣는 파일은 더 간단해요. 네모에 선만 그으면 되지요.

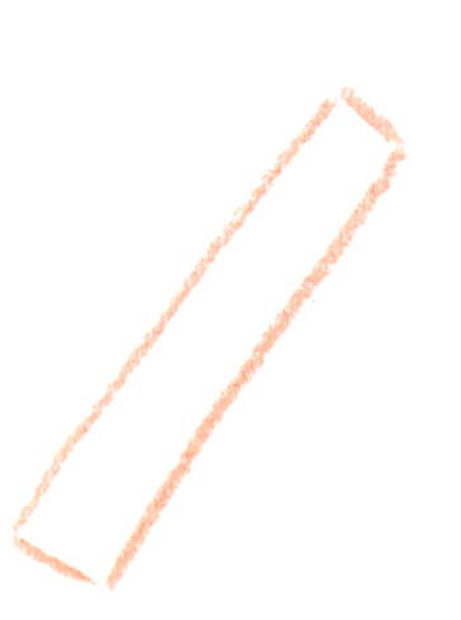 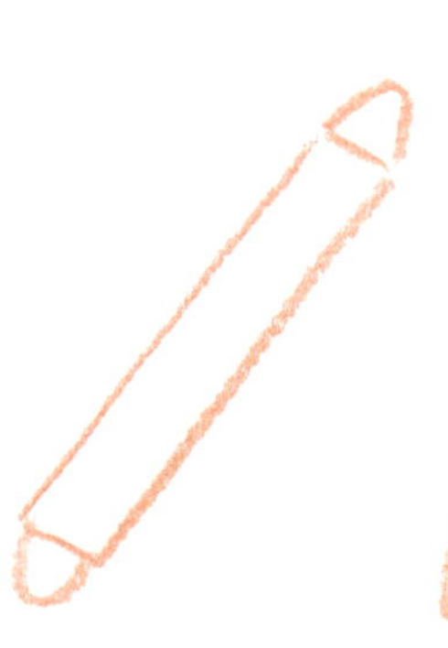 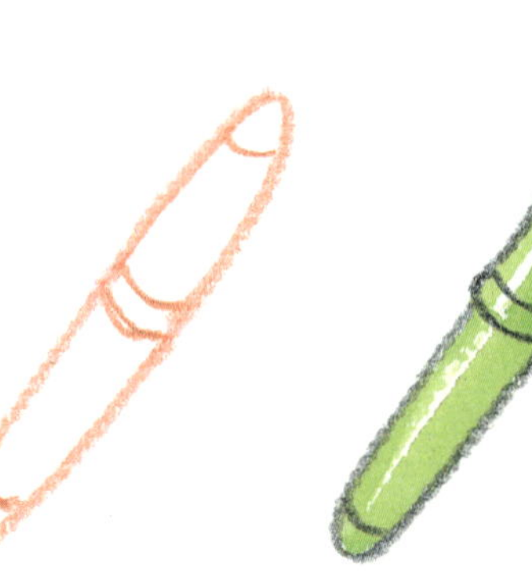 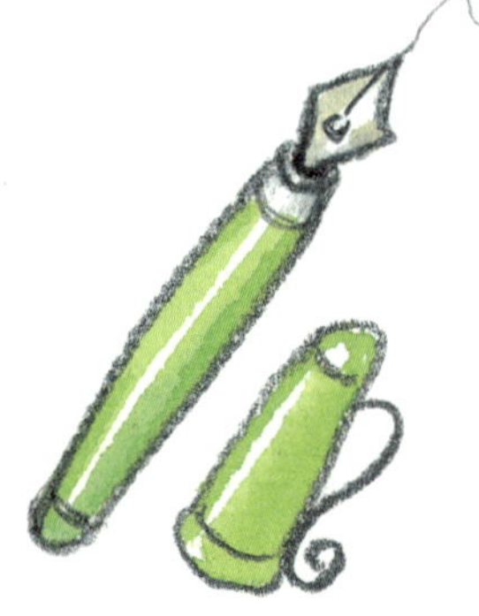

뚜껑을 열고 닫는 만년필을 그려 볼까요?
네모를 그린 다음 양쪽 끝에 삼각형을 그리면 쉽게 그릴 수 있어요.

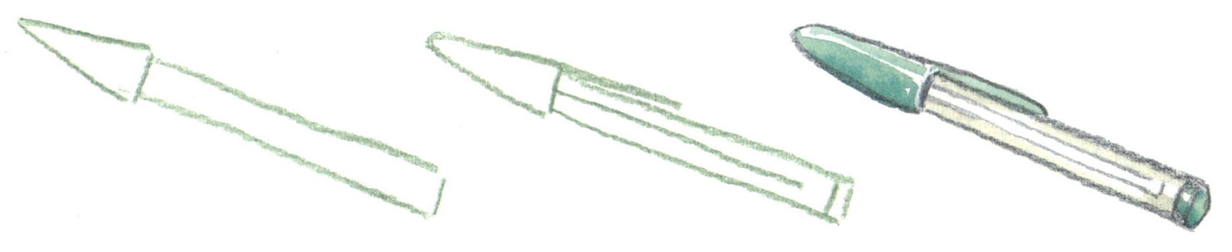



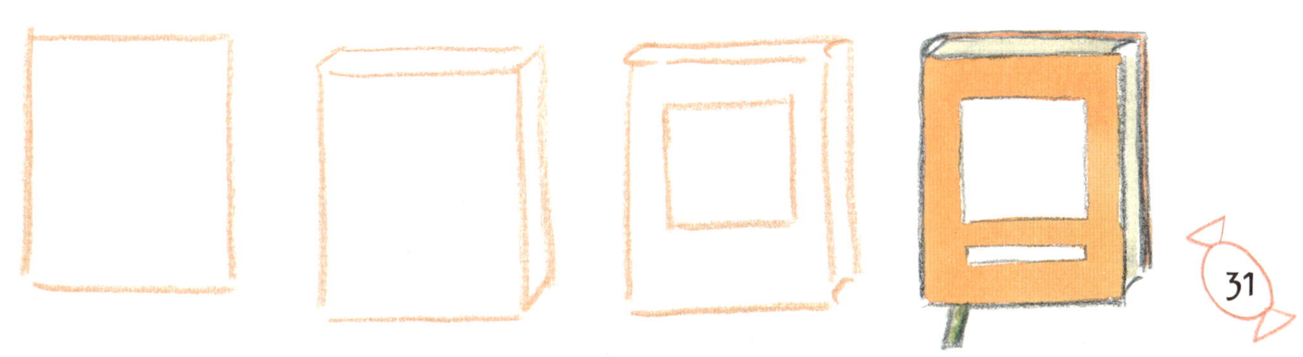



두꺼운 책도 쉽게 그릴 수 있어요. 4단계로 그려 보세요.

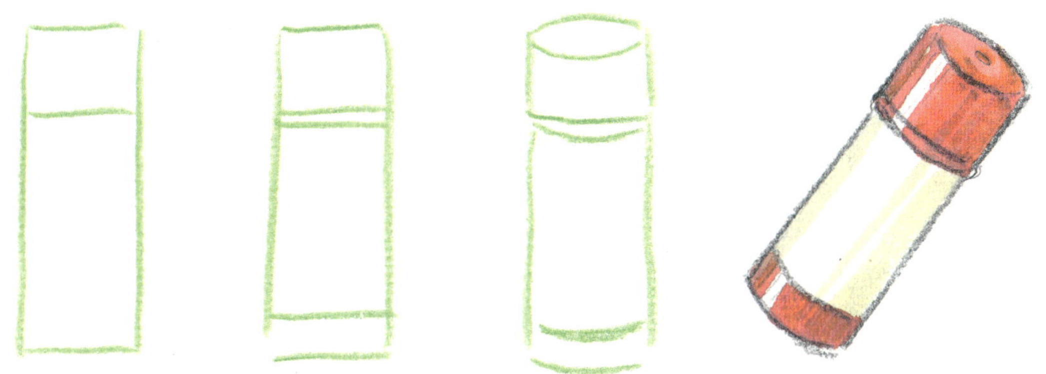

이번에는 딱풀을 그려 볼까요?
네모를 그린 다음 모서리를 둥글게 만들면 입체감이 생겨요.
짠! 딱풀이 완성됐네요!

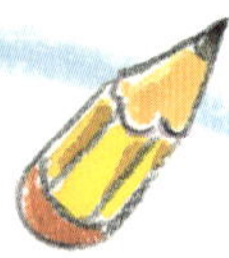

# 선생님의 책상에는 무엇이 있을까요?

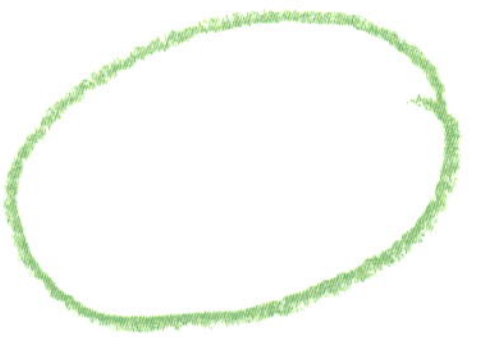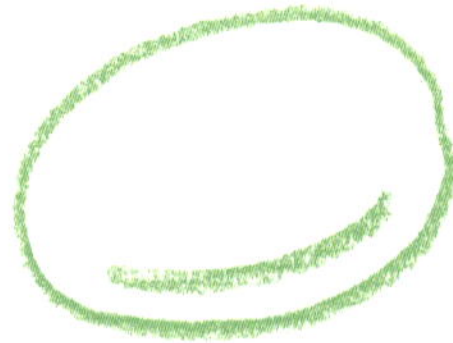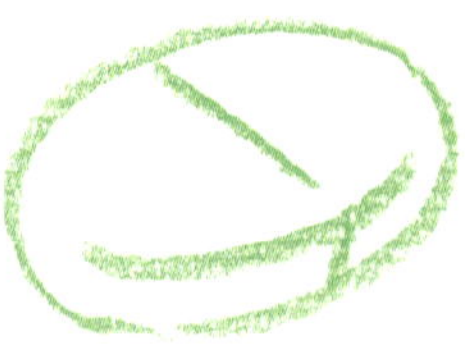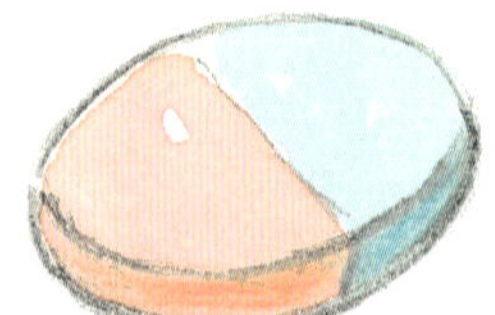

원하는 모양으로 지우개를 그려 보아요.

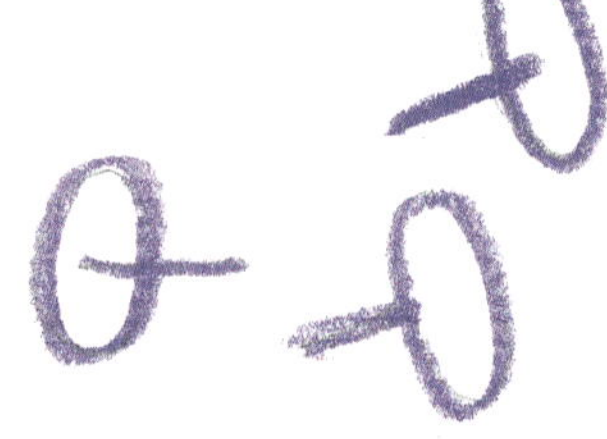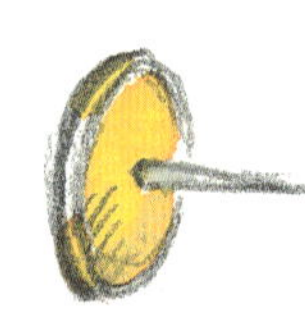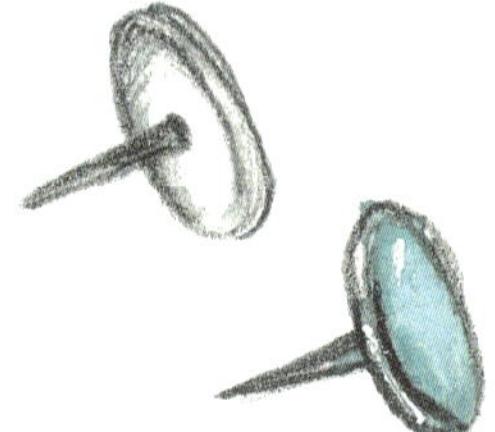



동그라미에 짧은 선을 붙이면 압정이 돼요.
여러 가지 색깔 압정을 그려 보아요.

책을 자세히 그려 보아요

1
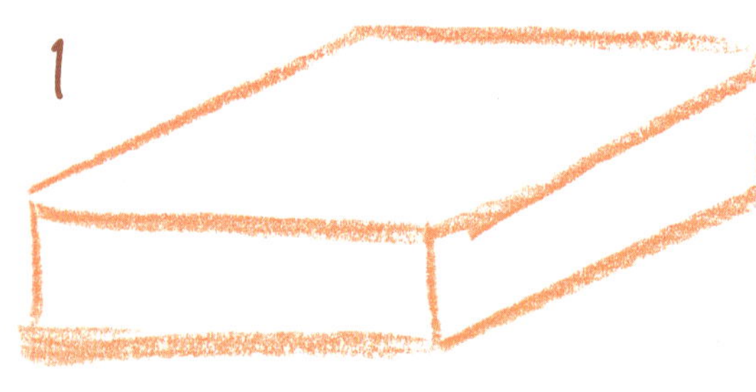

먼저 직선으로 책 모양을
대충 그려요.

책등을 둥글게 다듬어요.

2
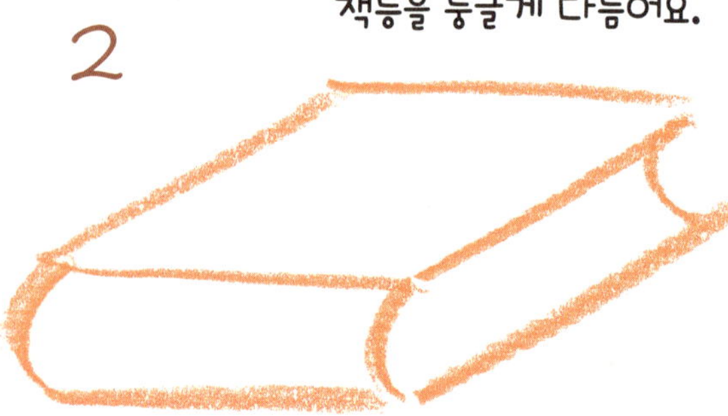

자세하게 표현하고 색칠해요.

3
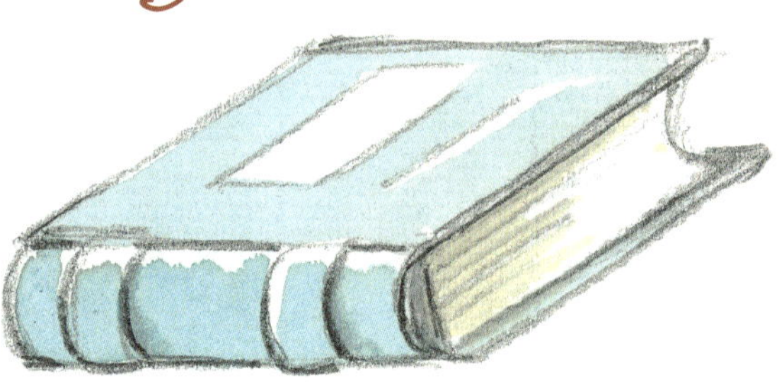

1

2

3

4

연필깎이도
네모부터 그려요.

선을 더해 네모난 상자
모양으로 만들어요.

칼날과 구멍을
자세하게 그려요.

색칠하면 끝!

이제 가위를 그려 볼까요?
먼저, 네모와 세모를 그려요.

네모 안에 큰 동그라미를 2개 그리고
안쪽에 작은 동그라미를 그려요.

자세히 그리고 색칠해요.

33

이번에는 서류 보관함이에요.
네모 2개를 겹쳐서 그린 다음
서로 연결해 보아요.

어렵지 않아요.

그림을 보고 천천히 따라 그려요.

색칠하면 완성!

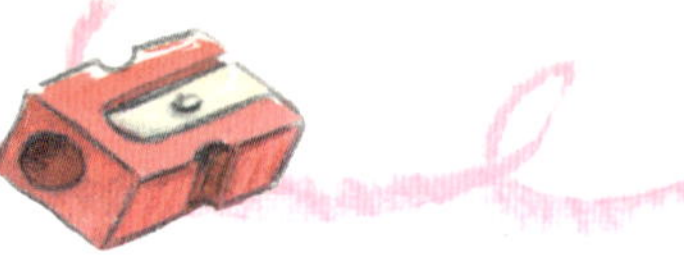

# 이런 물건도 필요해요

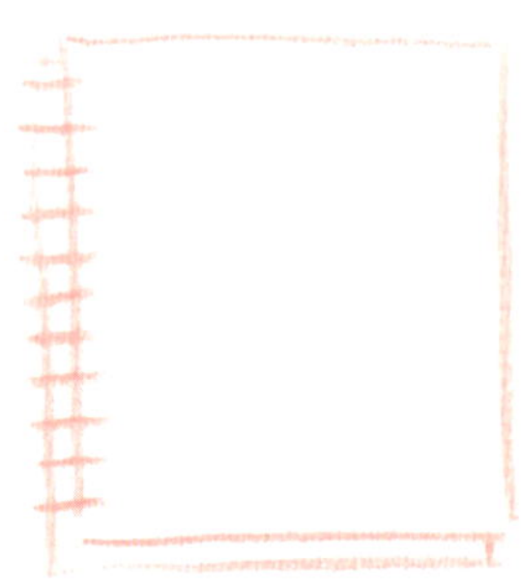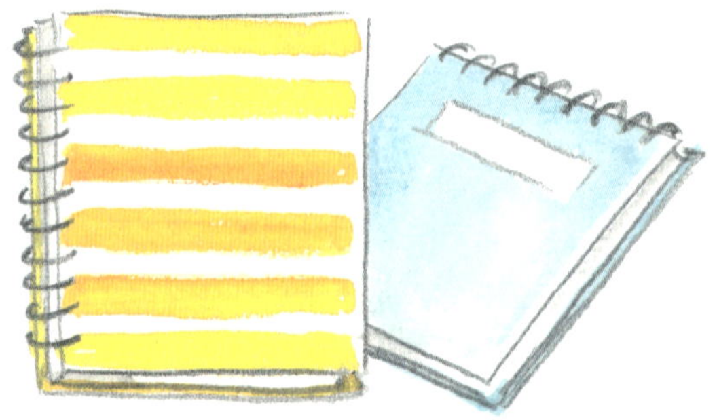

네모를 그린 다음 한쪽에 스프링을 달고 색칠하면 공책 완성~



스테이플러는 어떻게 그릴까요?

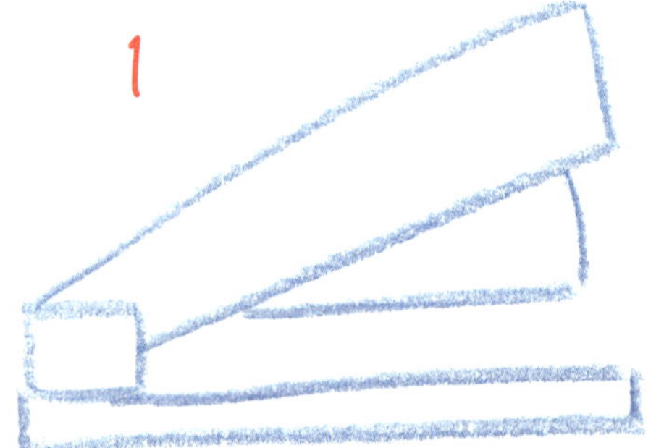

**1** 스테이플러도 네모로 이루어져 있어요.

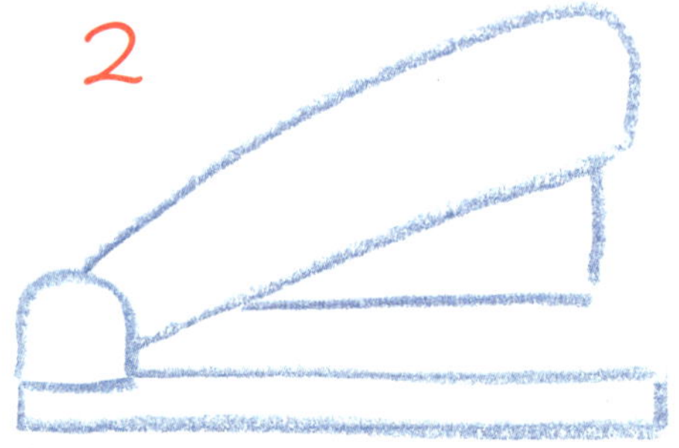

**2** 그림처럼 모서리를 둥글게 만들어요.

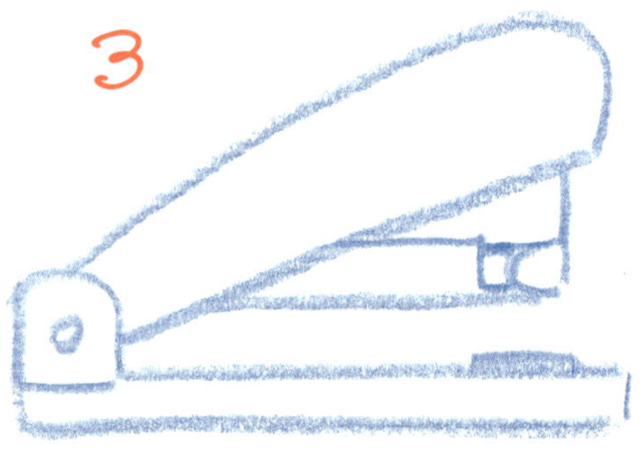

**3** 잘 보고 따라 그려 보아요.

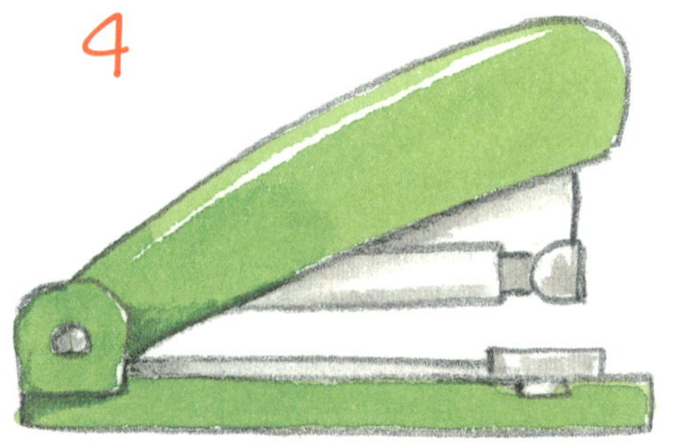

**4** 색칠하면 스테이플러가 완성됩니다.

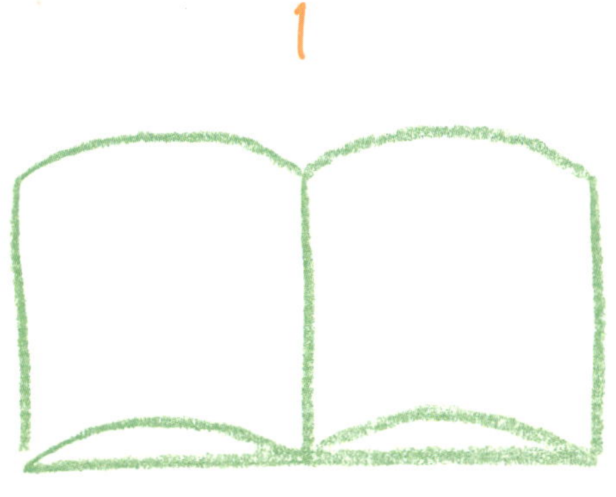

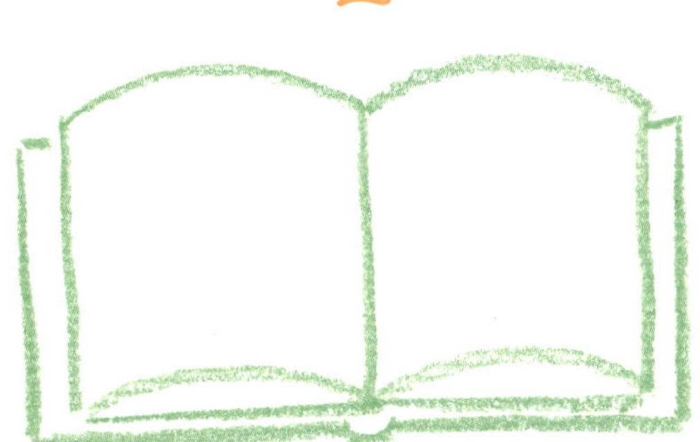

펼쳐 있는 책도 곡선을 이용해 입체적으로 표현할 수 있어요.
1, 2, 3 순서 대로 따라 그려 보세요.

좋이에 구멍을 뚫는 펀치예요

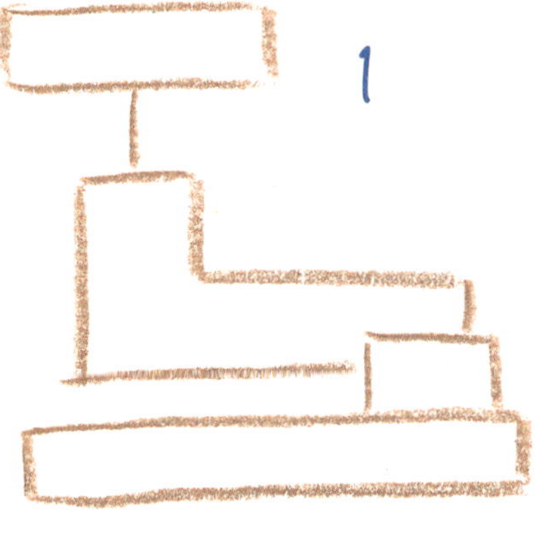

1

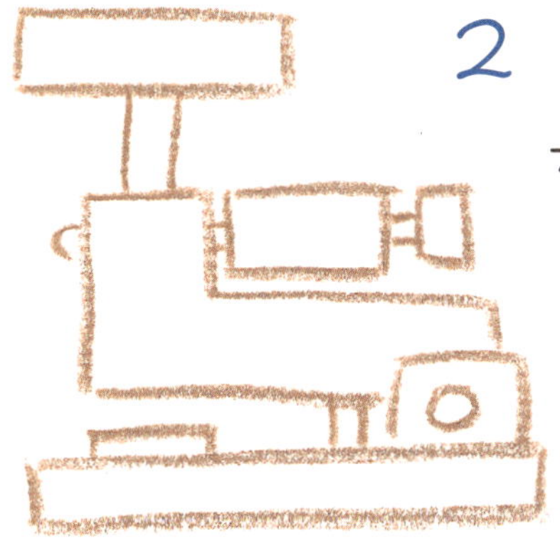

2

보기보다 쉬워요! 그림을 보면서
차근차근 그려 보아요.

자세하게 표현해요.

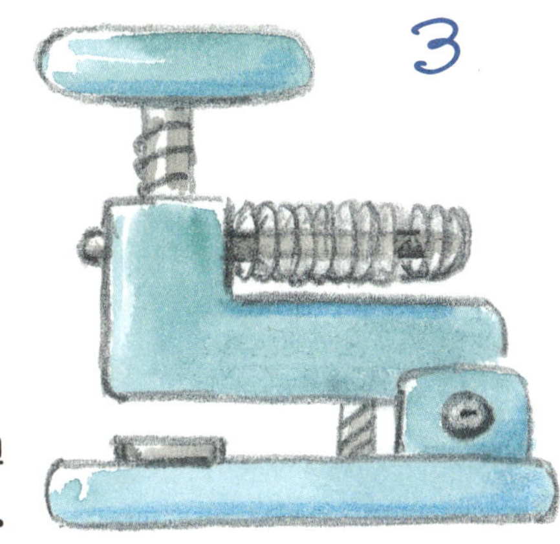

3

꼼꼼하게 마무리하고
색칠해요.

# 빵 만드는 사람은 파티시에!

**1** 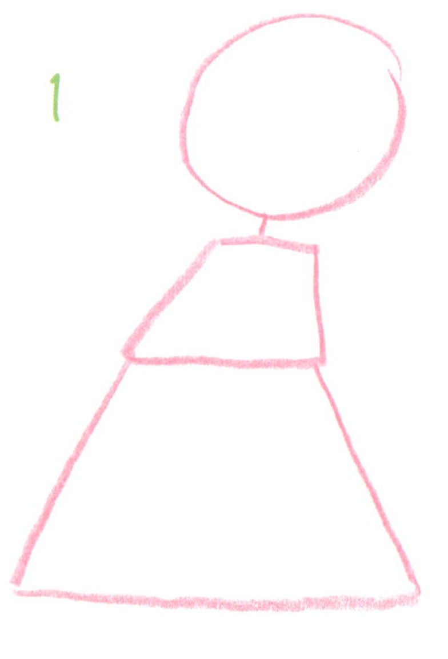
먼저 머리와 몸,
치마를 그려요.

**2**
앞치마를 그려요.



**3**
앞치마 끈을
리본 모양으로 묶어요.

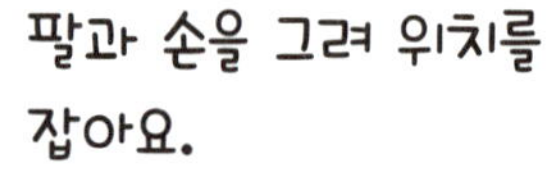

팔과 손을 그려 위치를
잡아요.

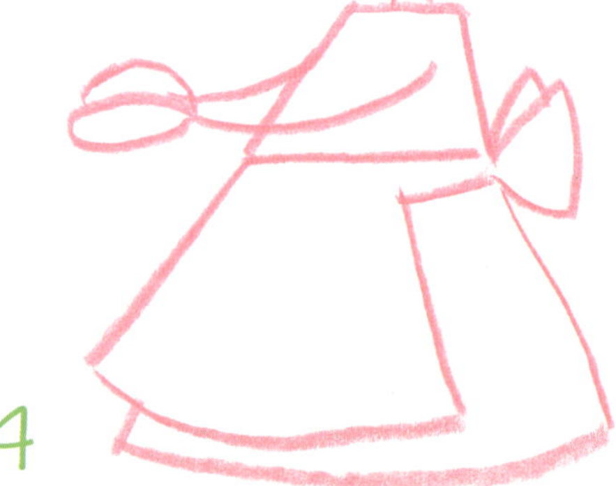

**4**

**5**

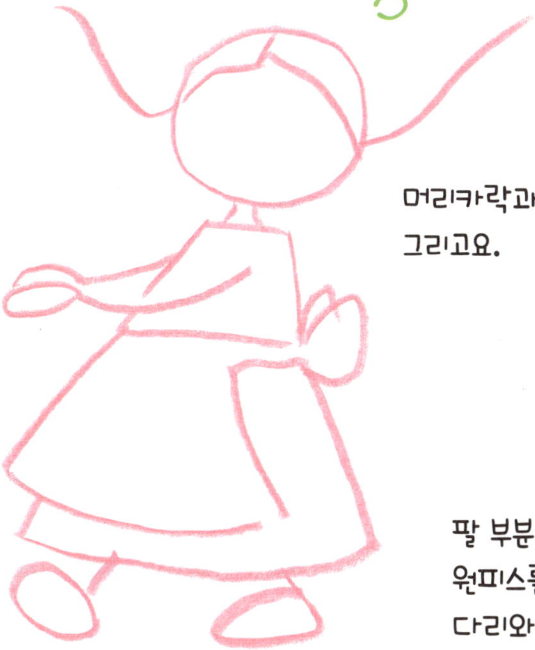

머리카락과 발도
그리고요.

**6**

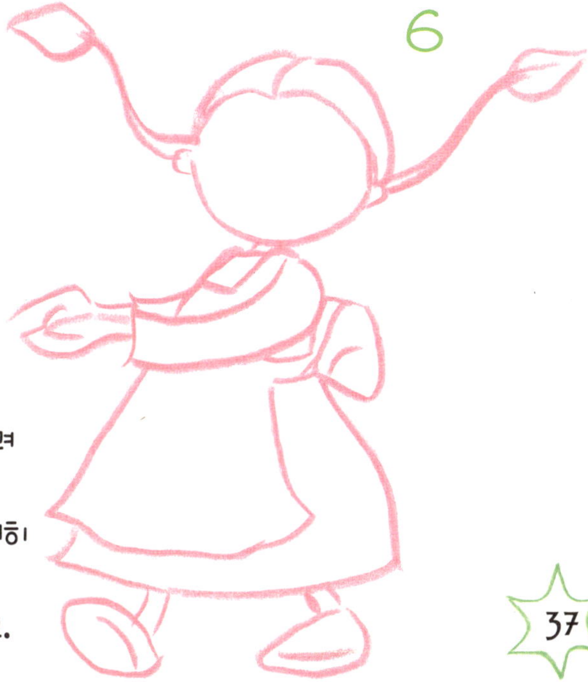

팔 부분을 두 줄로 그려
원피스를 만들고
다리와 신발도 자세히
그려요. 머리카락도
실감나게 표현하고요.



**7**

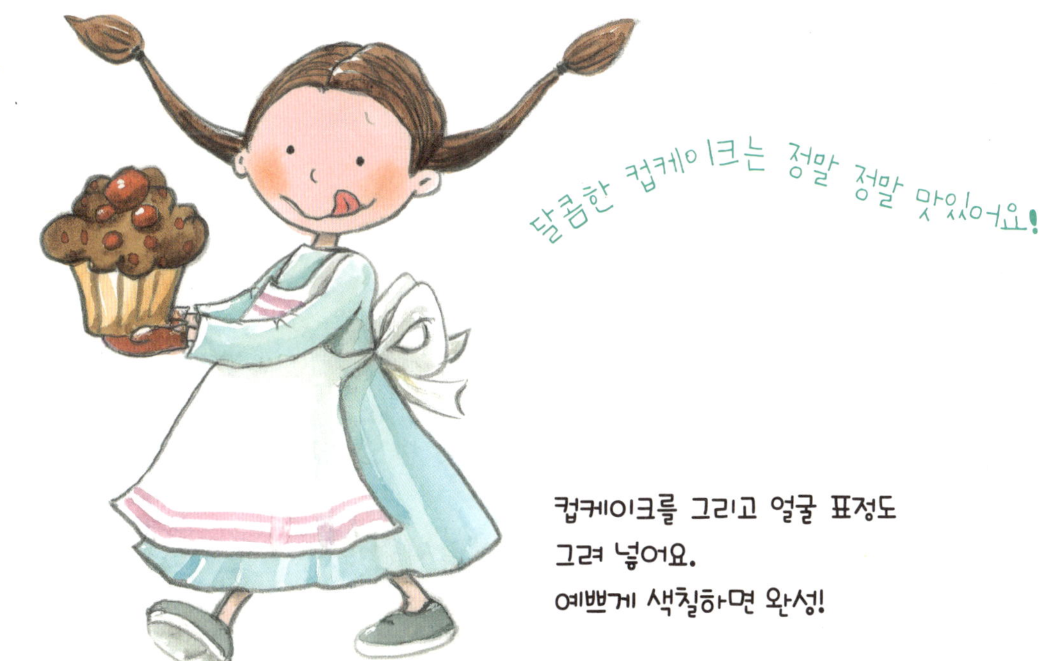

달콤한 컵케이크는 정말 정말 맛있어요!

컵케이크를 그리고 얼굴 표정도
그려 넣어요.
예쁘게 색칠하면 완성!

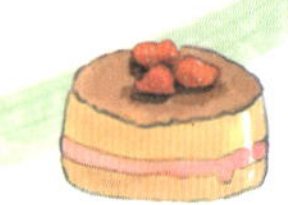

# 빵은 어떻게 만들까요?

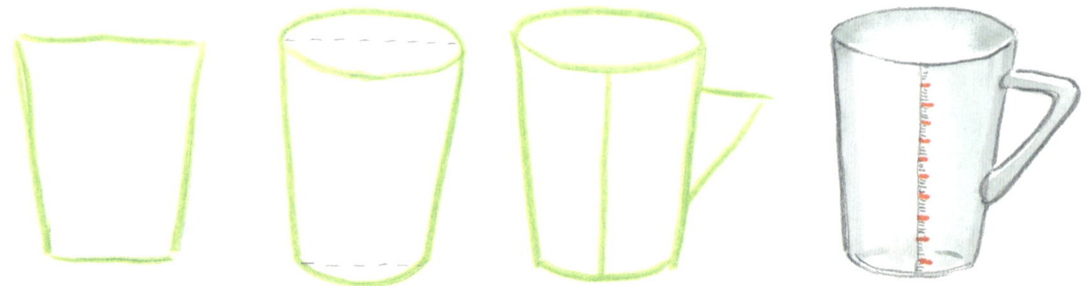

빵을 만들려면 밀가루의 양을 정확히 알아야 해요. 그래서 계량컵이 필요하죠.
계량컵 그리기는 아주 쉬워요. 그림을 보고 따라 그려 보아요.

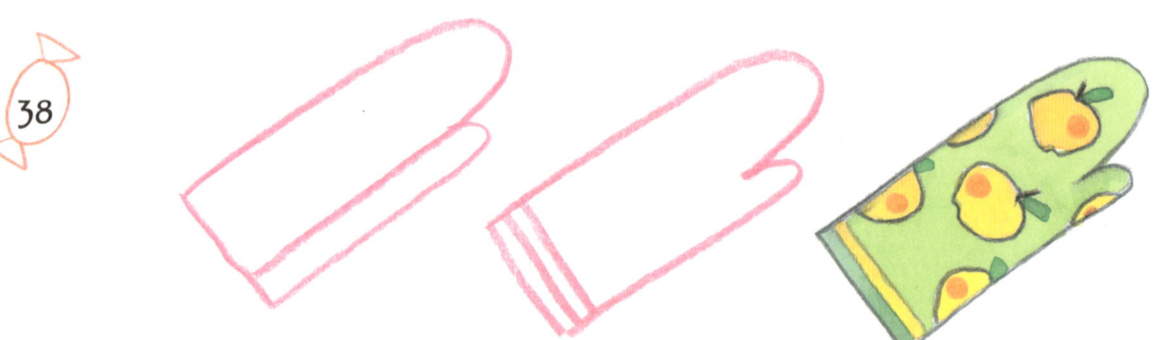

오븐용 장갑과 주방용 타월을 그려 보아요.
장갑은 손이 들어갈 만큼 큼직하게 그리고 무늬도 마음껏 그려 볼까요?

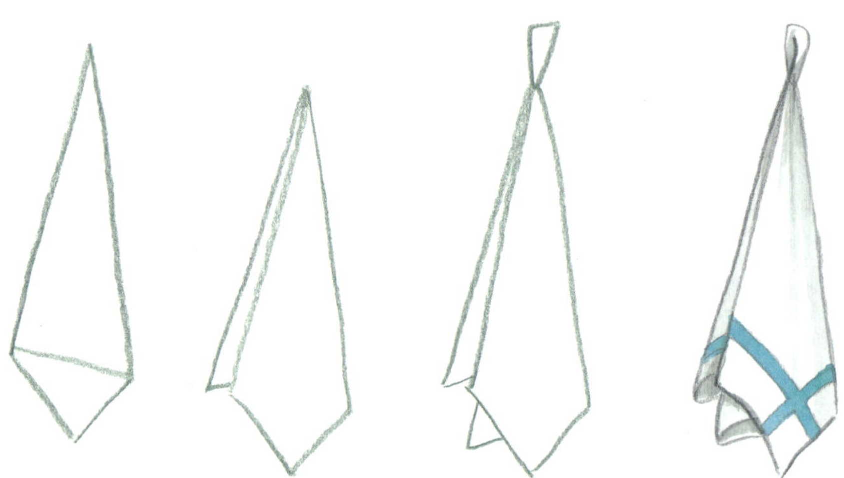

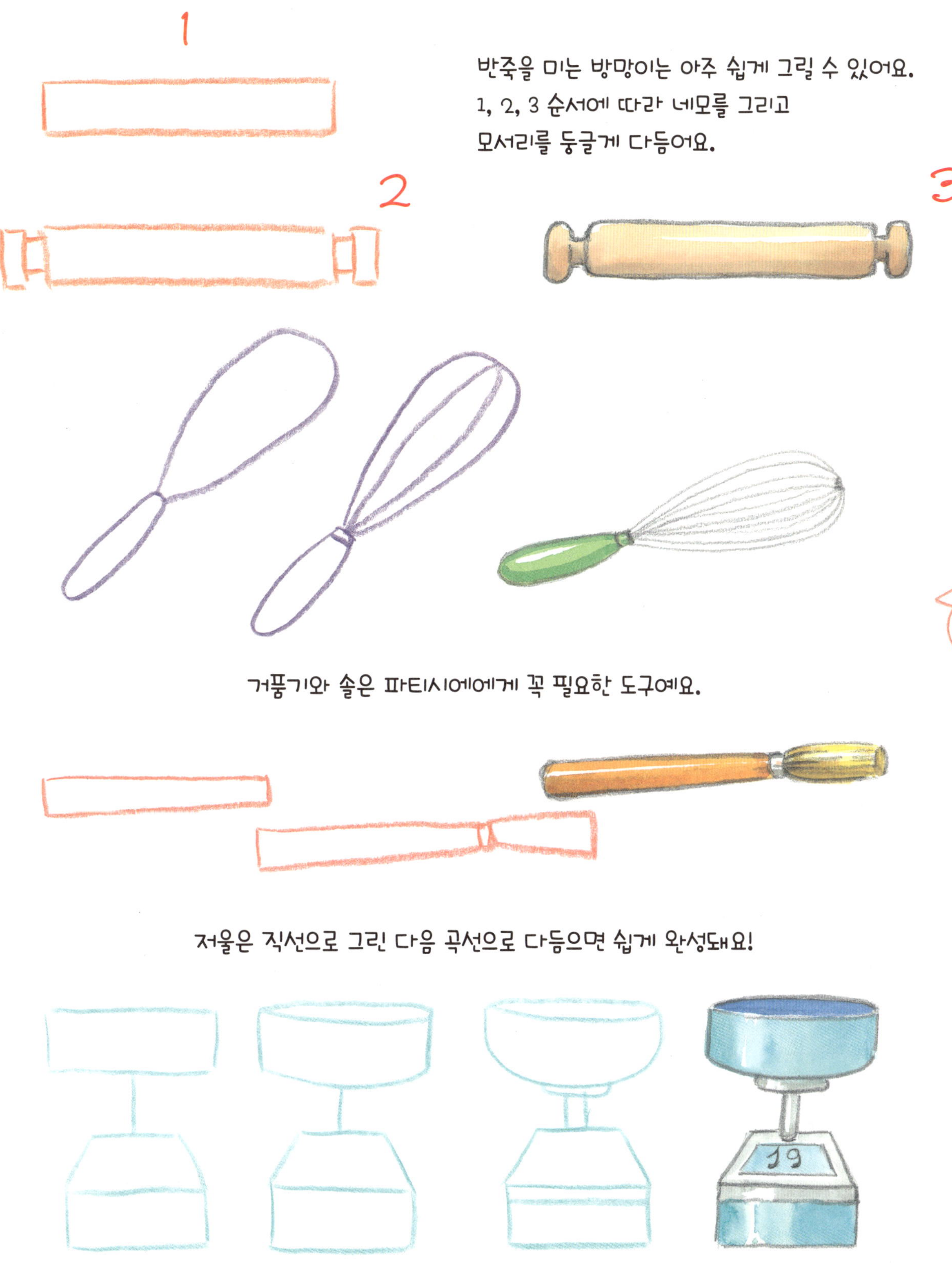

1
2
3
반죽을 미는 방망이는 아주 쉽게 그릴 수 있어요.
1, 2, 3 순서에 따라 네모를 그리고
모서리를 둥글게 다듬어요.
39
거품기와 솔은 파티시에에게 꼭 필요한 도구예요.
저울은 직선으로 그린 다음 곡선으로 다듬으면 쉽게 완성돼요!
19

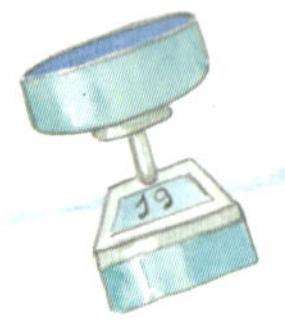

# 달콤한 디저트를 구경해 봐요

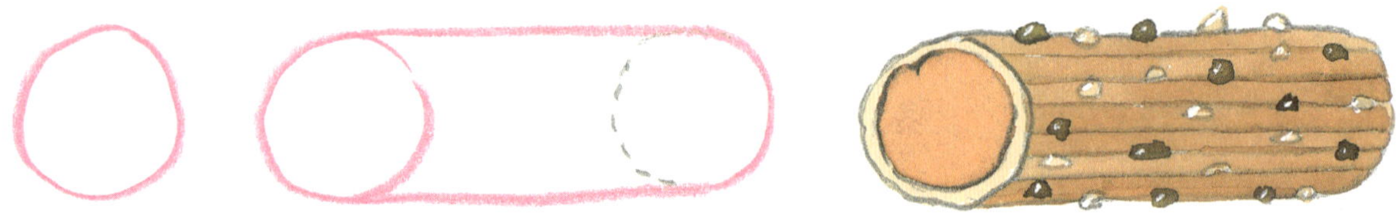

원을 2개 그린 다음 직선으로 이어주면 둥글고 길쭉한 롤케이크가 만들어져요.

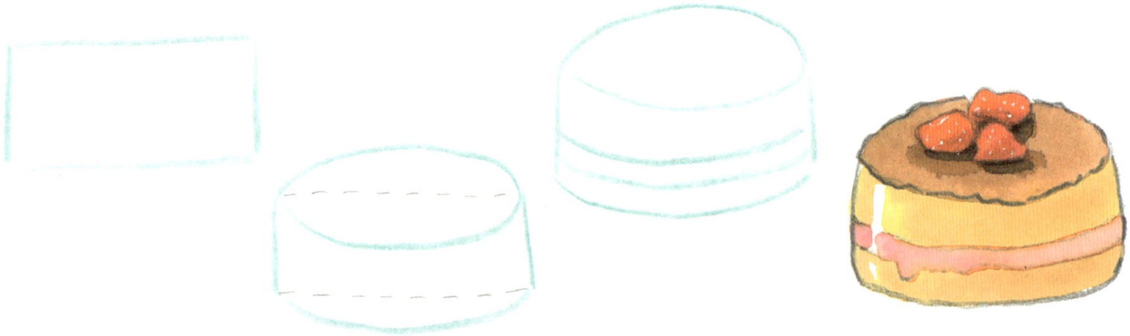

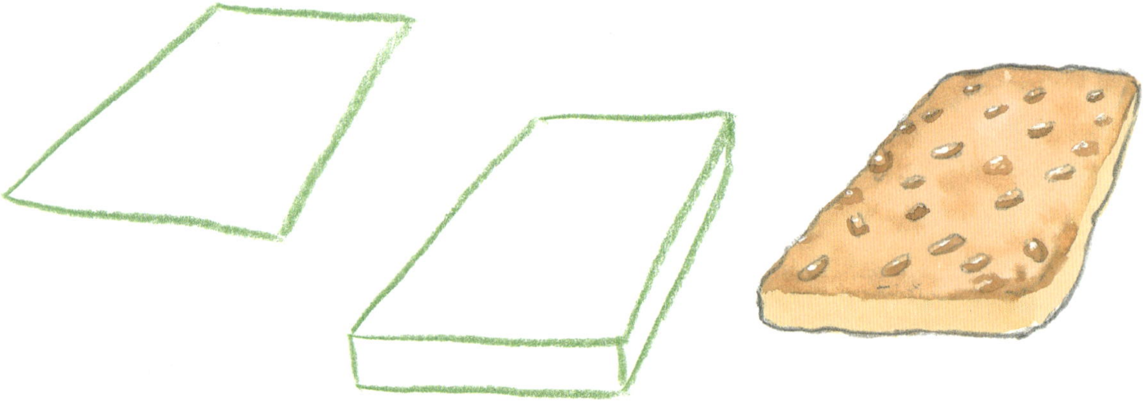

40

둥근 케이크를 그릴 때는 사각형이 있다고 생각하고 2개의 원을 그려요.
높이가 있는 네모난 케이크도 쉽게 그릴 수 있지요. 맛있는 빵들을 입체적으로 표현할 수 있어요.

키가 큰 케이크를 그려 볼까요?

1

2

3

4

네모를 그려요.

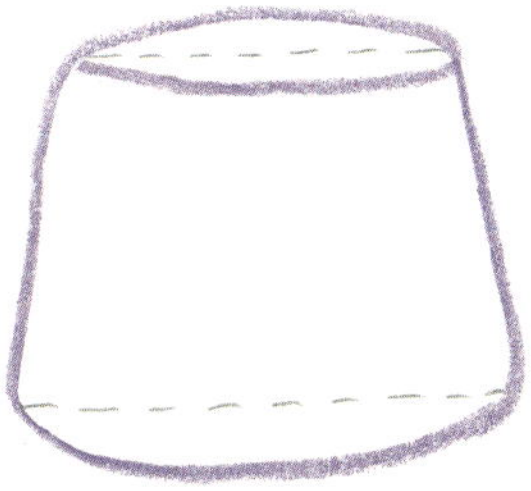

모서리를 둥글게 다듬고
위쪽에 원을 그려요.

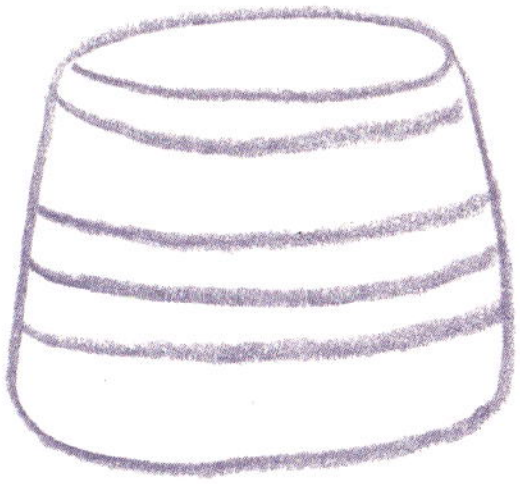

여러 개의 선을
그려요.

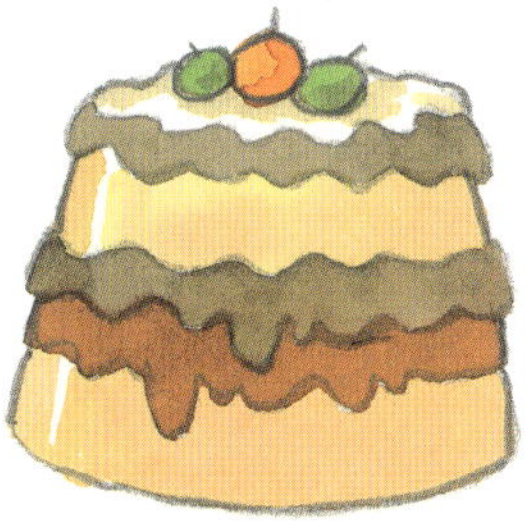

색칠을 해요.

여러분은 어떤 빵을 제일 좋아하나요?

1

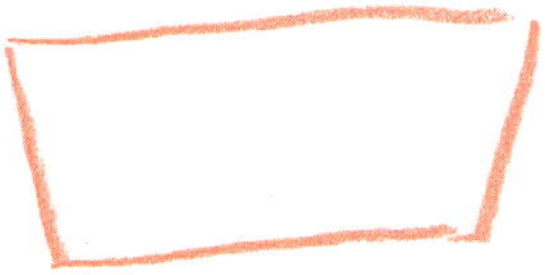

2

3

이제 아몬드 파이를 혼자
그려 보아요.
1번부터 6번까지 차근차근
따라 그리면 누구나 혼자서도
할 수 있어요!

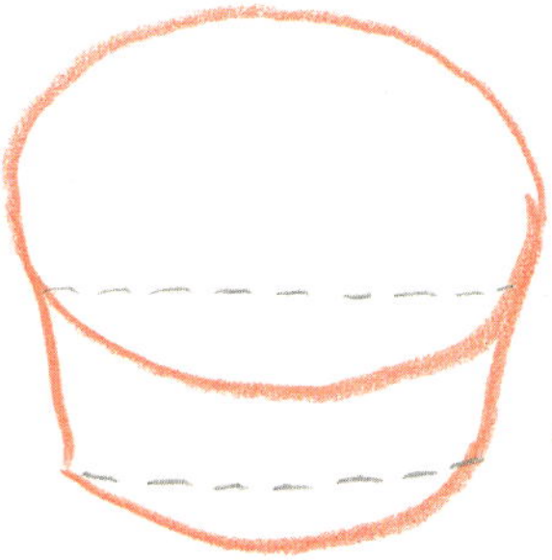

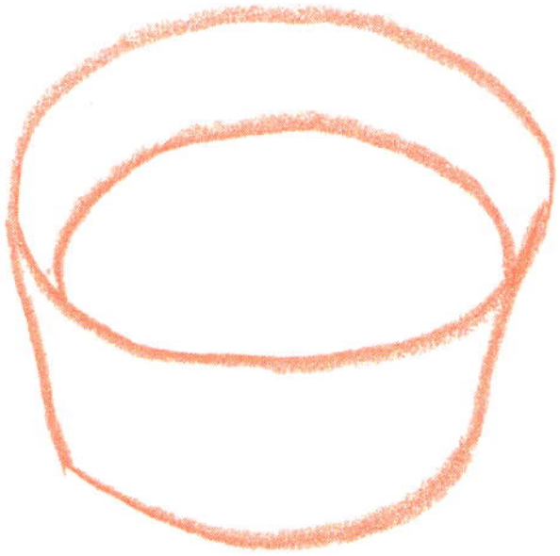

4

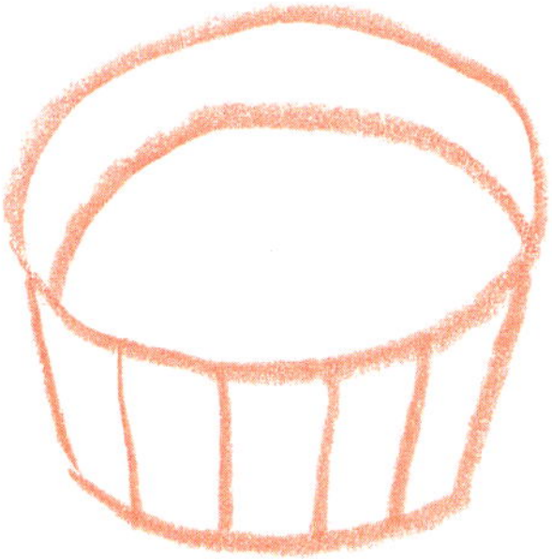

5

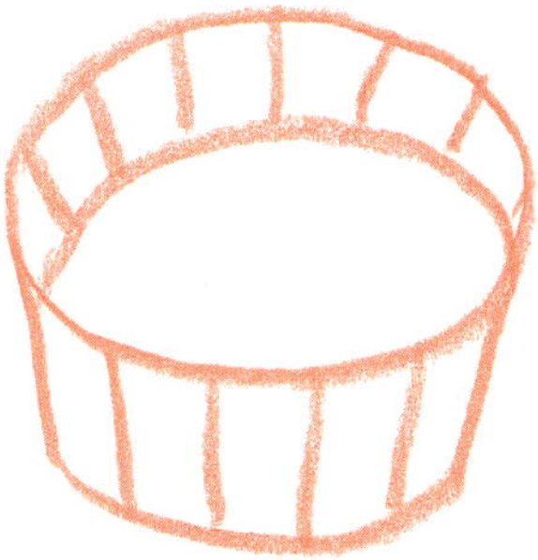

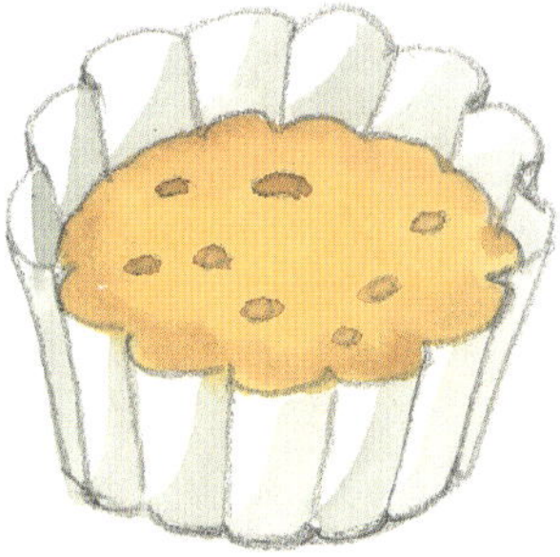

6

# 건축가는 튼튼한 건물을 지어요

먼저 머리와
몸을 그려요.

1

2

머리 아래쪽 목 부분에
세모를 그리면 셔츠
모양이 돼요.

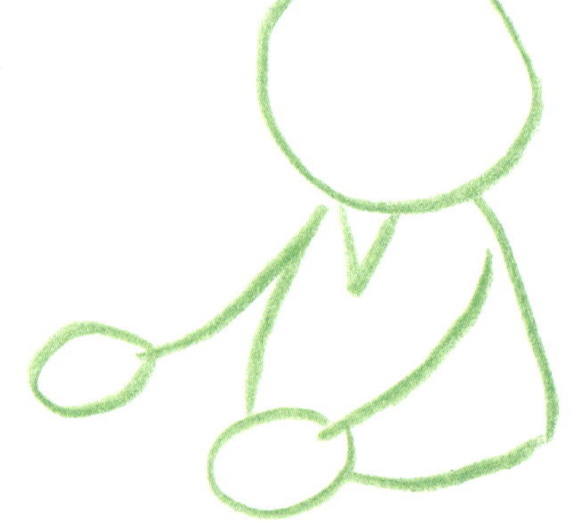

3

팔과 손을 대충 그려요.

이제 셔츠의
소매를 그려요.

4

5

손가락을 그리고 팔을
두껍게 그려요.

6

양손에 각각 네모난 벽돌과
세모의 손잡이를 쥐어 주어요.
셔츠 아래쪽으로 바지도
보이네요.

7

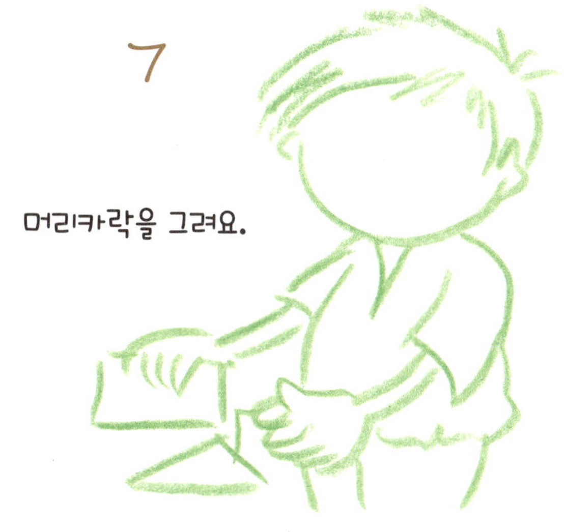

머리카락을 그려요.

8

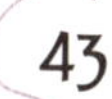

43

눈, 코, 입을 그리고
그림처럼 멋지게
색칠해요.

여러분이 살고 있는 집은
누가 지었을까요?
그럼, 학교는요?

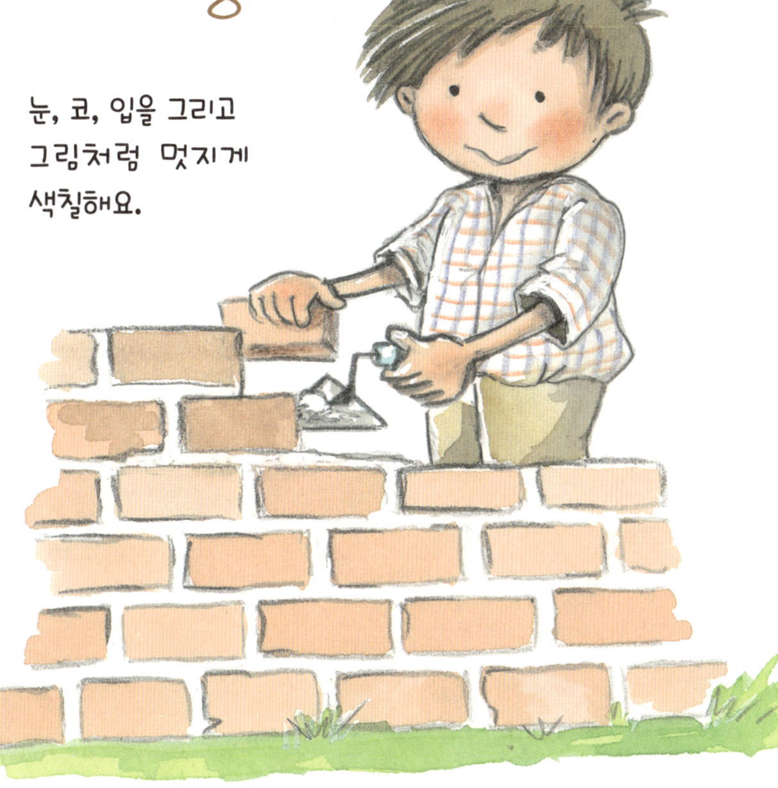

# 건물을 지을 때는 **무엇**이 필요할까요?

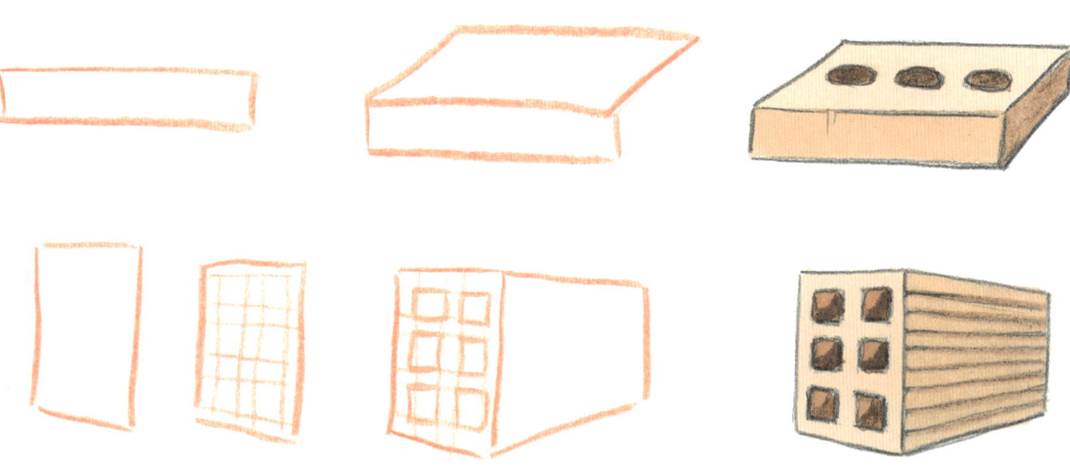



벽돌을 그리는 건 어렵지 않아요. 그림을 보고 따라 그려 보아요.
둥근 기와는 보는 방향에 따라 모양이 달라요.
천천히 한 단계씩 따라 그리면 누구나 입체적으로 표현할 수 있어요.

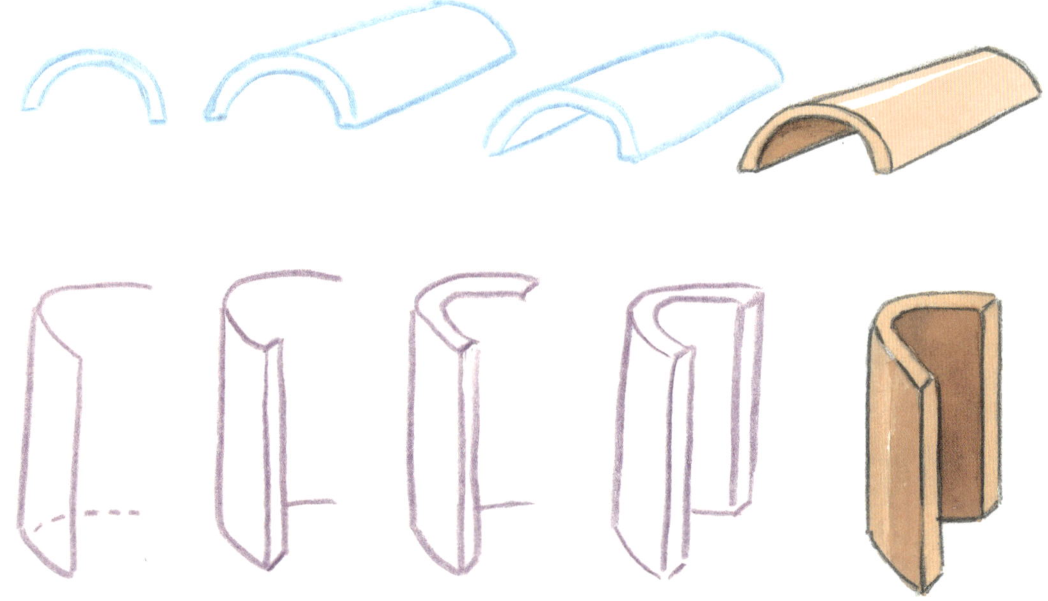

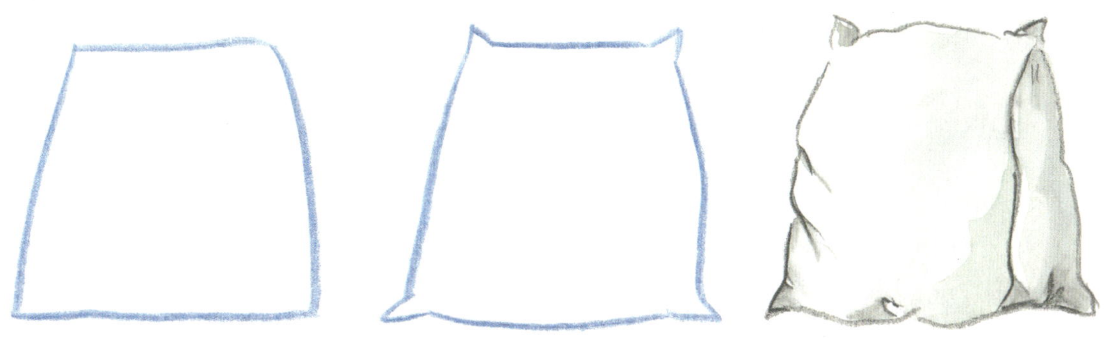

시멘트 자루는 먼저 네모를 그린 다음, 모서리를 표현해 자루 모양을 만들면 돼요.

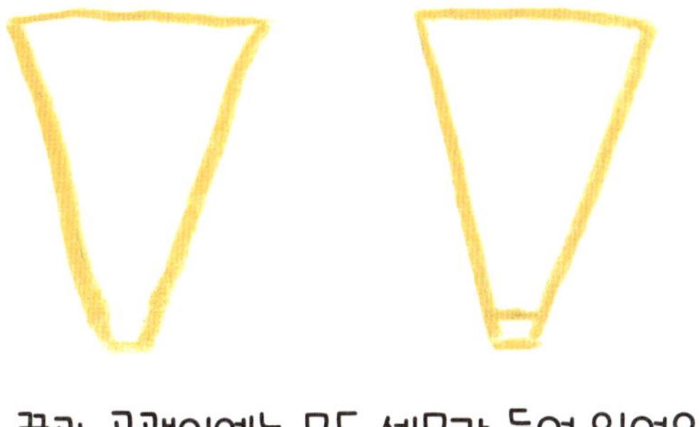

끌과 곡괭이에는 모두 세모가 들어 있어요.
순서대로 따라 그려 보아요.

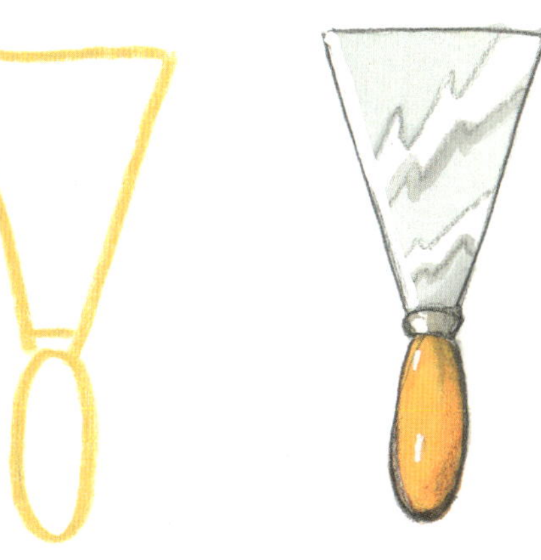

건물을 짓는 데는 여러 가지 도구가 필요해요.
여기 그린 것 외에 어떤 도구가 더 필요한지 알아볼까요?

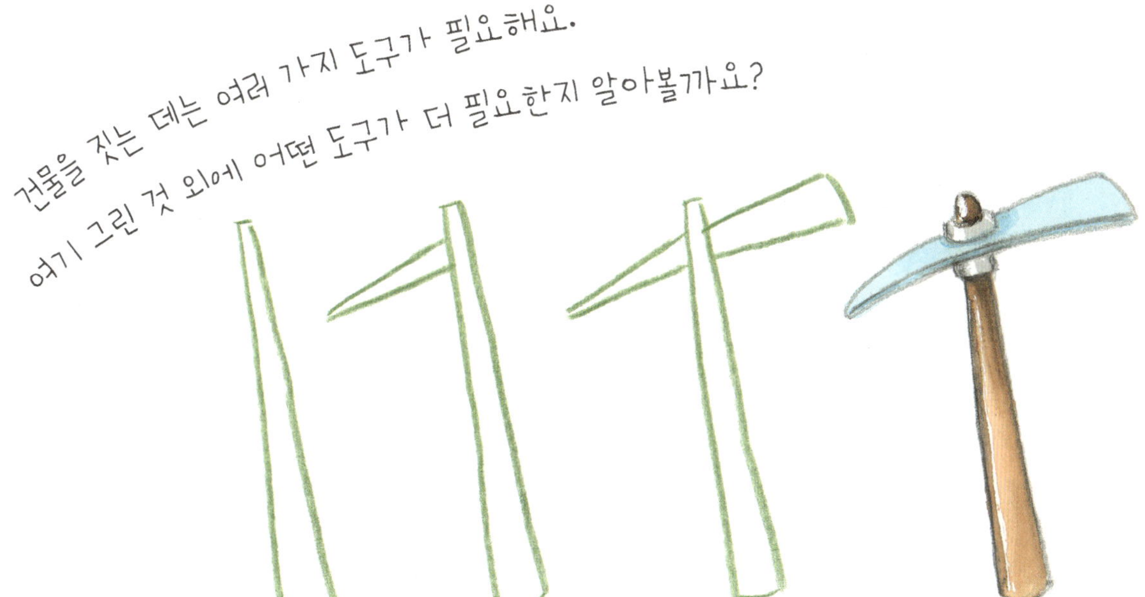

# 본격적으로 집을 지어 볼까요?

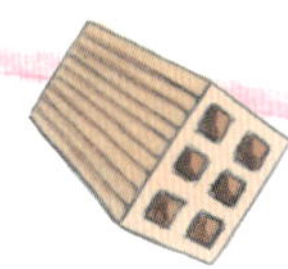

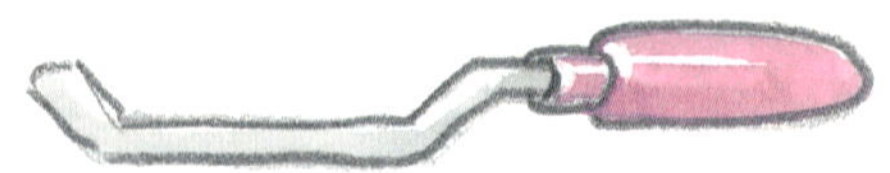

건물을 짓는 데는 줄눈과 흙손이 필요하지요.
일자 막대기와 세모를 그리고 손잡이를 달아 보세요.

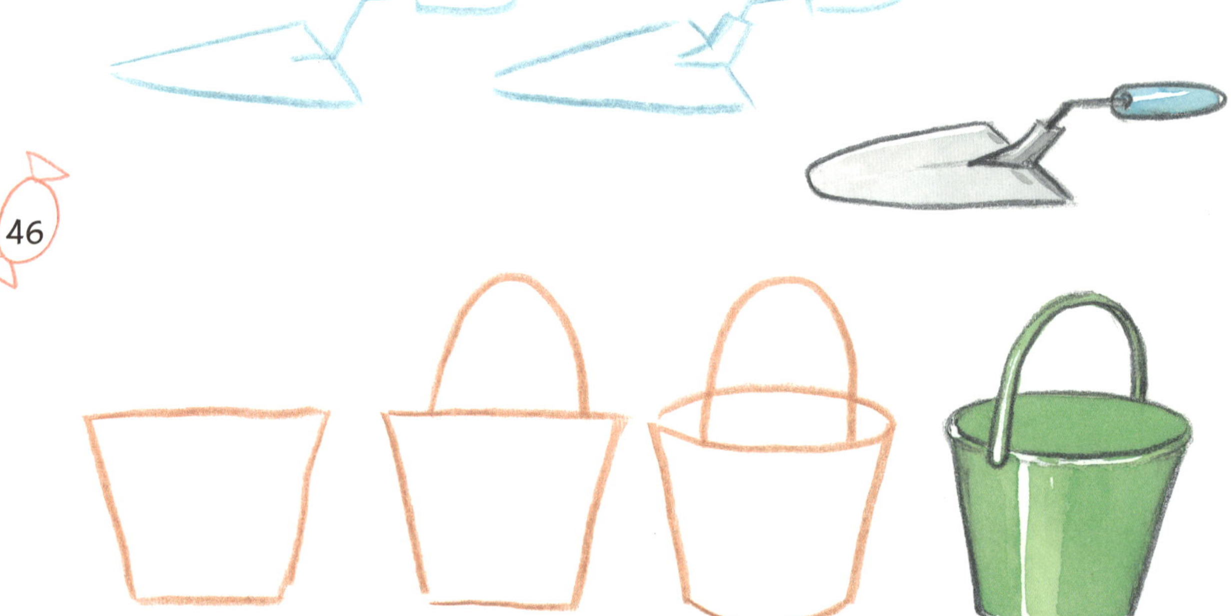

양동이와 회반죽 그릇을 그릴 때는 먼저 네모를 그려요.
그다음 둥글게 마무리하고 마지막에 손잡이를 덧붙여요.

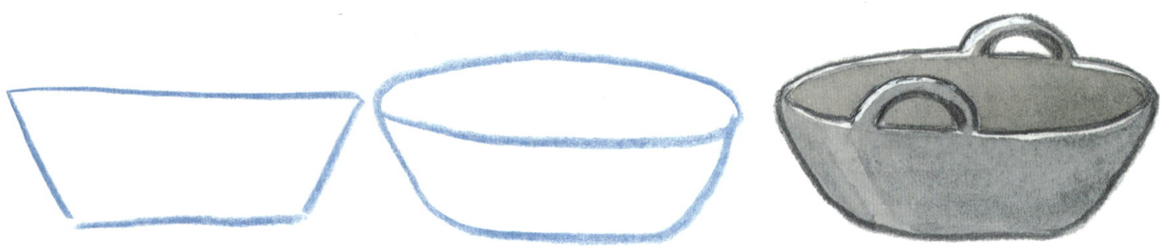

# 수레도 몇 단계만 거치면 쉽게 그릴 수 있어요

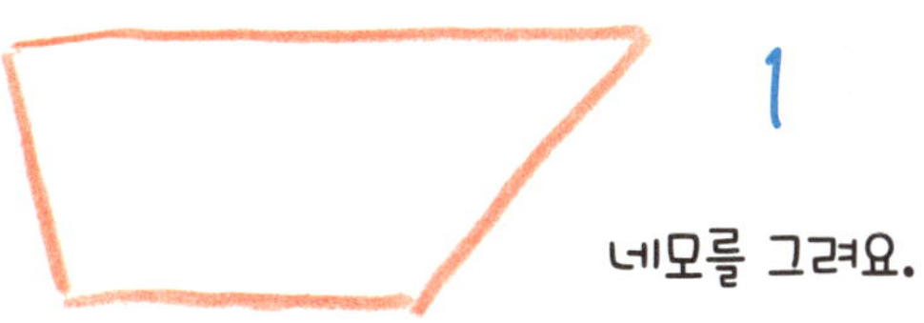

**1** 네모를 그려요.

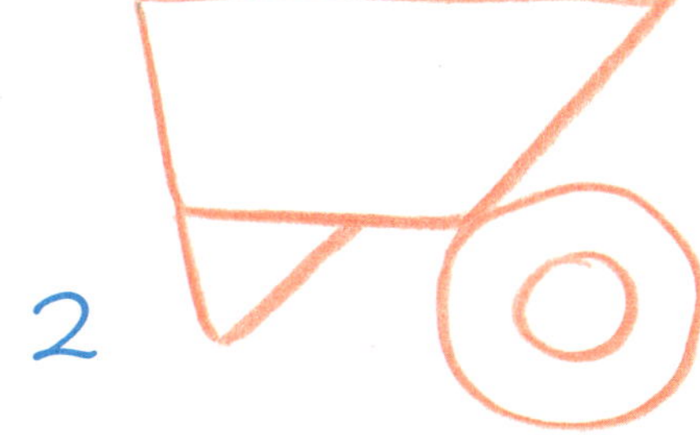

**2** 세모와 동그라미를 그려요.

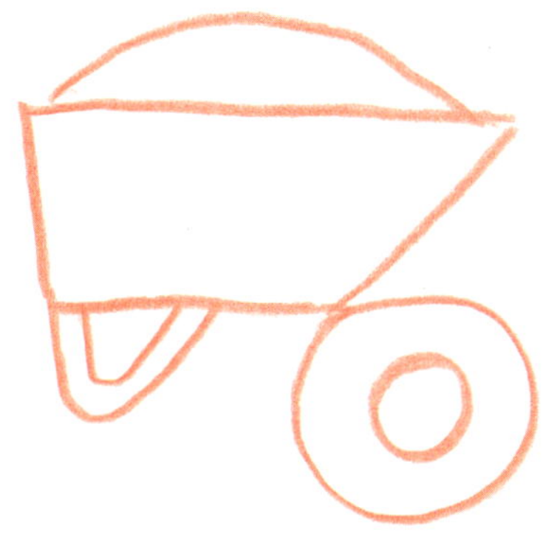

**3** 수레에 짐을 실어요.
흙이나 시멘트겠지요?

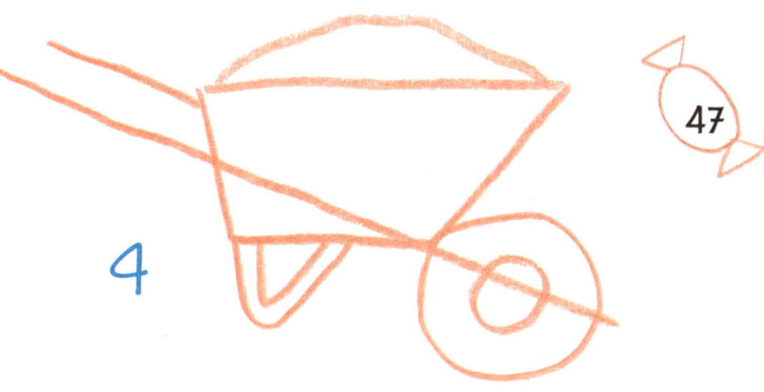

**4** 비스듬하게 선을 2개 그려요.

47

여러분이 집을 짓는다면
어떤 모양으로 만들고 싶나요?
실제로 한번 그려 볼까요?

그림을 보면서 자세하게 따라 그려
손잡이까지 완성해 보세요.

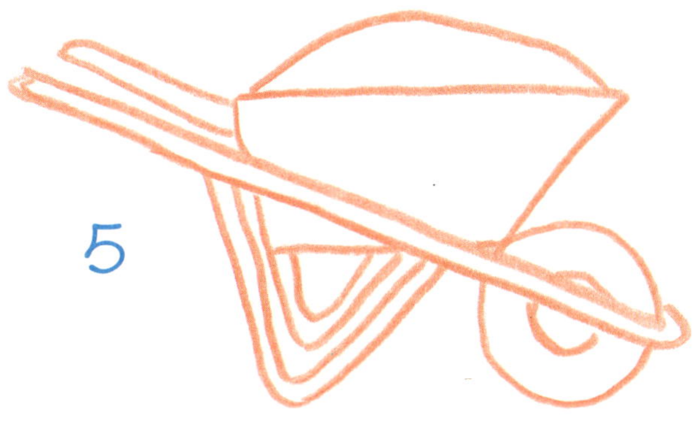

**5**

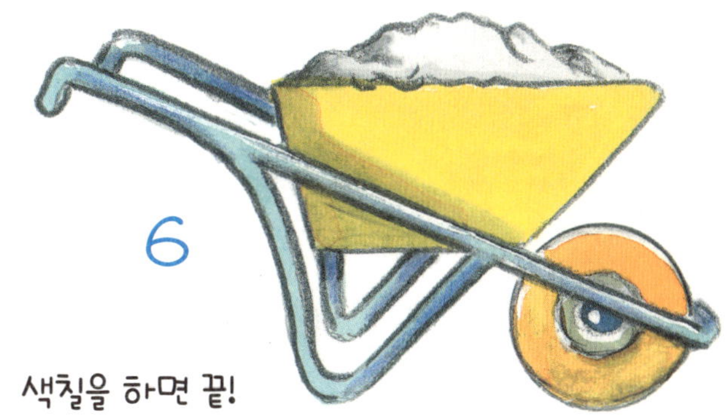

**6** 색칠을 하면 끝!

# 의사는 아픈 사람을 치료해요

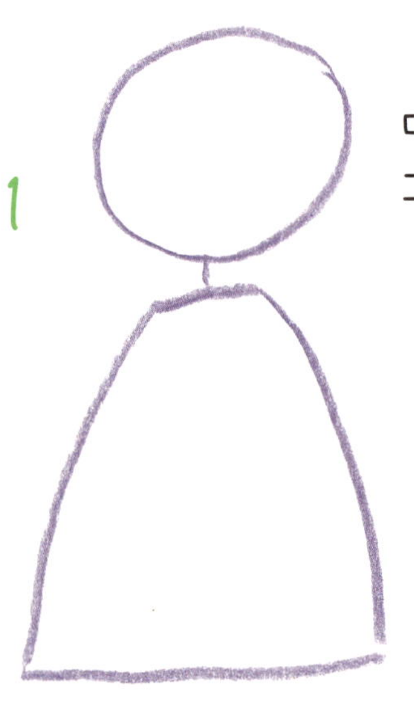

**1**

먼저 머리와 몸을
그려요.

몸을 둥글게 다듬어요.


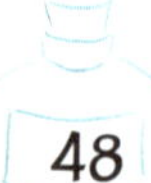

**2**

팔과 손을 그린 다음
몸통에 선을 그어요.
그러면 의사 가운이 되죠.

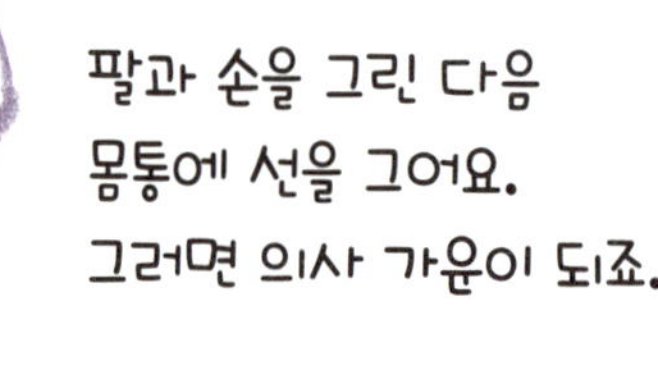

**3**

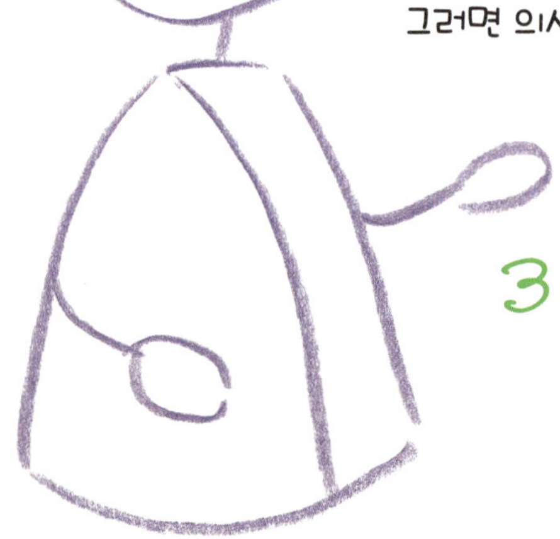

**4**

가운에 깃을 그리고
다리와 발을 그려요.

가운의 팔 부분도 완성하고
다리는 두 줄로 두껍게
그려요. 숟가락도
간단하게 그려 넣어요.

6

머리카락과 신발을 그려요.
숟가락을 좀 더 동그랗게 그리고
다른 손에는 약병도 쥐어 줘요.

49

7

눈, 코, 입도 그리고
가운도 좀 더 자세하게
따라 그린 다음
색칠해요.

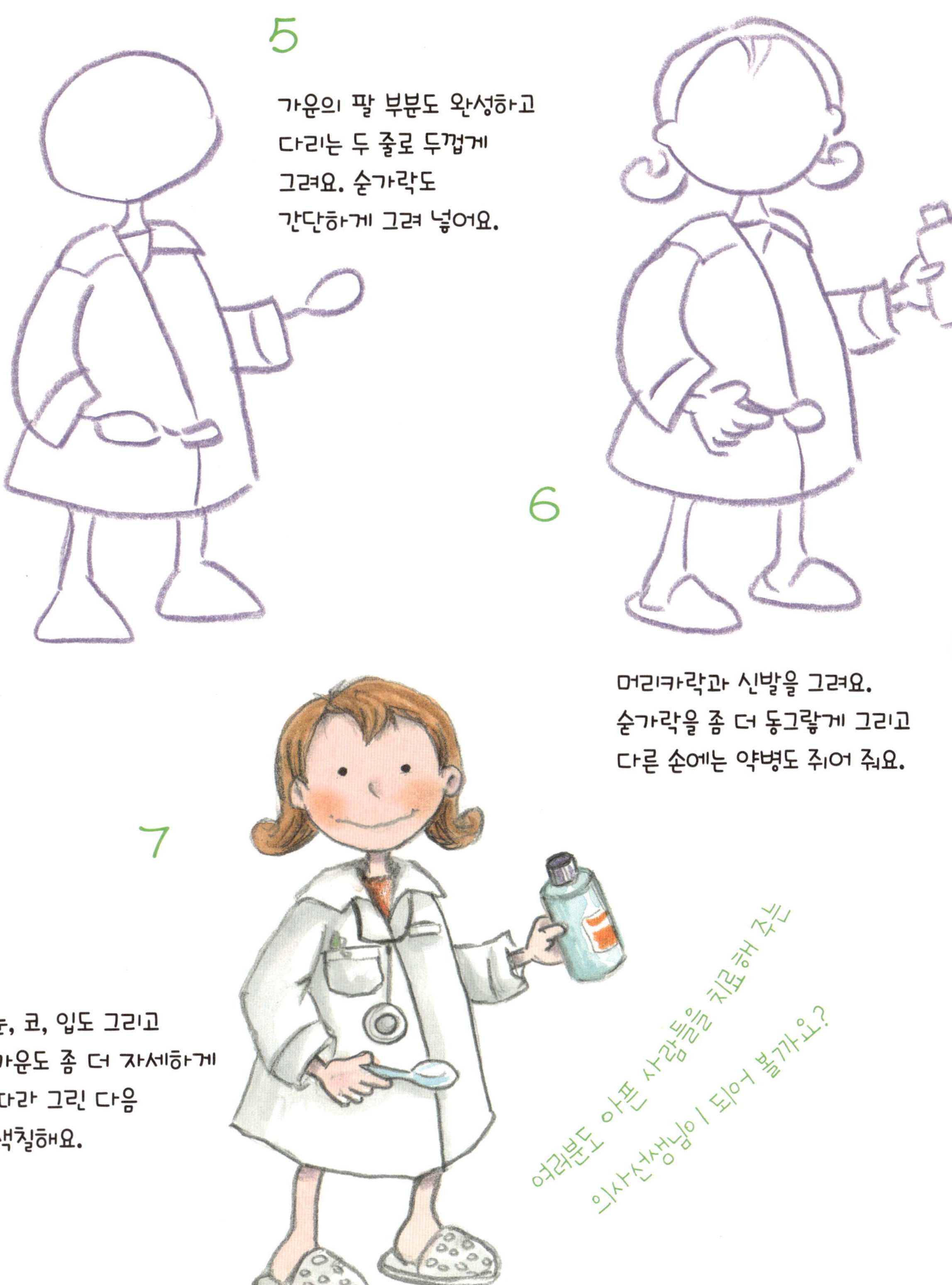

여러분도 아픈 사람들을 치료해 주는
의사선생님이 되어 볼까요?

# 병원에는 어떤 물건이 있을까요?

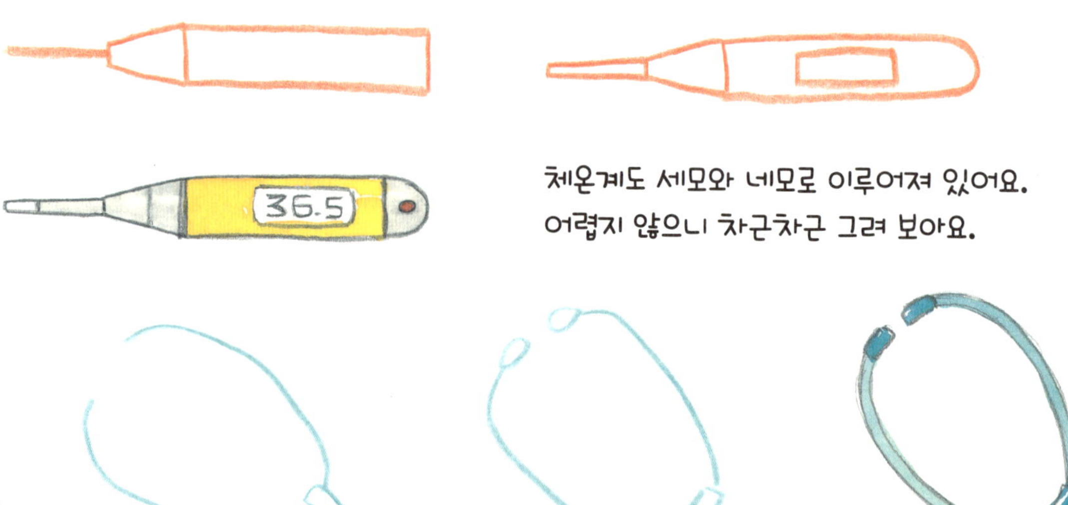

체온계도 세모와 네모로 이루어져 있어요.
어렵지 않으니 차근차근 그려 보아요.

청진기는 둥근 선들과 원으로 이루어져 있어요.

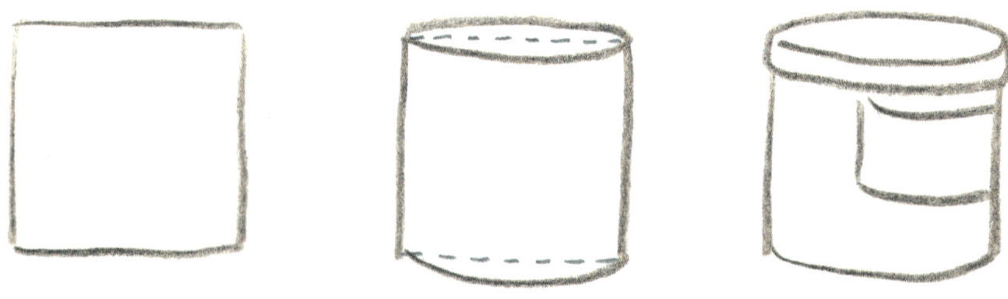

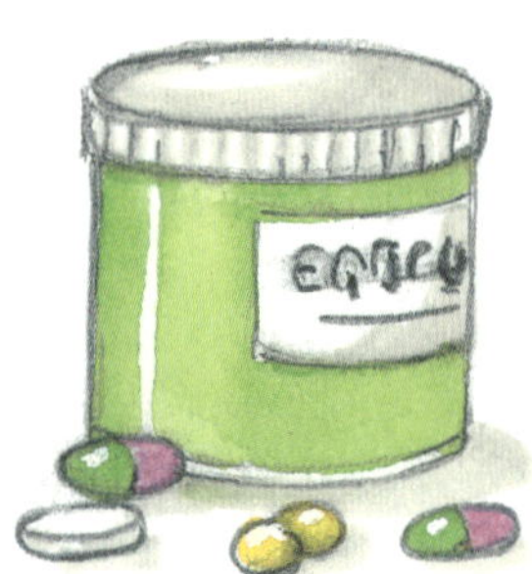

약병은 네모를 그린 다음 위아래에 동그라미를 그려 넣으면
쉽게 완성돼요.

50

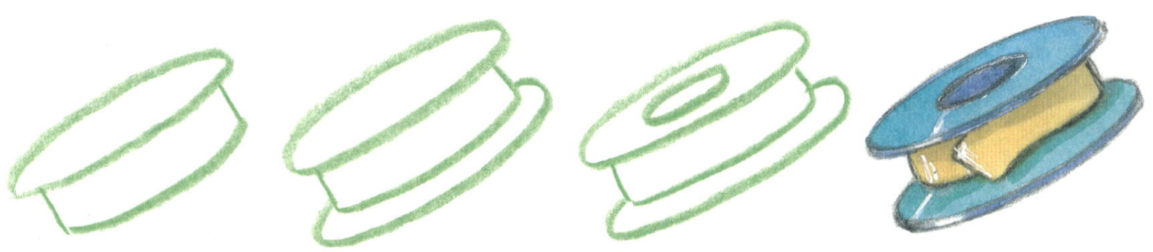

반창고와 연고는 4단계로 나누어 그리면 쉬워요.
모양을 완성해가는 기본적인 방법을 익히고 난 뒤에는 무엇이든 마음대로 그릴 수 있어요.

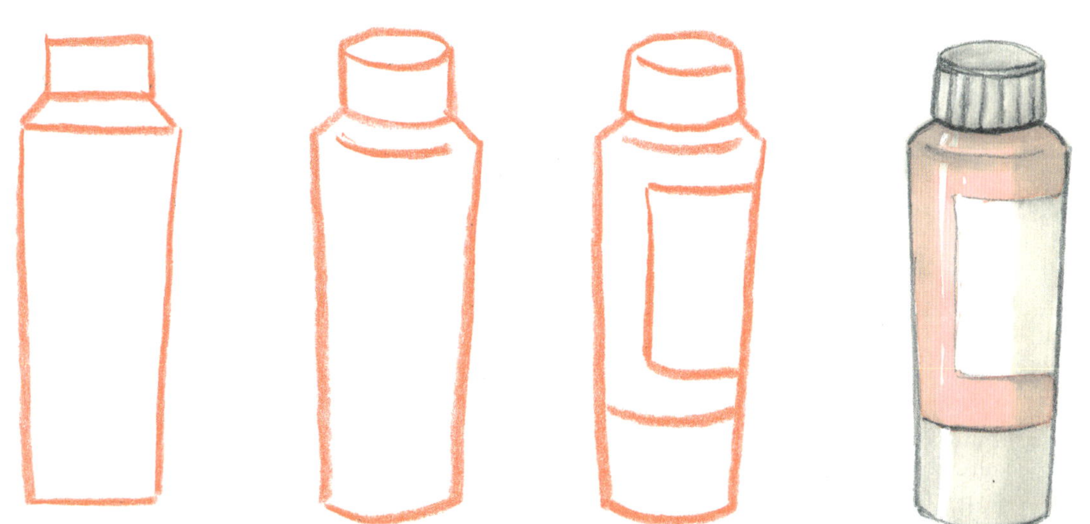



의사는 아픈 사람들을 치료해 줘요.
우리가 건강하고 튼튼하게 지낼 수 있도록 도와주지요.

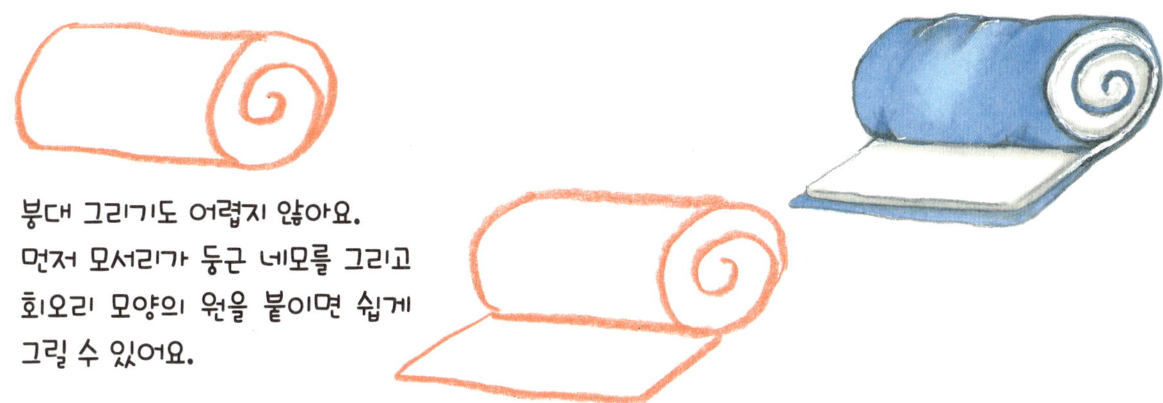

붕대 그리기도 어렵지 않아요.
먼저 모서리가 둥근 네모를 그리고
회오리 모양의 원을 붙이면 쉽게
그릴 수 있어요.

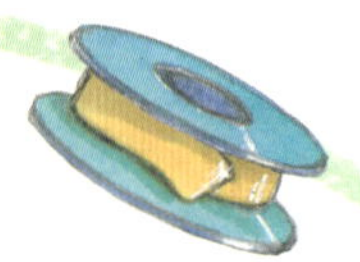

# 아픈 사람을 **치료**하려면~

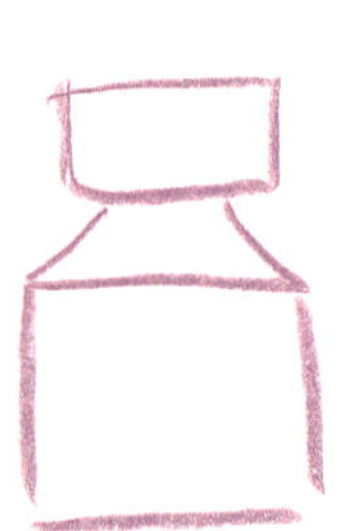 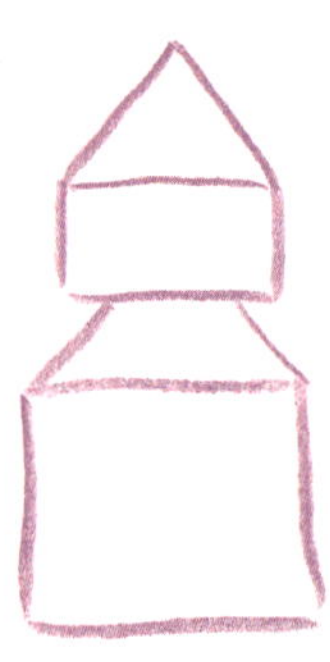 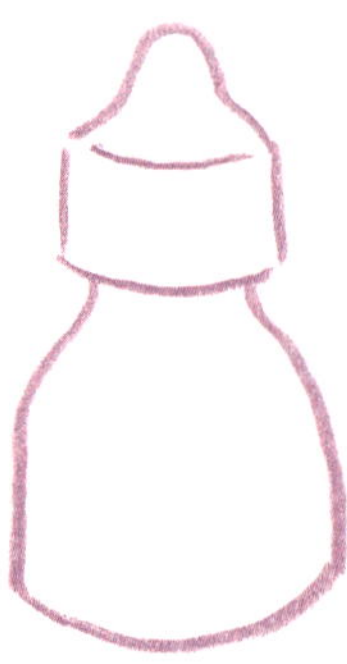 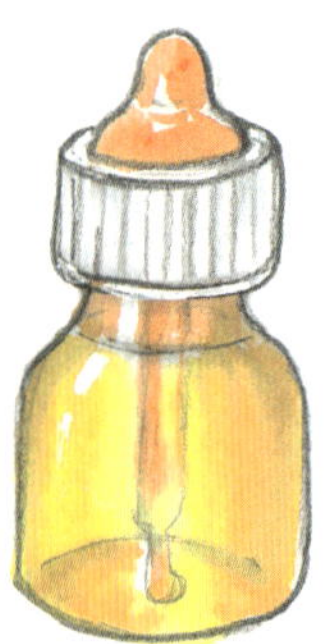

약병들은 네모와 세모, 동그라미로 이루어져 있어요.
이것만 기억하면 쉽게 따라 그릴 수 있어요.

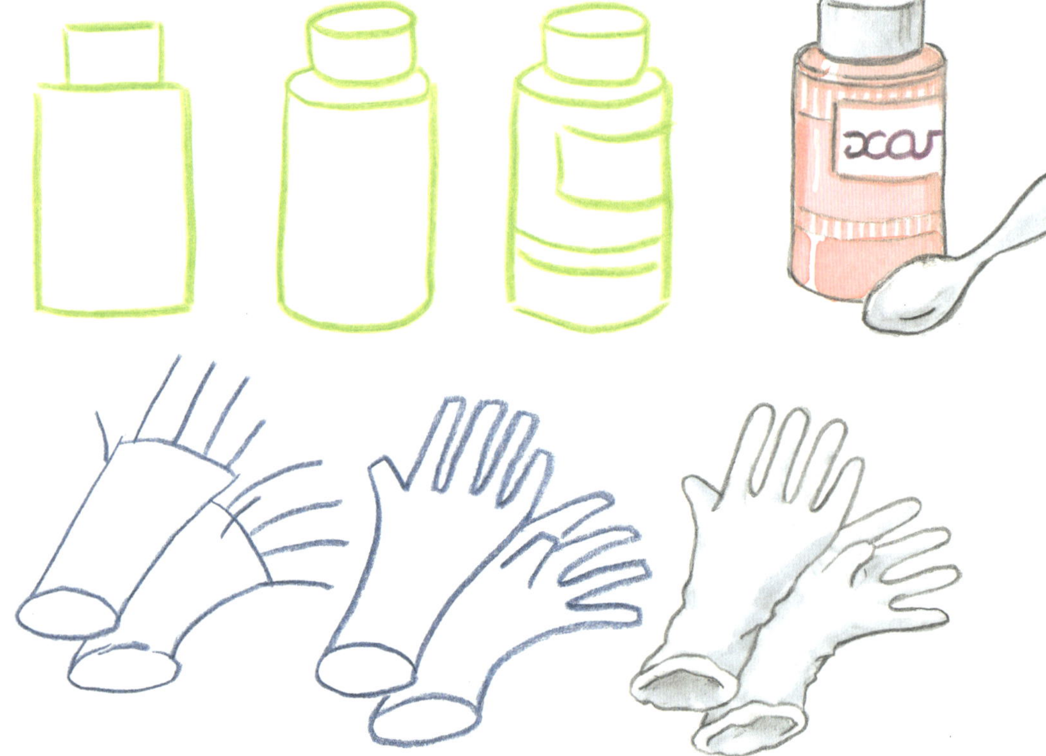

장갑을 그릴 때는 먼저 선으로 손가락 자리를 잡아요.
그다음 손가락에 살을 붙이면 쉬워요.

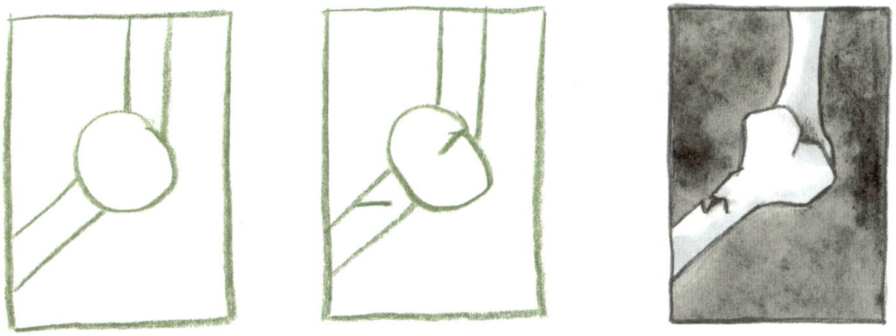

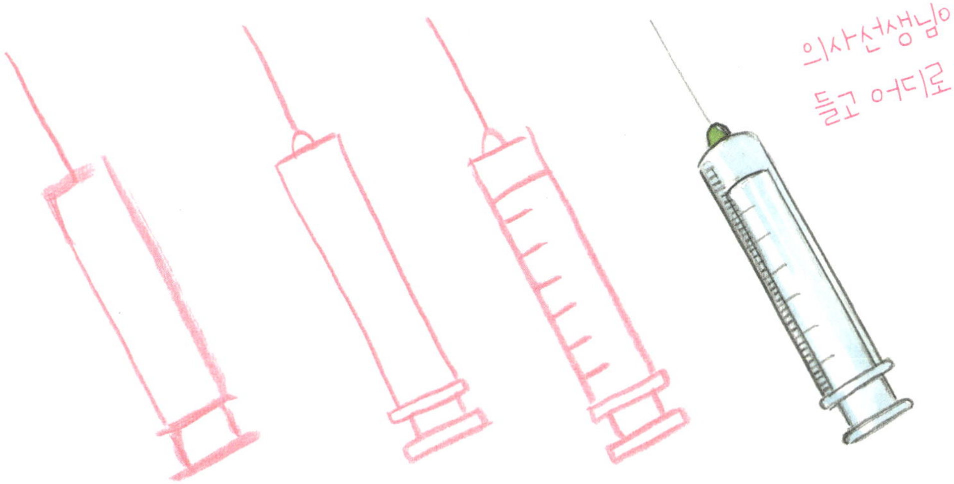

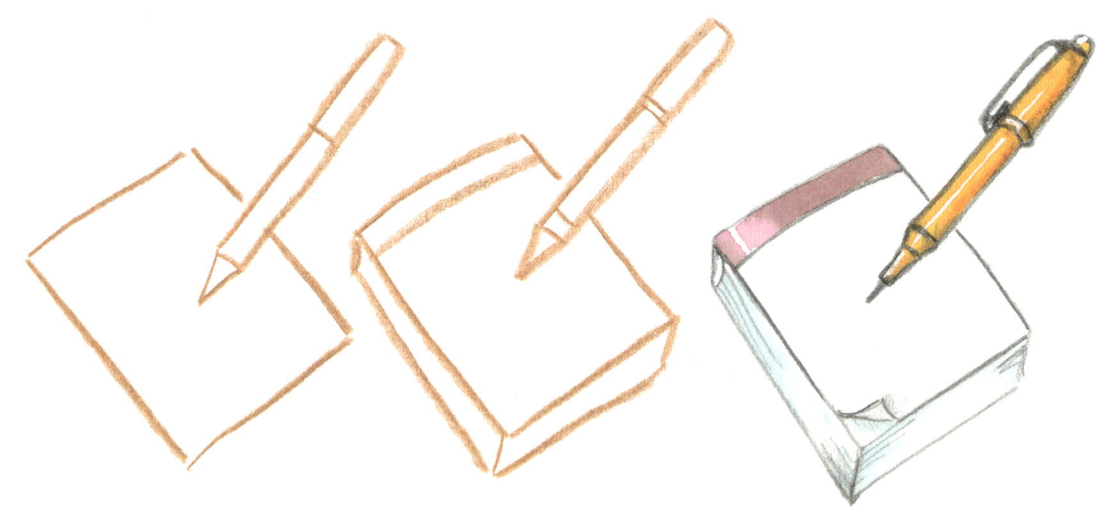



네모와 선을 잘 활용하면 따끔따끔 주사기 완성!
처방전은 3단계로 그리면 돼요. 어떤 내용을 적는 걸까요?

# 뚝딱 뚝딱! 가구를 만들어요

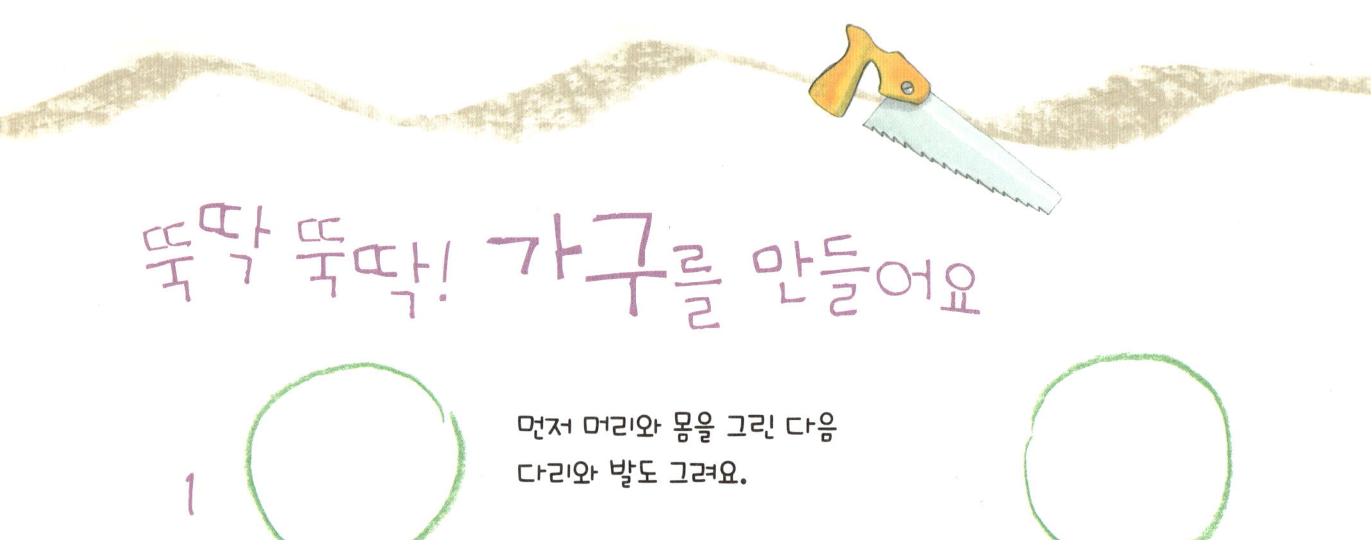

1

먼저 머리와 몸을 그린 다음
다리와 발도 그려요.

2

바지와 주머니를
그려요.

3

두 팔과 손을 그리고
어깨에 널빤지를 얹어요.

**4**

팔다리 위에 티셔츠와
멜빵바지를 입혀요.

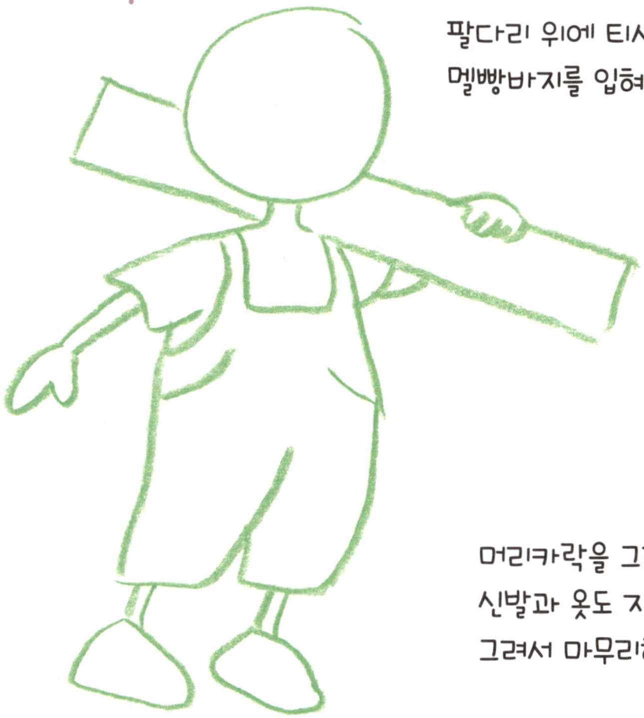

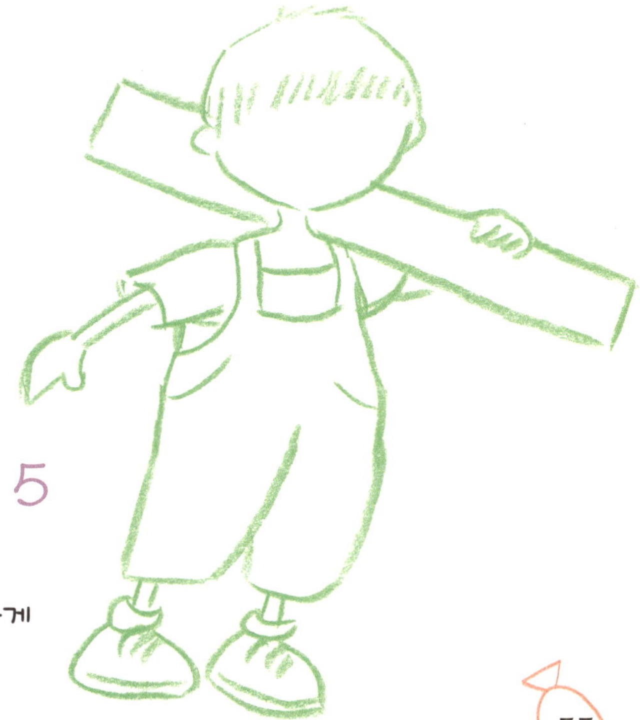

**5**

머리카락을 그리고
신발과 옷도 자세하게
그려서 마무리해요.



집에서 사용하는 침대와
의자가 마음에 드나요?
그건 누가 만들었을까요?

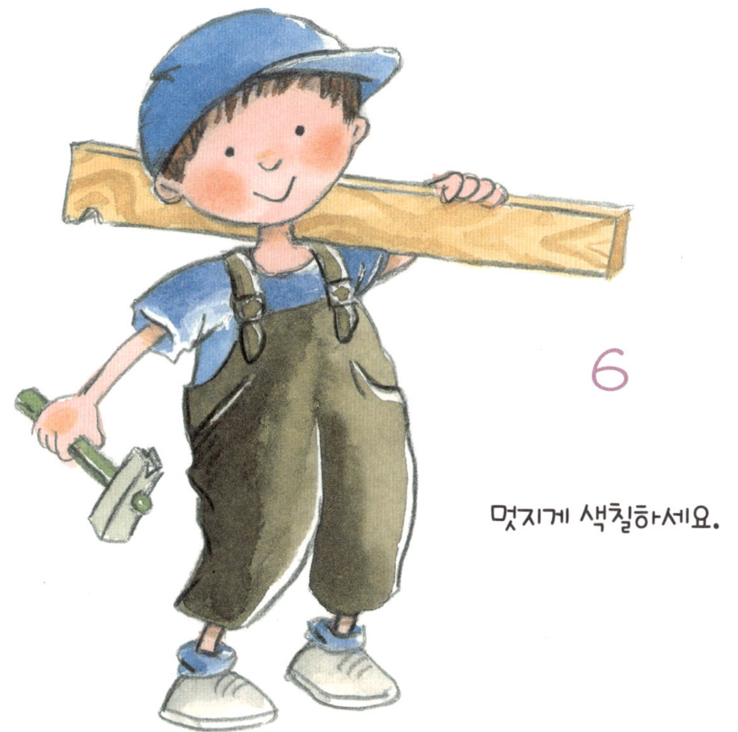

**6**

멋지게 색칠하세요.

# 이런 것이 필요해요

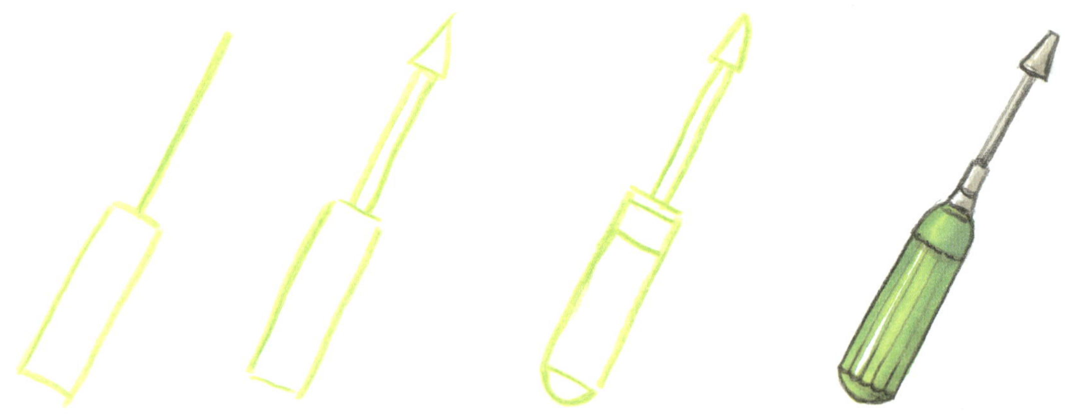

나사를 조이는 드라이버는 그림처럼 네모와 세모로 이루어져 있어요.



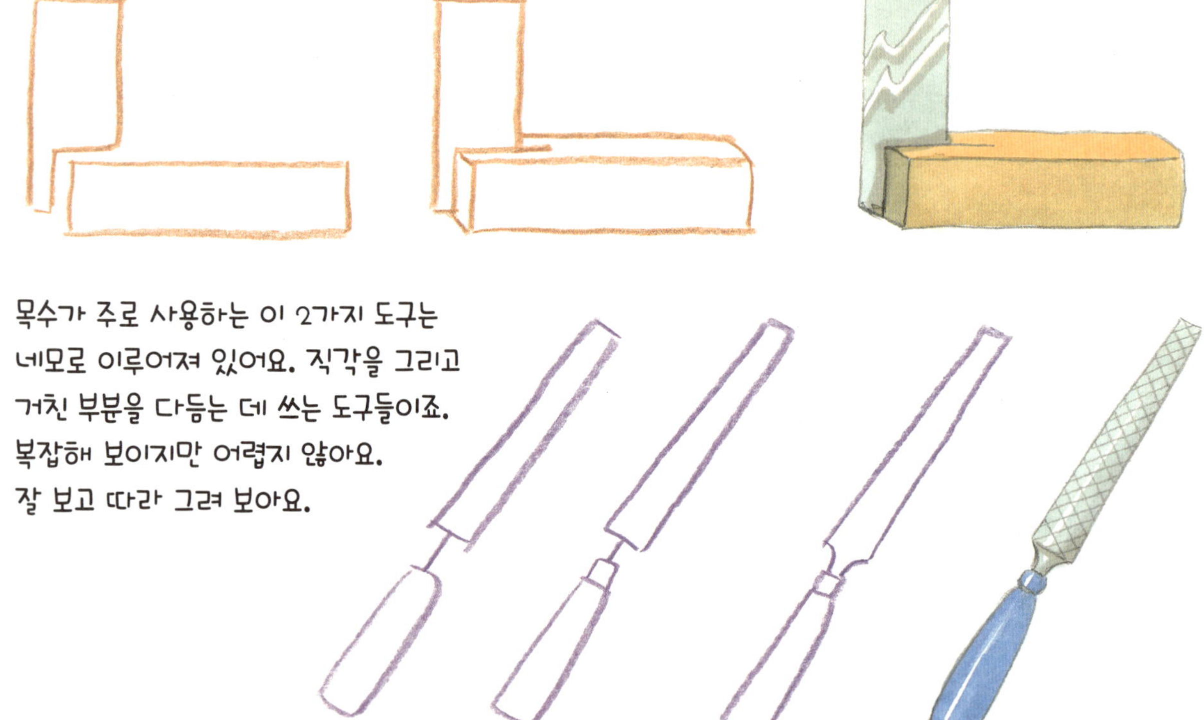

목수가 주로 사용하는 이 2가지 도구는
네모로 이루어져 있어요. 직각을 그리고
거친 부분을 다듬는 데 쓰는 도구들이죠.
복잡해 보이지만 어렵지 않아요.
잘 보고 따라 그려 보아요.

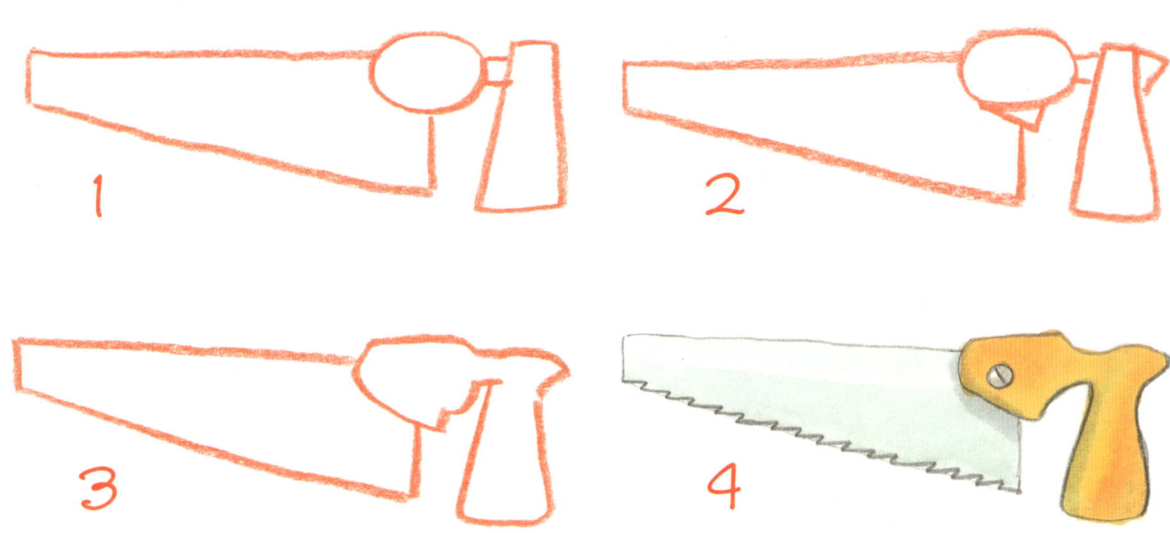



2가지 모양의 톱을 그려볼까요? 방법은 서로 같아요.
1번부터 4번까지 한 번만 따라 그려 보면 비슷한 모양의 다른 물건도 혼자서 그릴 수 있어요.
먼저 칼날 부분과 손잡이를 직선으로 그려요.
그런 다음 손잡이를 둥글게 다듬고, 톱날을 날카롭게 표현해요.

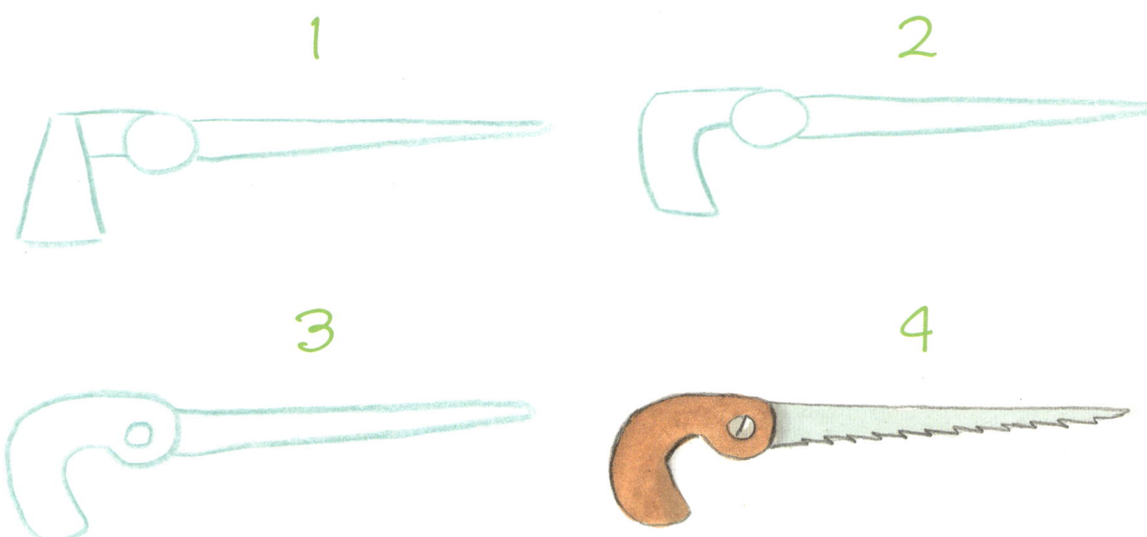

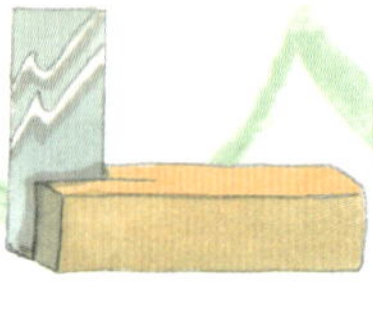

# 더 많은 도구를 구경해 볼까요?

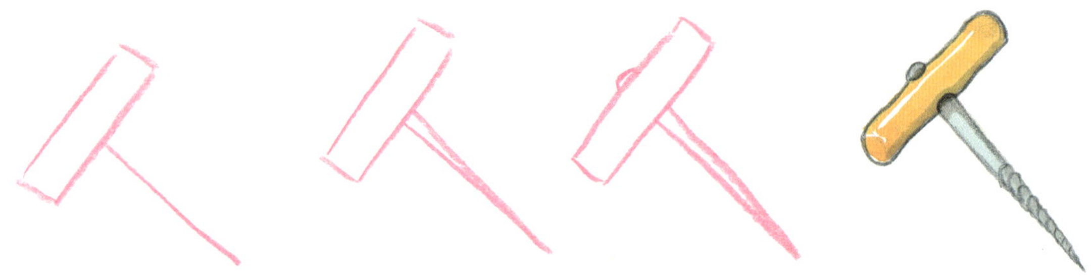

구멍을 뚫는 송곳은 그리기 쉬워요. 네모와 선을 그린 다음 두께를 표현하고
손잡이를 둥글리면 끝! 송곳 끝부분을 나사처럼 표현해보세요.

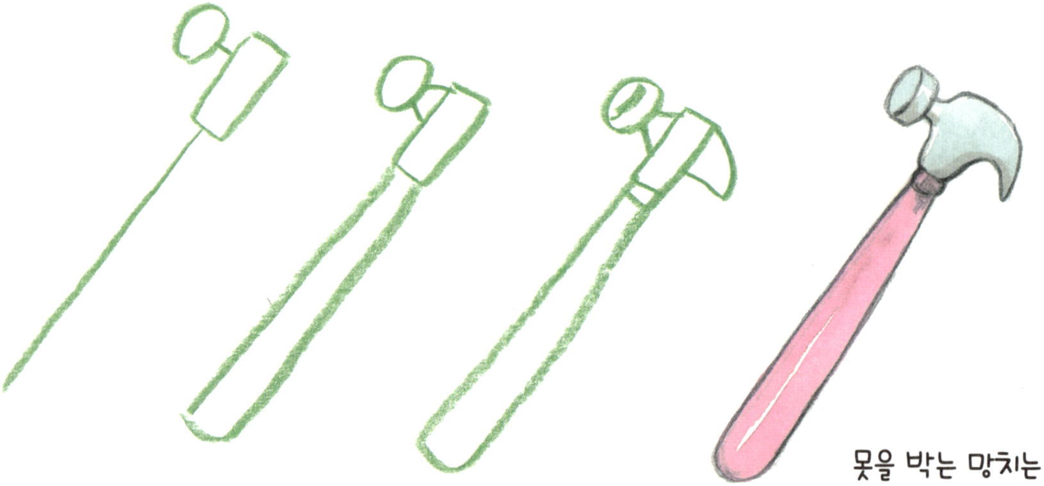

못을 박는 망치는 끝부분이
조금씩 다르게 생겼어요.
잘 살펴보고 따라
그려 보아요.

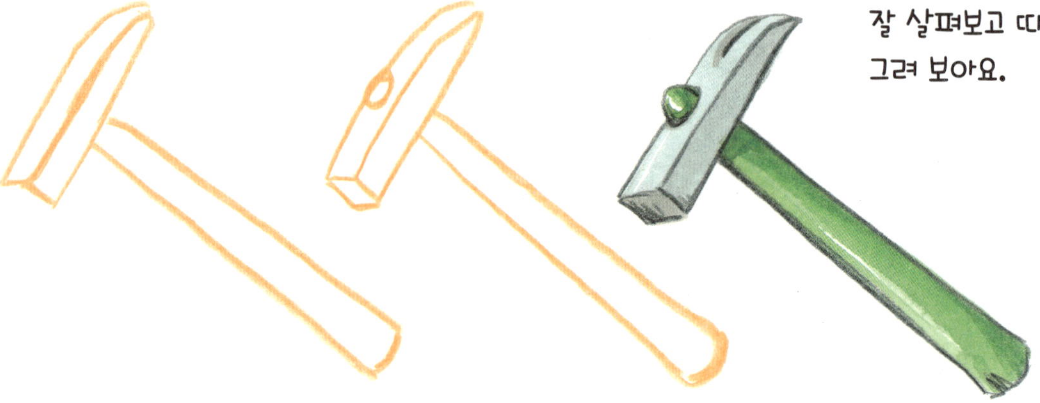

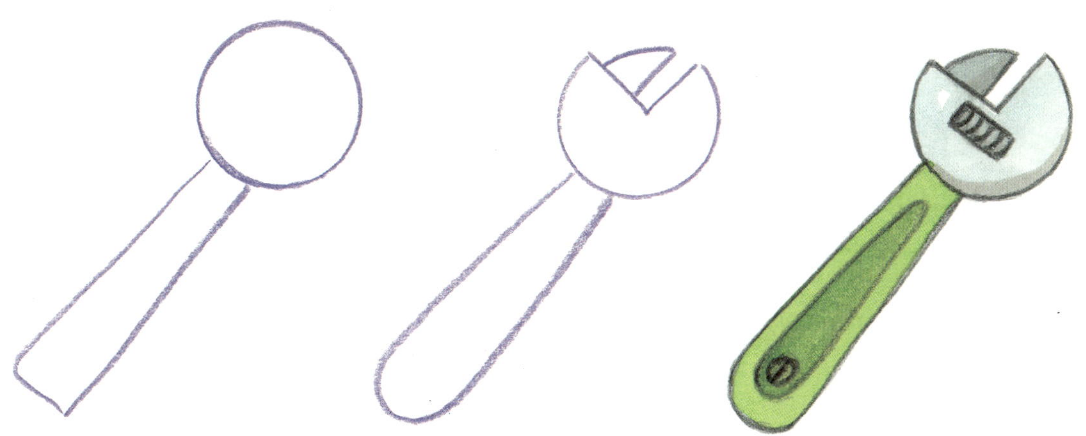

볼트나 너트를 조이거나 푸는 스패너는 동그라미와 네모를 먼저 그려요.
그런 다음 동그라미의 일부를 지우고 세모를 그려 넣어요.

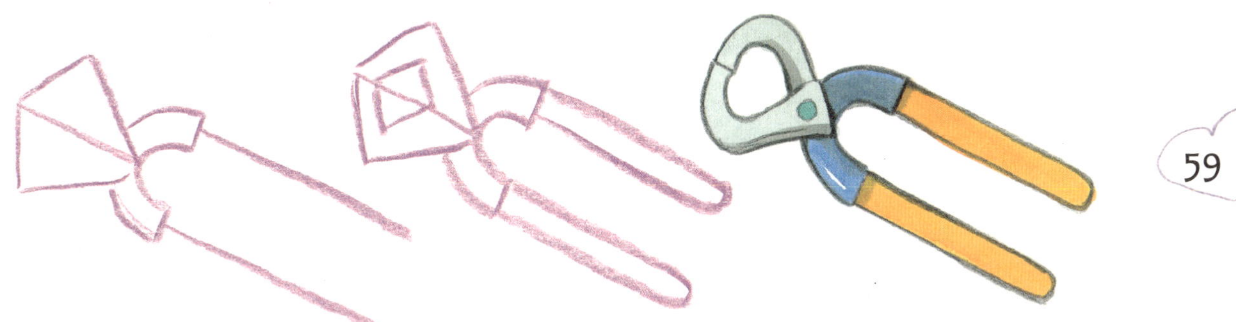

전선을 자르는 펜치를 천천히 따라 그려 보아요.

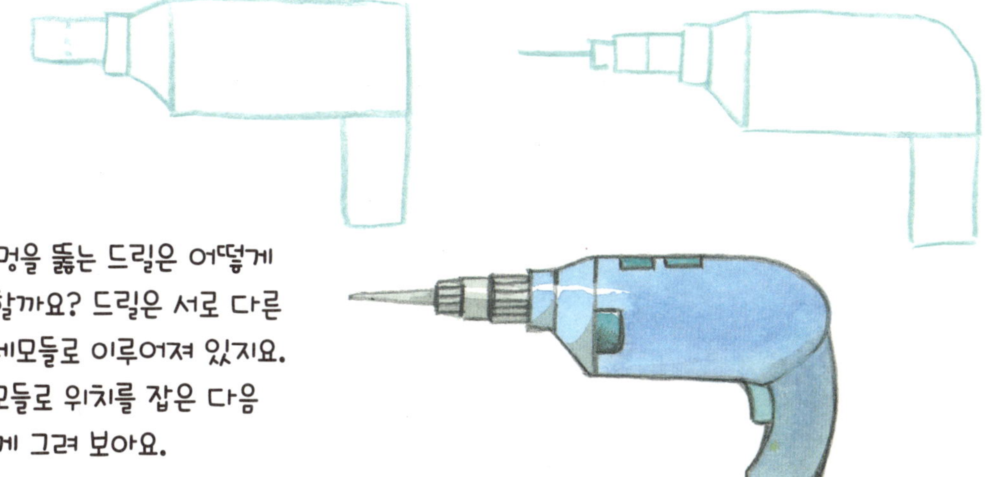

벽에 구멍을 뚫는 드릴은 어떻게
그려야 할까요? 드릴은 서로 다른
크기의 네모들로 이루어져 있지요.
우선 네모들로 위치를 잡은 다음
자세하게 그려 보아요.

# 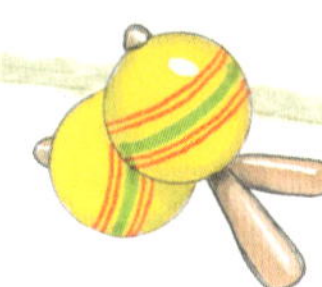 다 함께 **연주자**가 되어 보아요



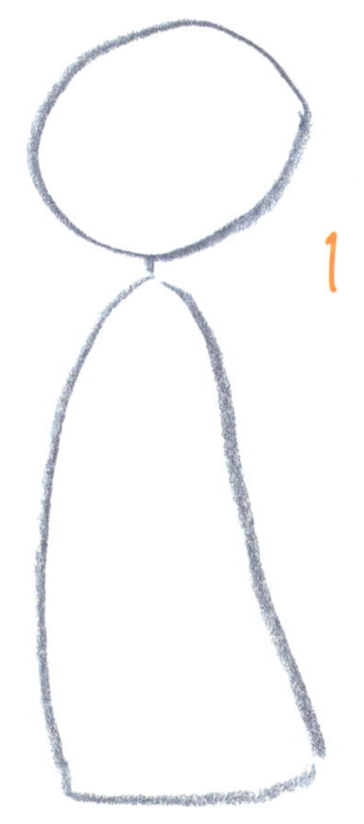
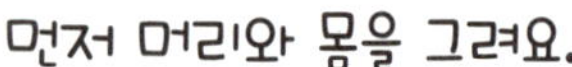

1

먼저 머리와 몸을 그려요.

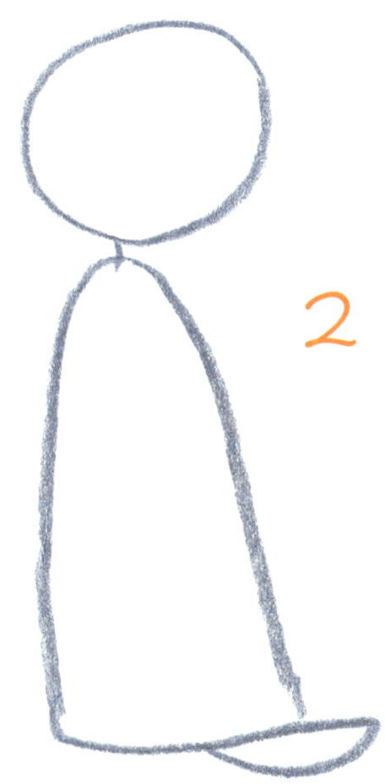

2

드레스 끝부분을 그려요.

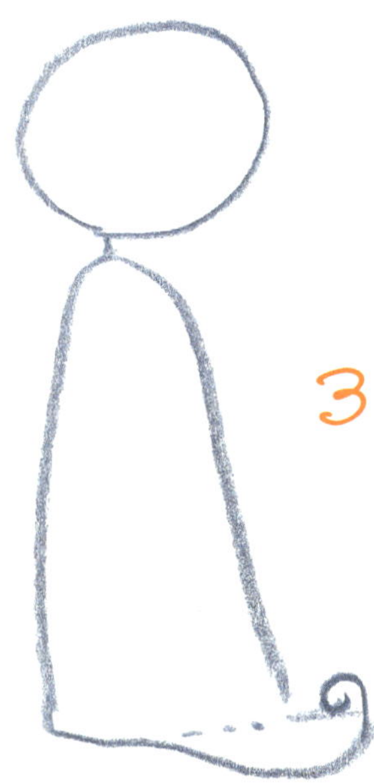

3

드레스 끝부분을
멋지게 마무리해요.

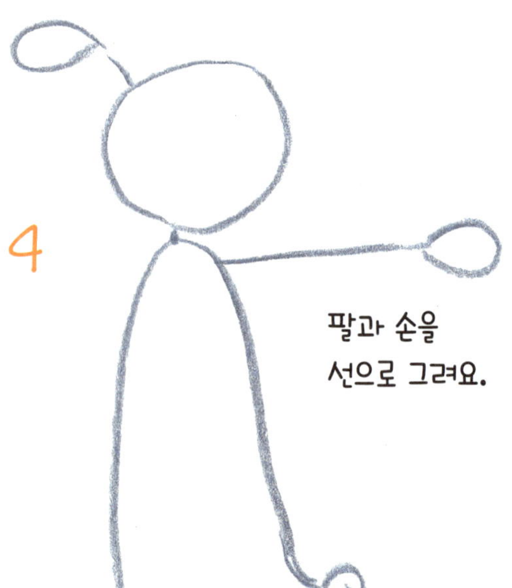

4

팔과 손을
선으로 그려요.

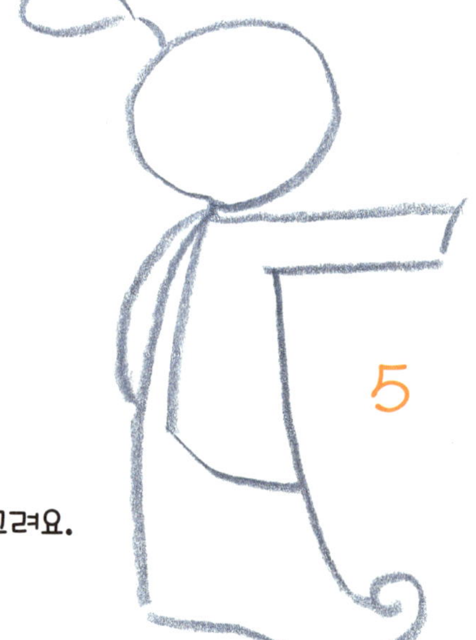

5

재킷을 그려요.

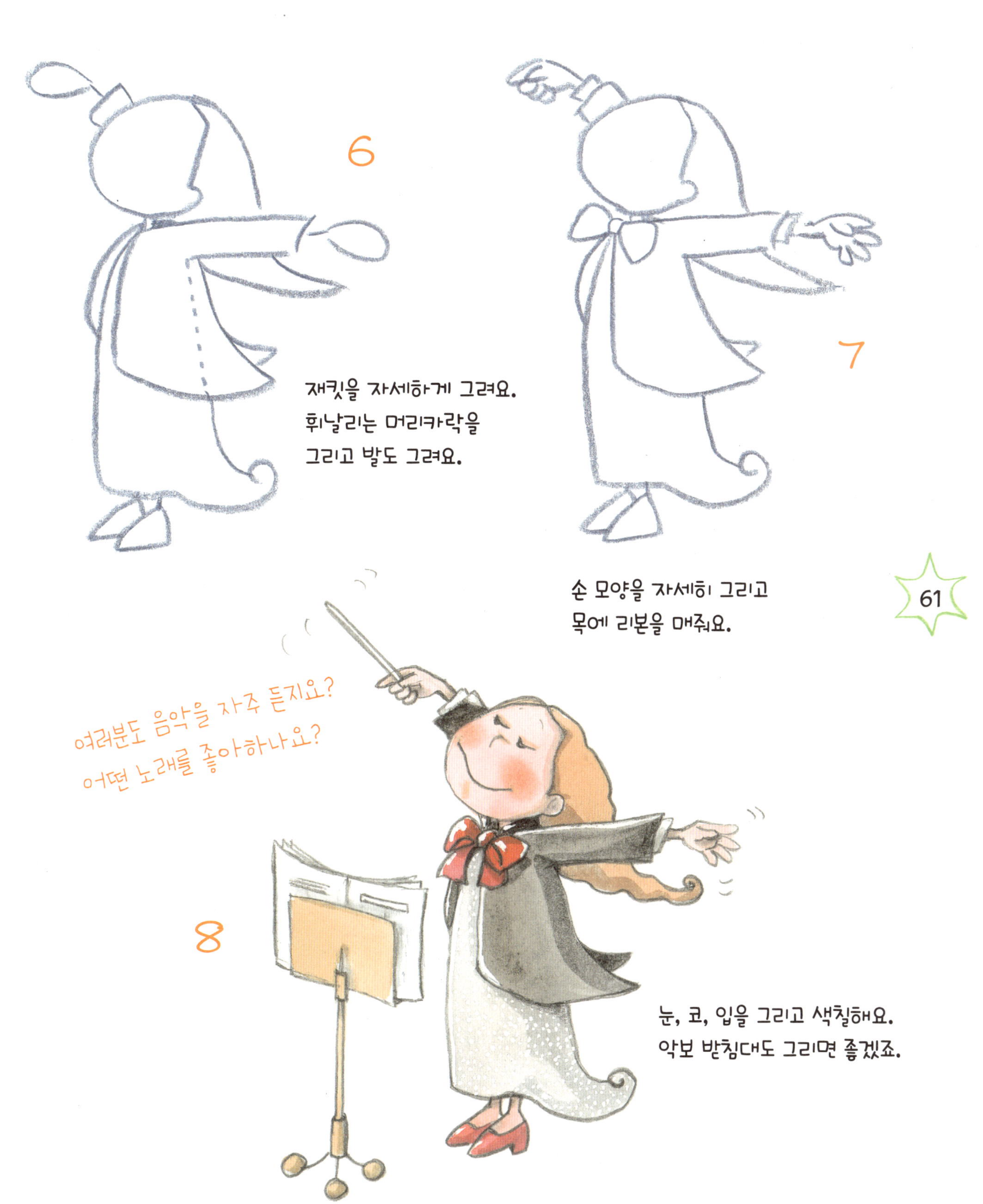

6

재킷을 자세하게 그려요.
휘날리는 머리카락을
그리고 발도 그려요.

7

손 모양을 자세히 그리고
목에 리본을 매줘요.

61

8



눈, 코, 입을 그리고 색칠해요.
악보 받침대도 그리면 좋겠죠.

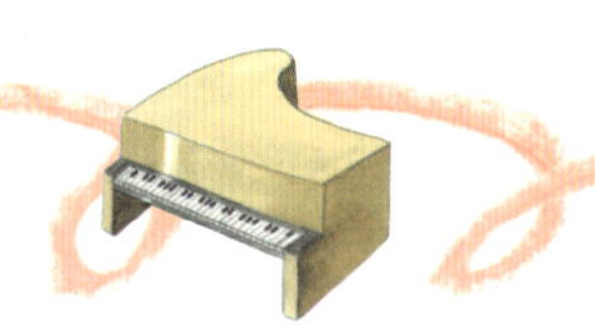

# 작은 악기들은 이렇게 다양해요

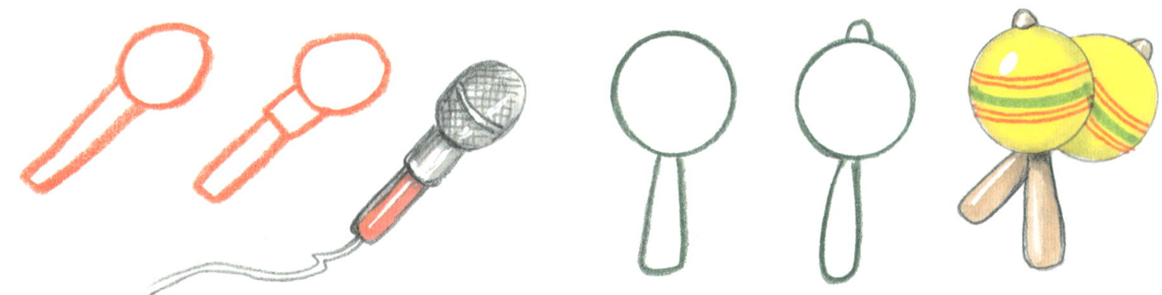

노래를 부를 때 쓰는 마이크와 흔들어서 소리를 내는 마라카스는 비슷하게 생겼어요.
동그라미와 네모를 그린 다음 자세히 표현하고 색칠하면 완성!



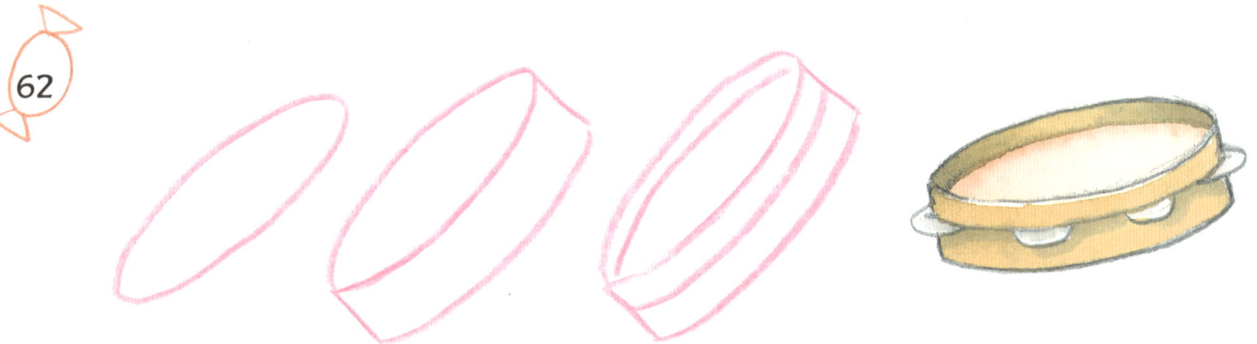

탬버린은 먼저 동그라미를 그린 다음 네모난 띠로 두께를 표현하면
쉽게 그릴 수 있어요. 탬버린을 더 두껍게 그리면 드럼이 되겠죠!

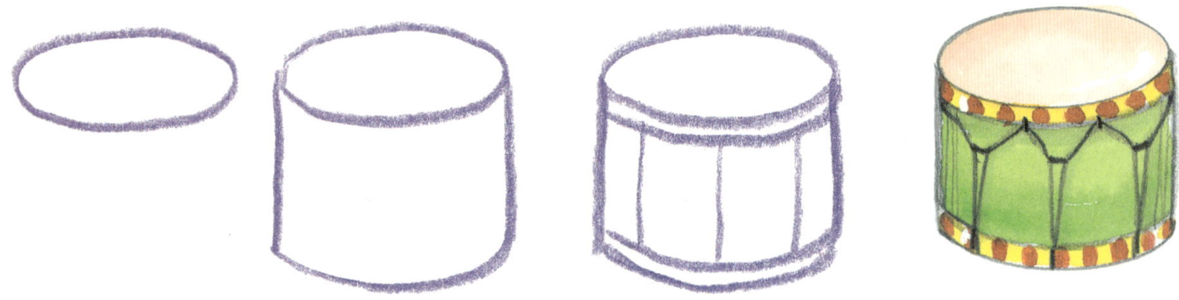

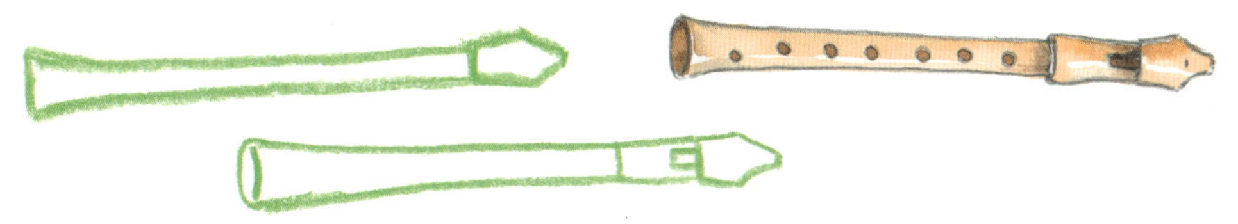

입으로 불어서 소리를 내는 플루트와 트럼펫을 그려 보아요.
길쭉하게, 둥글게~ 우선 모양을 잡은 다음 자세하게 표현하면 돼요.

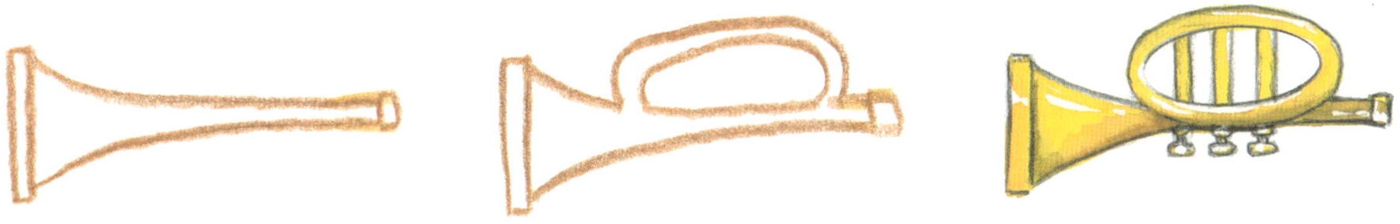

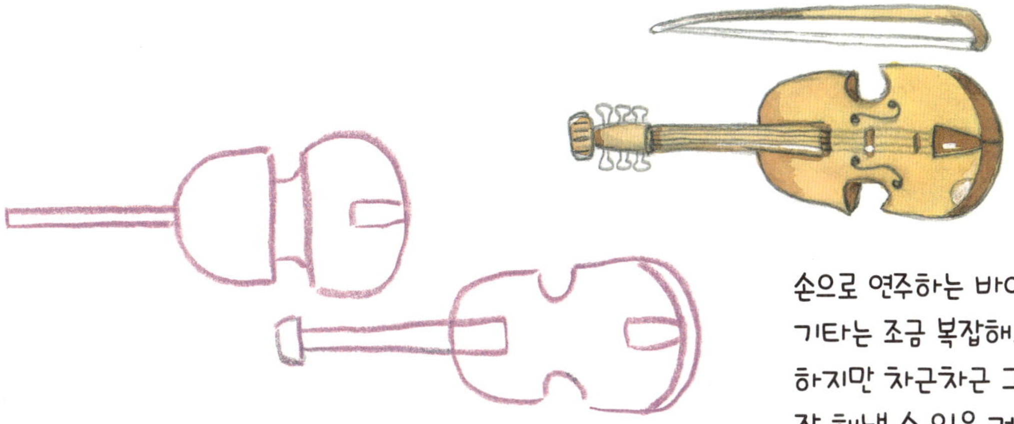

손으로 연주하는 바이올린이나
기타는 조금 복잡해요.
하지만 차근차근 그려 나가면
잘 해낼 수 있을 거예요!
그림이나 사진, 실물을 보면서
특징을 익혀 보세요.

악기에는 두드려서 소리를 내는 타악기, 입으로 불어서 소리를 내는 관악기, 활이나 손으로 연주하는 현악기가 있어요.

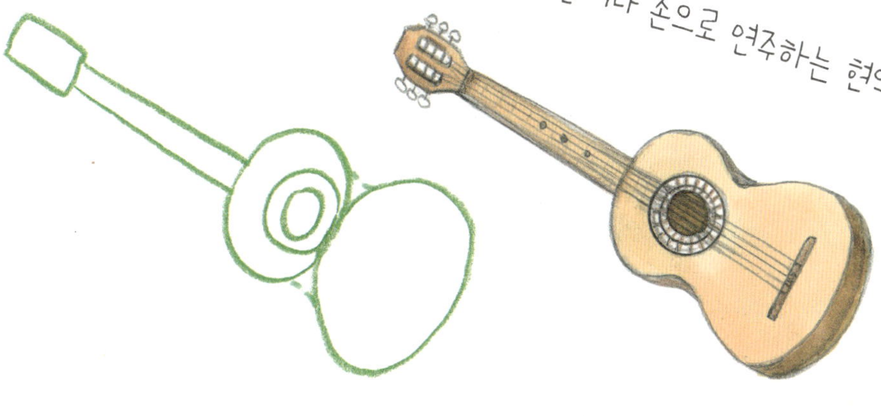

63

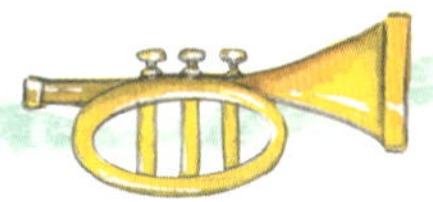

# 연주회장에서 커다란 악기를 만나요



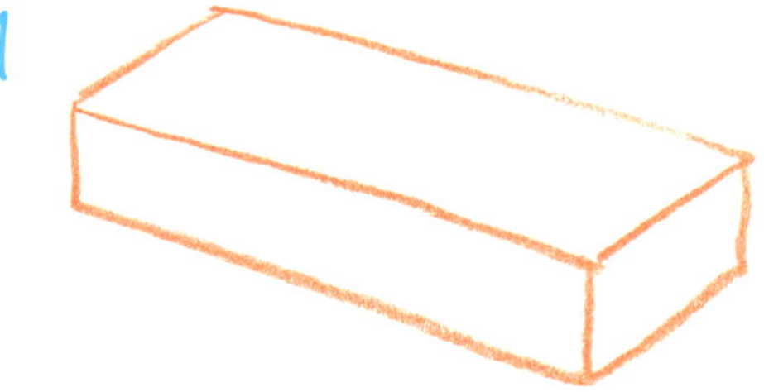

**1**

그랜드피아노는 길쭉한 상자 모양부터 그려요.

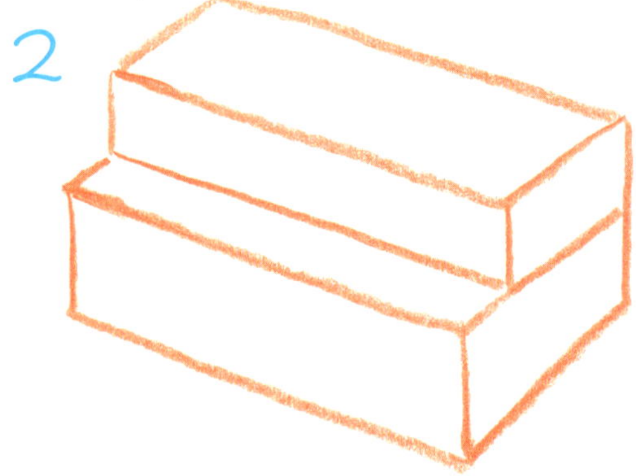

**2**

거기에 조금 작은 상자를 얹어요.

64

**3**

피아노 다리와 뚜껑 부분을
그려요. 아래쪽 상자의
긴 부분(점선)을 지우고
ㄷ 자 모양으로 그리면
다리가 되지요.

**4**

건반의 가장자리를 직선으로 그리고
뚜껑을 부드러운 모양으로 수정해요.

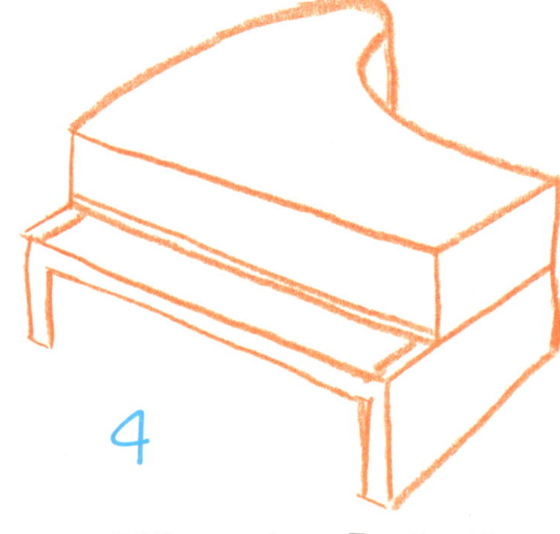

**5**

나머지 부분을 자세하게
그리고 색칠해요.

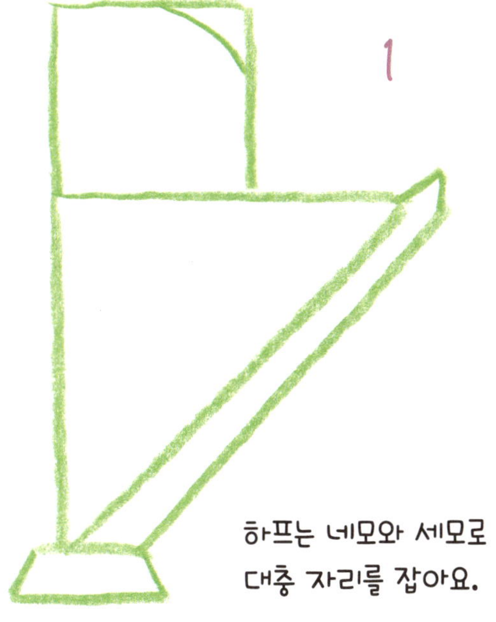

1

하프는 네모와 세모로
대충 자리를 잡아요.

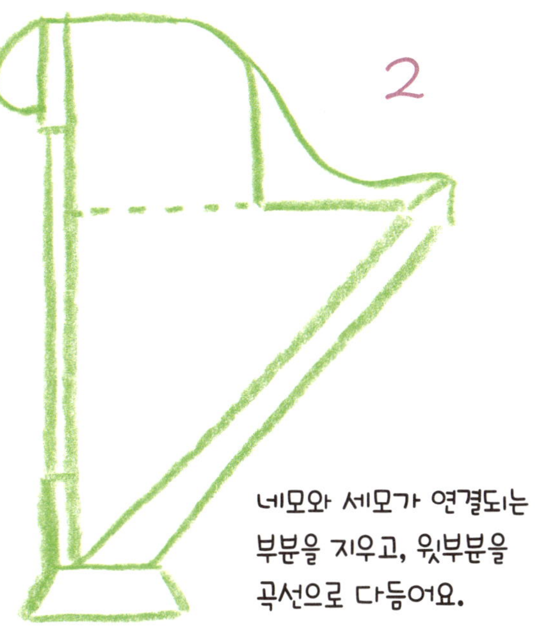

2

네모와 세모가 연결되는
부분을 지우고, 윗부분을
곡선으로 다듬어요.

65

음악회에 가본 적이 있나요? 음악가들이 연주하는 모습은 아주 근사해요.
아름다운 음악을 들으면 감성이 풍부해져요.

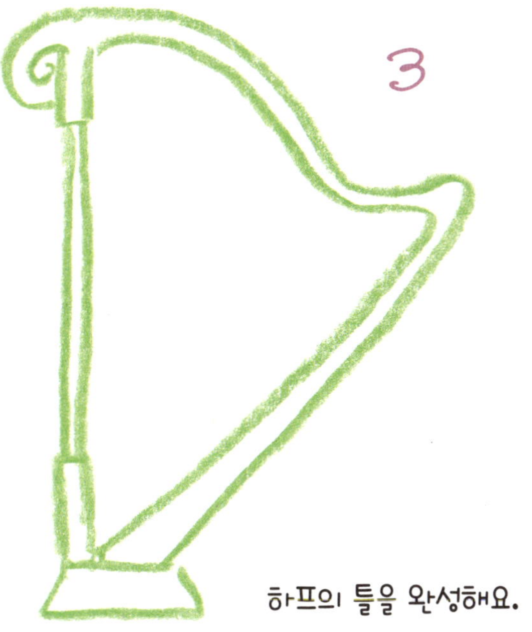

3

하프의 틀을 완성해요.

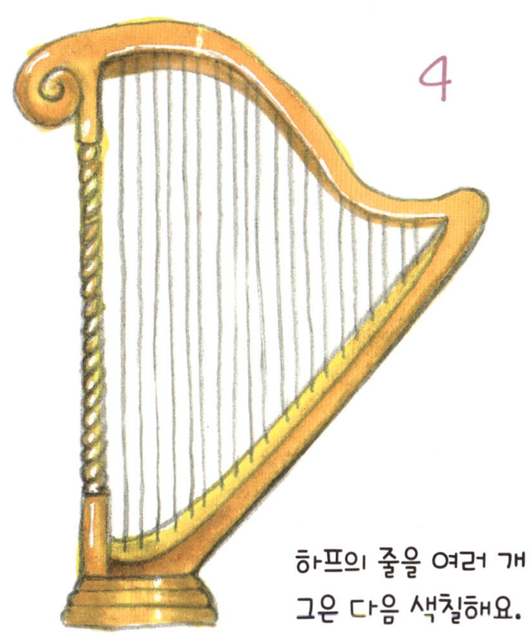

4

하프의 줄을 여러 개
그은 다음 색칠해요.

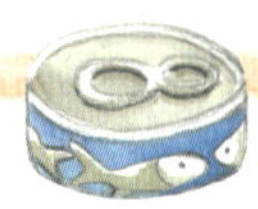

# 가게의 점원이 물건을 팔아요

**1**
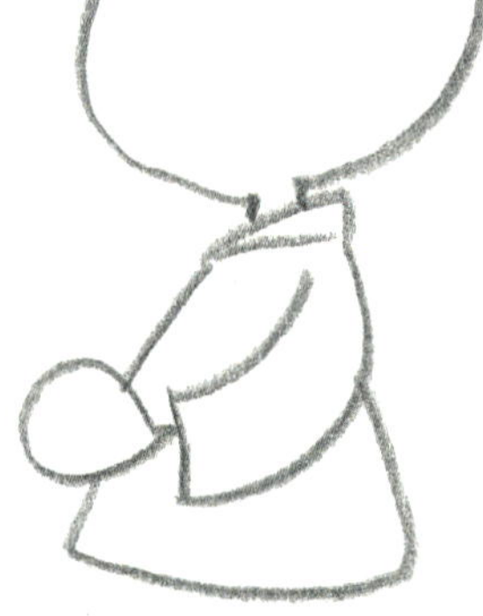

먼저 머리와
몸을 그려요.

**2**
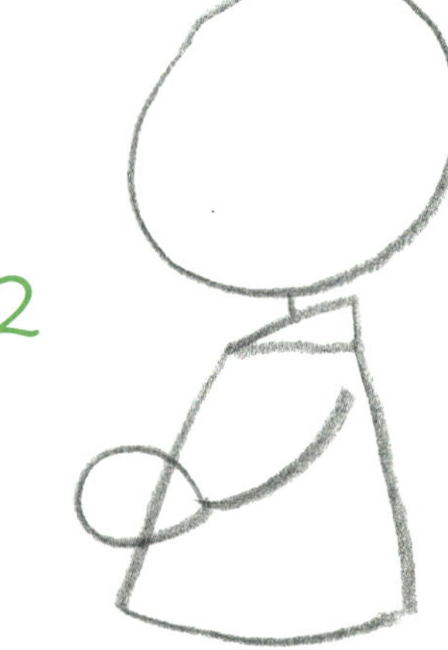

이제 팔과 손, 목 부분을
그려요.

**3**

소매를 그려요.



**4**
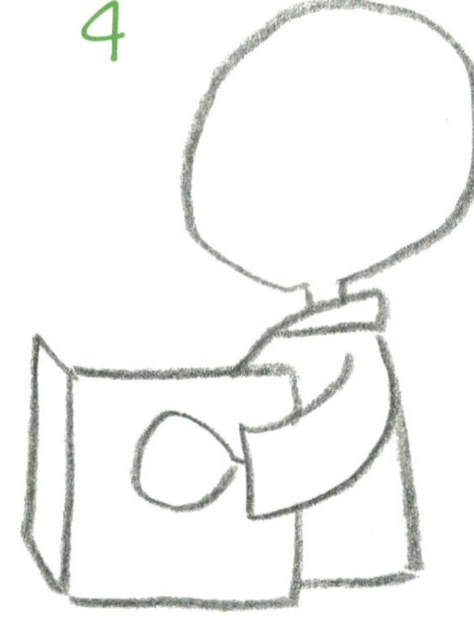

손에 든 상자를 그려요.
윗부분은 그리지 말고요.

**5**
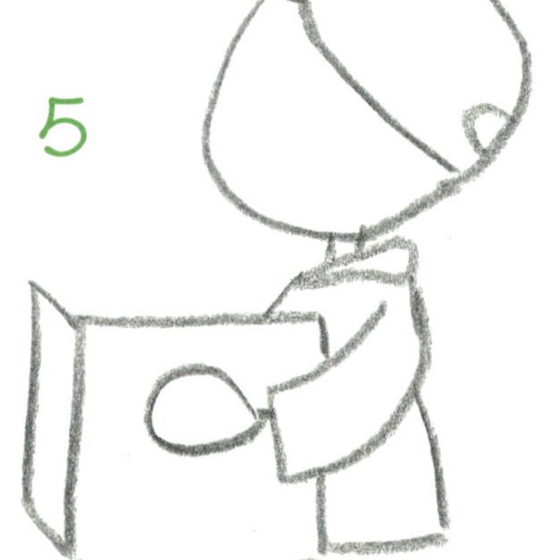

모자를 그려요.

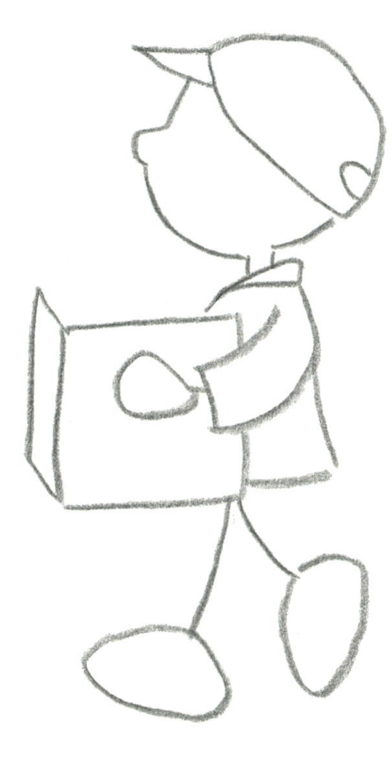

다리와 발을 그려요.
코도 볼록하게 그려요.



바지를 입혀요.

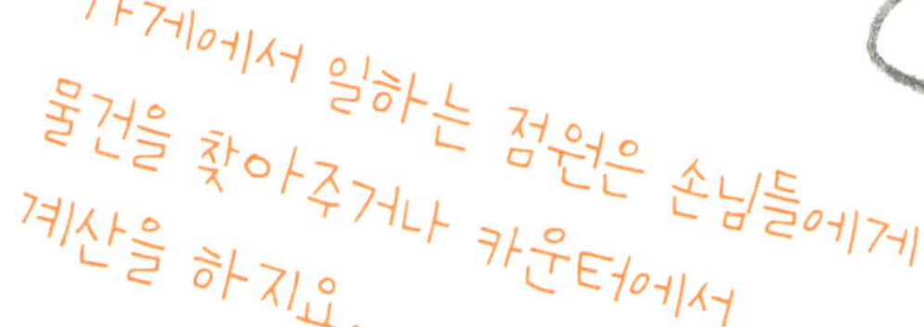



가게에서 일하는 점원은 손님들에게
물건을 찾아주거나 카운터에서
계산을 하지요.

머리카락을 그려요.
손 모양과 신발도
자세히 그려요.



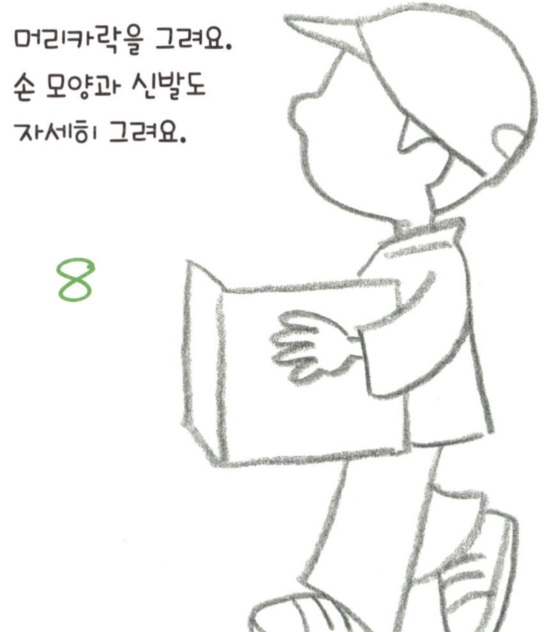



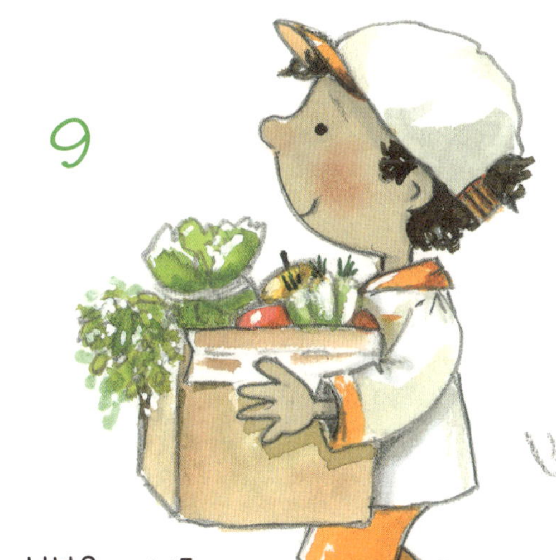

나머지 부분을 자세히
그리고 색칠해요.

# 식품 코너에는 무엇이 있을까요?

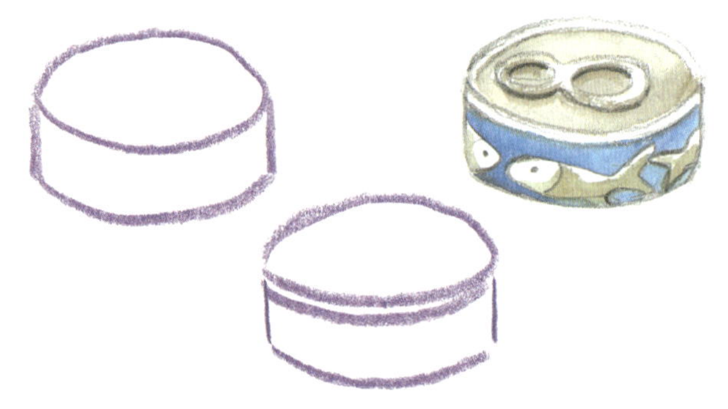

통조림과 달걀 케이스는
아주 간단해요.
원과 네모부터 그리면 쉽게
모양을 완성할 수 있어요.

 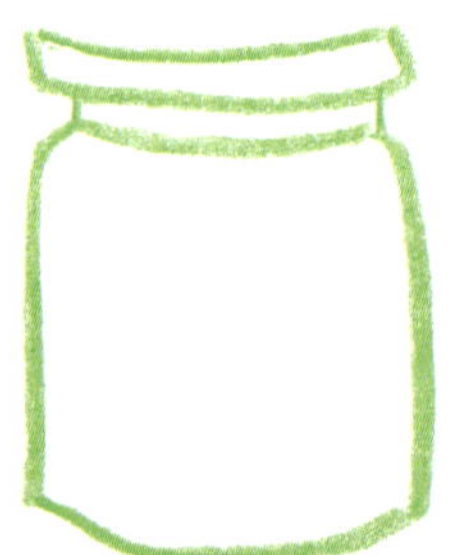 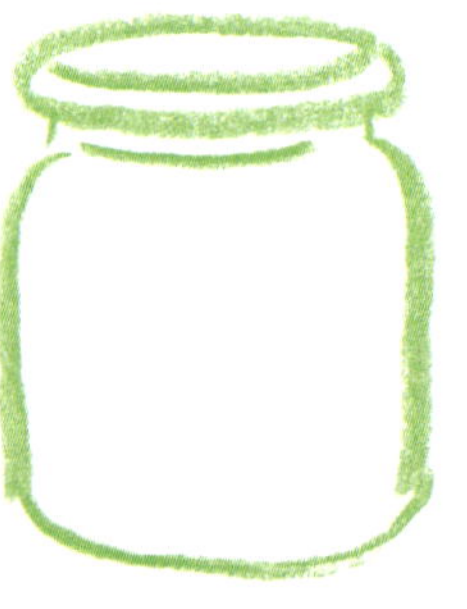 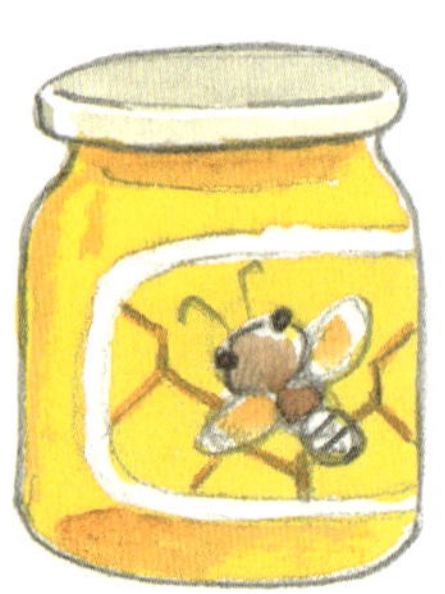

꿀이 담긴 병은 네모를 그린 다음 둥글게 다듬어서
입체로 만들어요. 그다음 뚜껑을 그리면 완성!
요거트통은 뚜껑부터 그리면 쉬워요. 차근차근 그려 보아요.

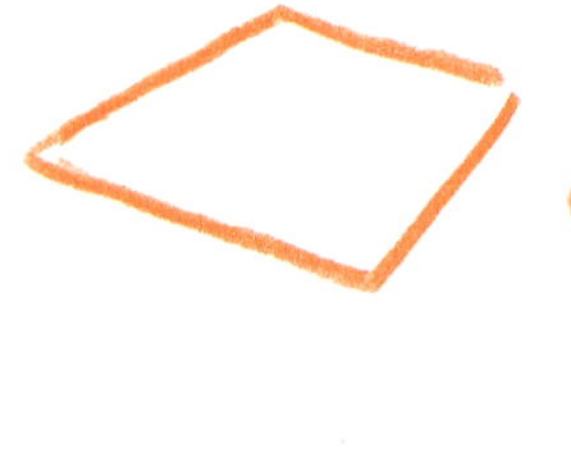  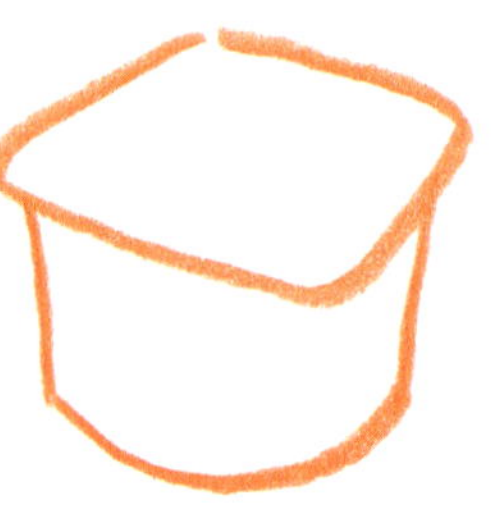 

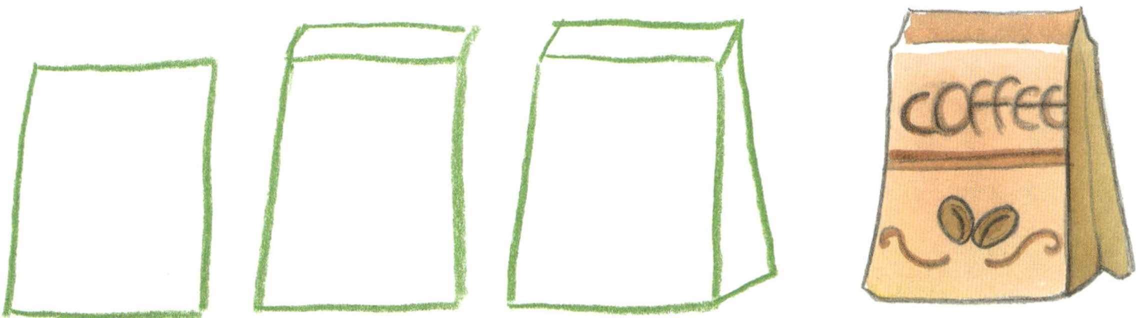


커피 봉지나 우유팩도 그려 보아요. 모양은 조금 다르지만
네모부터 입체로 만든 다음 예쁘게 꾸미면 돼요.

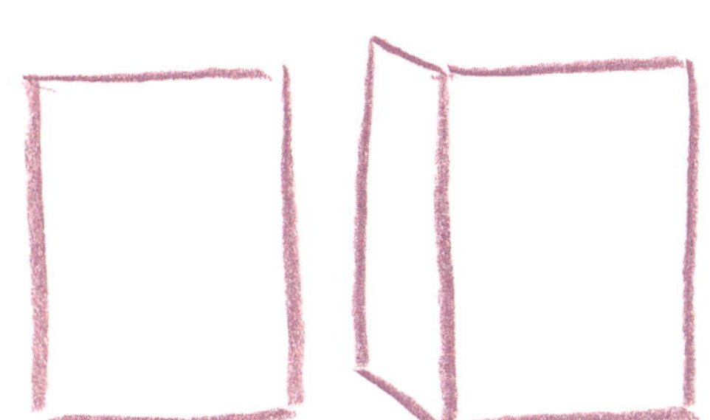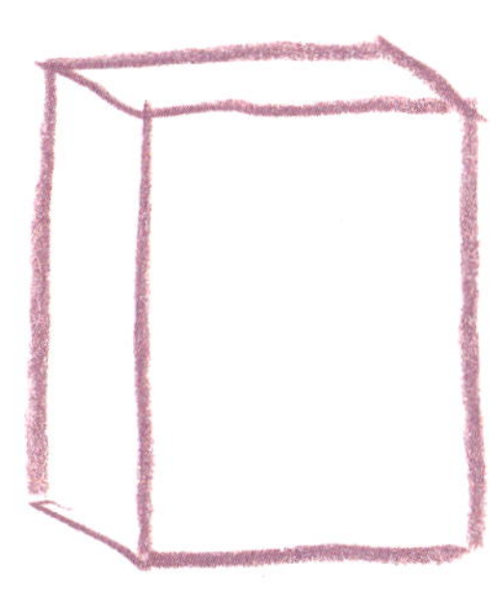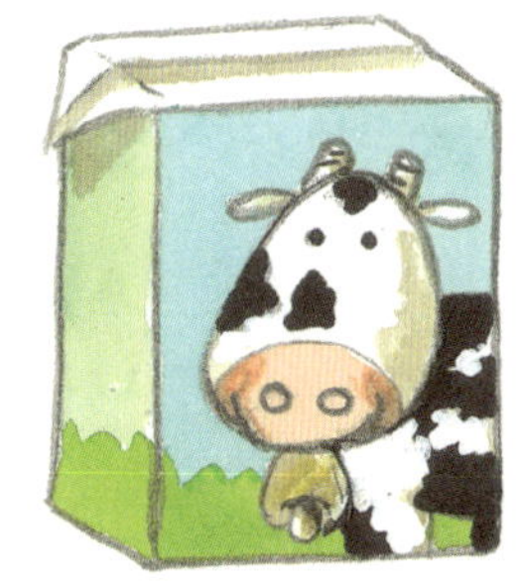

오일이나 간장을 담는 병은 조금 어려워 보이죠? 하지만 자세히 살펴보고
천천히 따라하면 쉬워요. 직선을 곡선으로 부드럽게 다듬으면 끝!

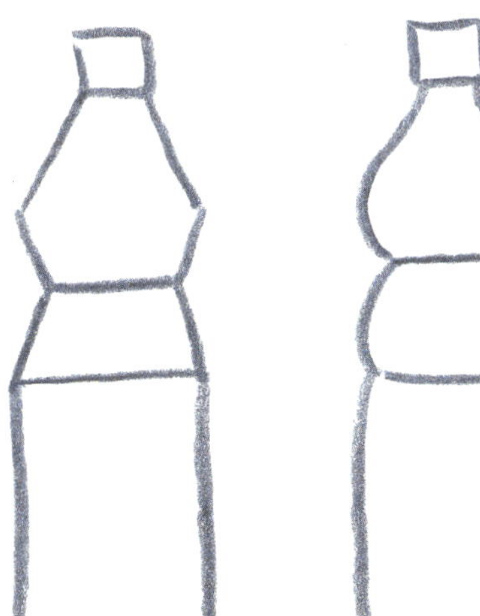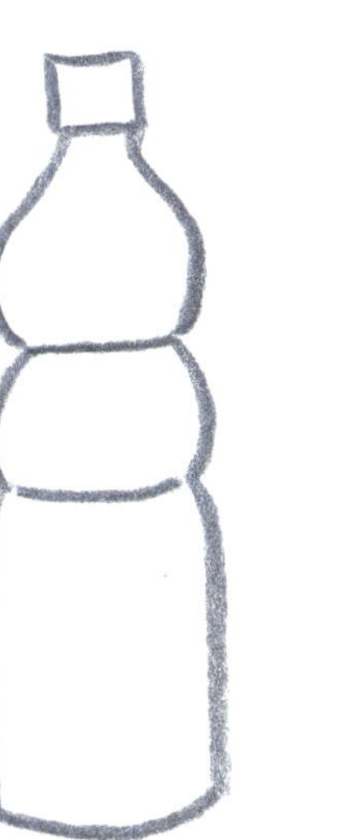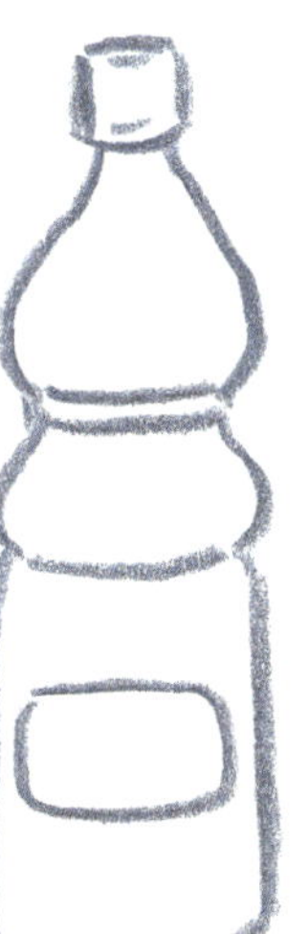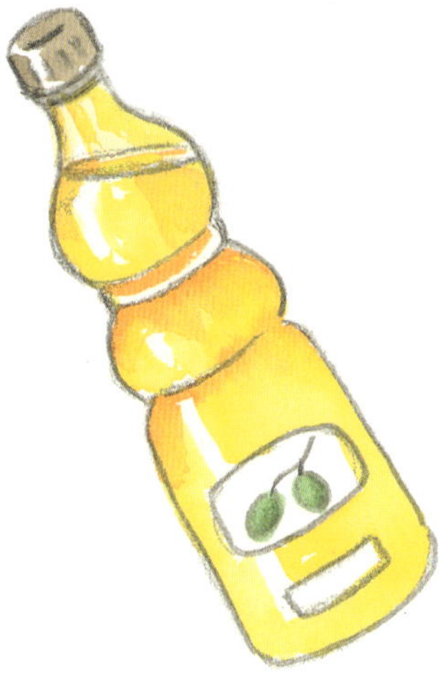

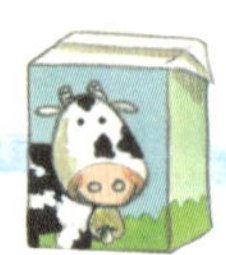

# 다양한 생활용품도 있어요

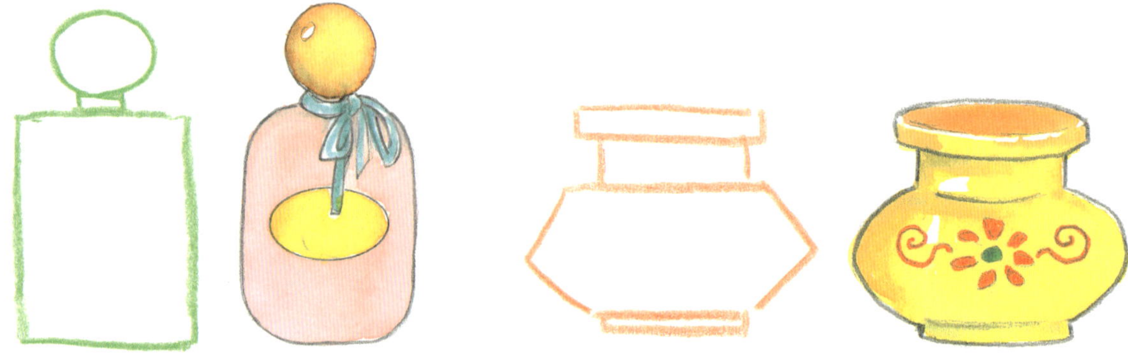

그림 그리기를 좋아한다면, 향수 코너를 제일 좋아하게 될 거예요.
다양한 모양의 향수병들이 있거든요!
가게에 가면 진짜 향수병들을 요리조리 살펴보고 그려 보아요.

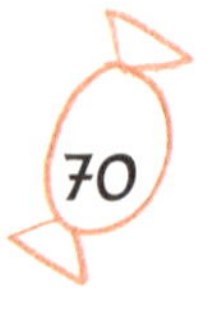
70

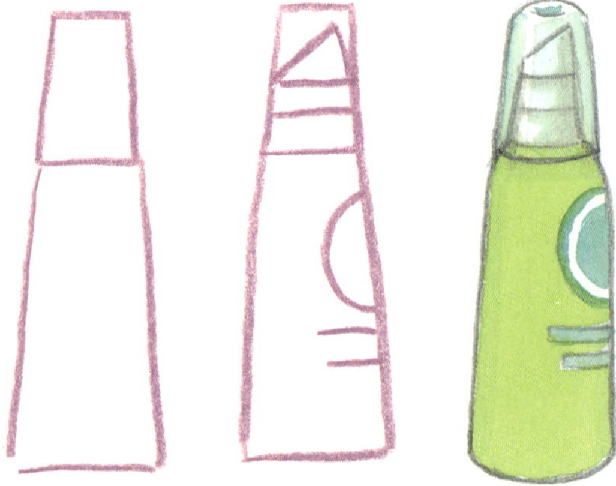

가게에 가면 물건들이 아주 많아요.

그 물건들은 모두 누가 진열할까요?

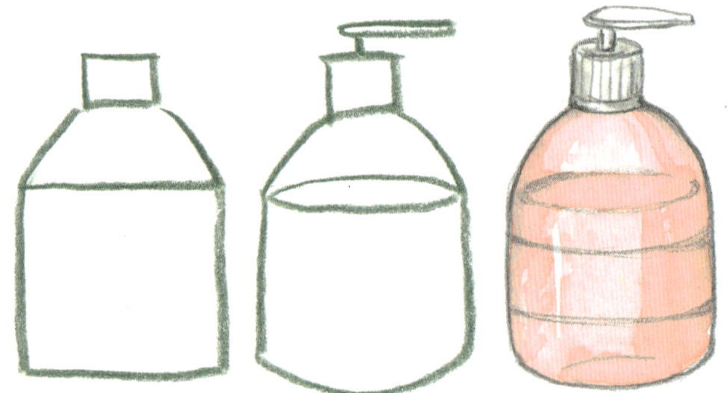

스프레이와 물비누통은 네모를 그린 다음,
부드럽게 다듬어서 표현해요.
기본 틀을 이용해 똑같은 모양의 병을 그리고
다른 제품으로 자세하게 표현해요.

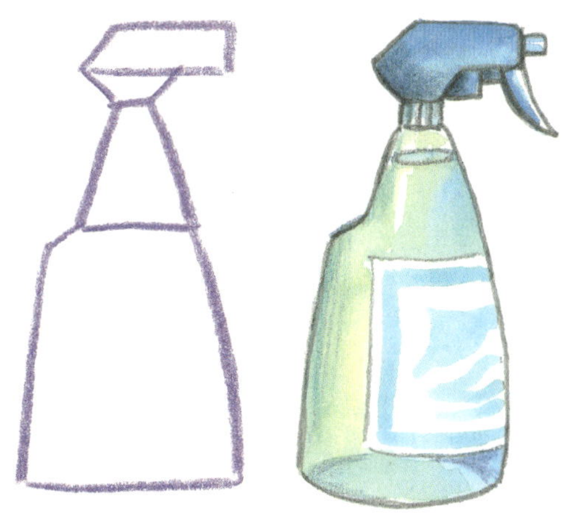 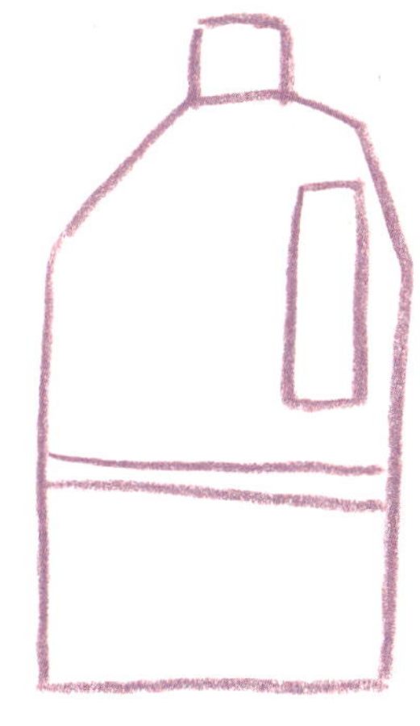 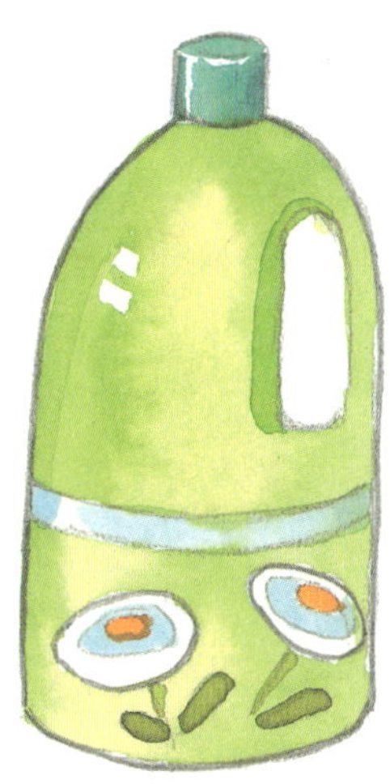

어떤 색깔을 칠하고 어떤 그림을 그려 넣느냐에 따라
전혀 다른 물건이 되죠.

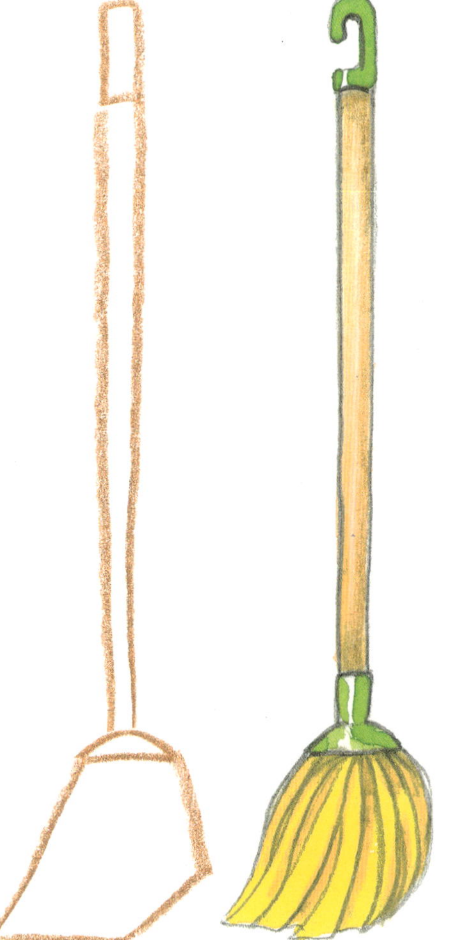 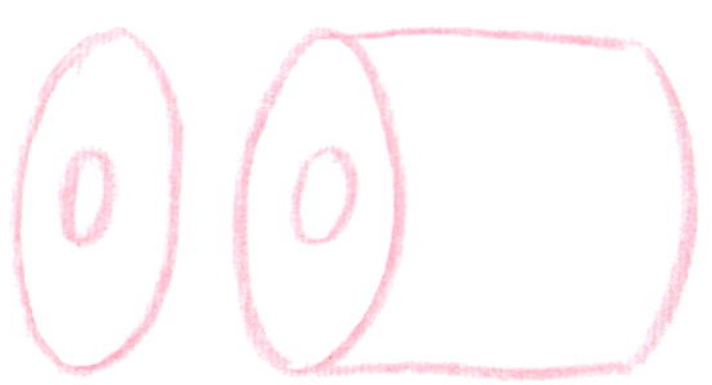 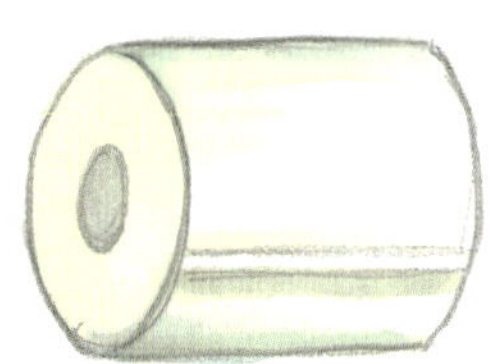 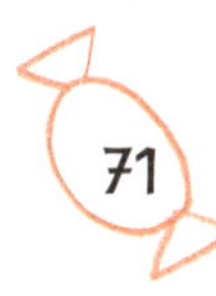



키친타월과 롤 휴지, 랩 등은 모두 같은 방법으로
그릴 수 있어요. 동그라미와 선만 그리면 되지요.

 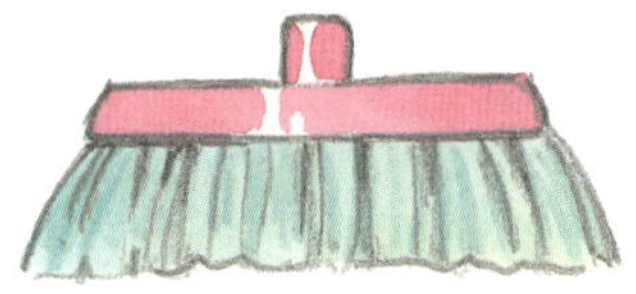

대걸레와 빗자루는 아래 부분부터 그린 다음
손잡이를 붙여 그리면 더 쉬워요.

# 멋진 헤어디자이너가 됐어요!

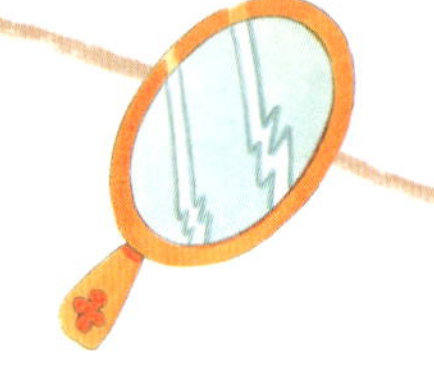

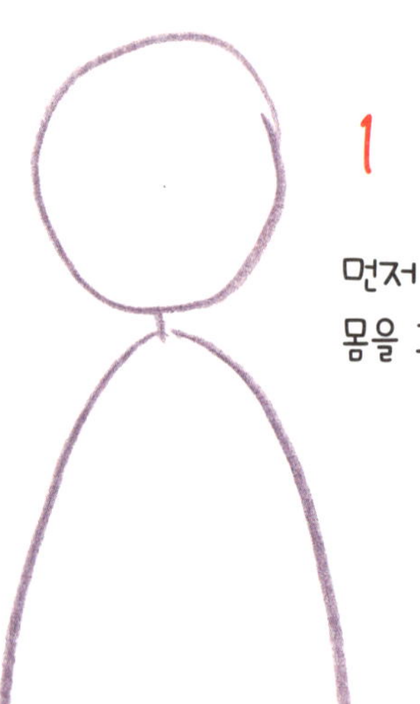

**1**

먼저 머리와
몸을 그려요.

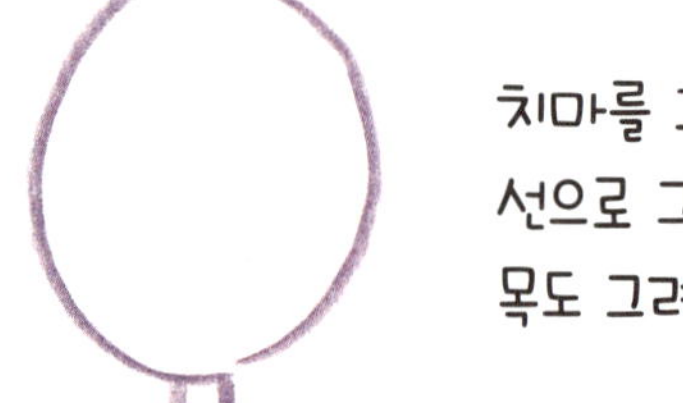

치마를 그리고 팔과 손을
선으로 그려요. 잊지 말고
목도 그려야죠.

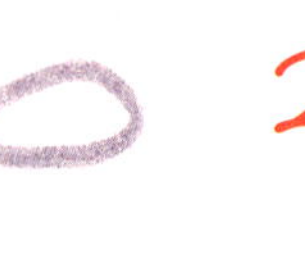

**2**



**3**

이제 두 다리와
발을 그려요.

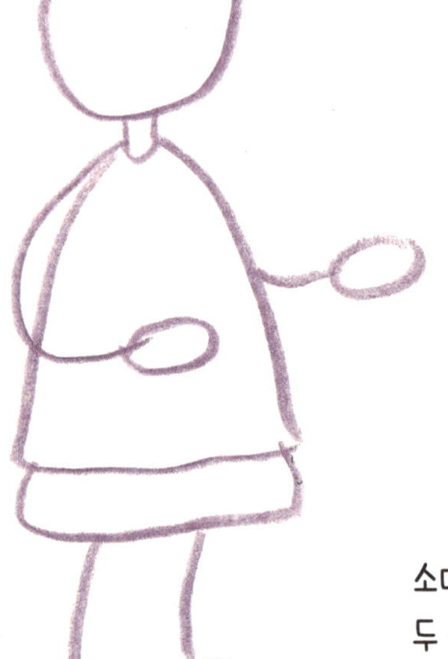

**4**

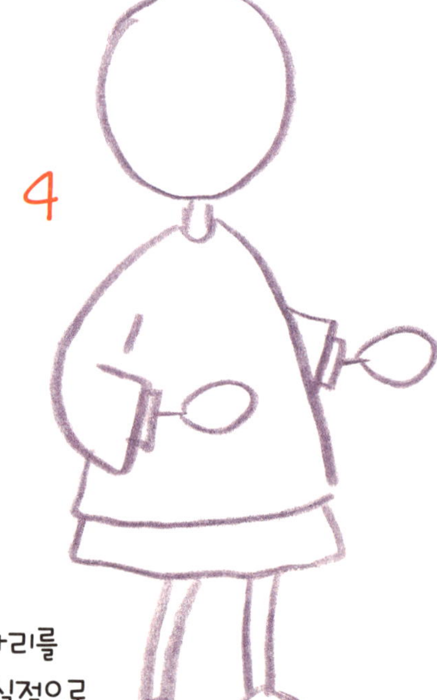

소매를 그리고 다리를
두 줄로 그려 사실적으로
표현해요.

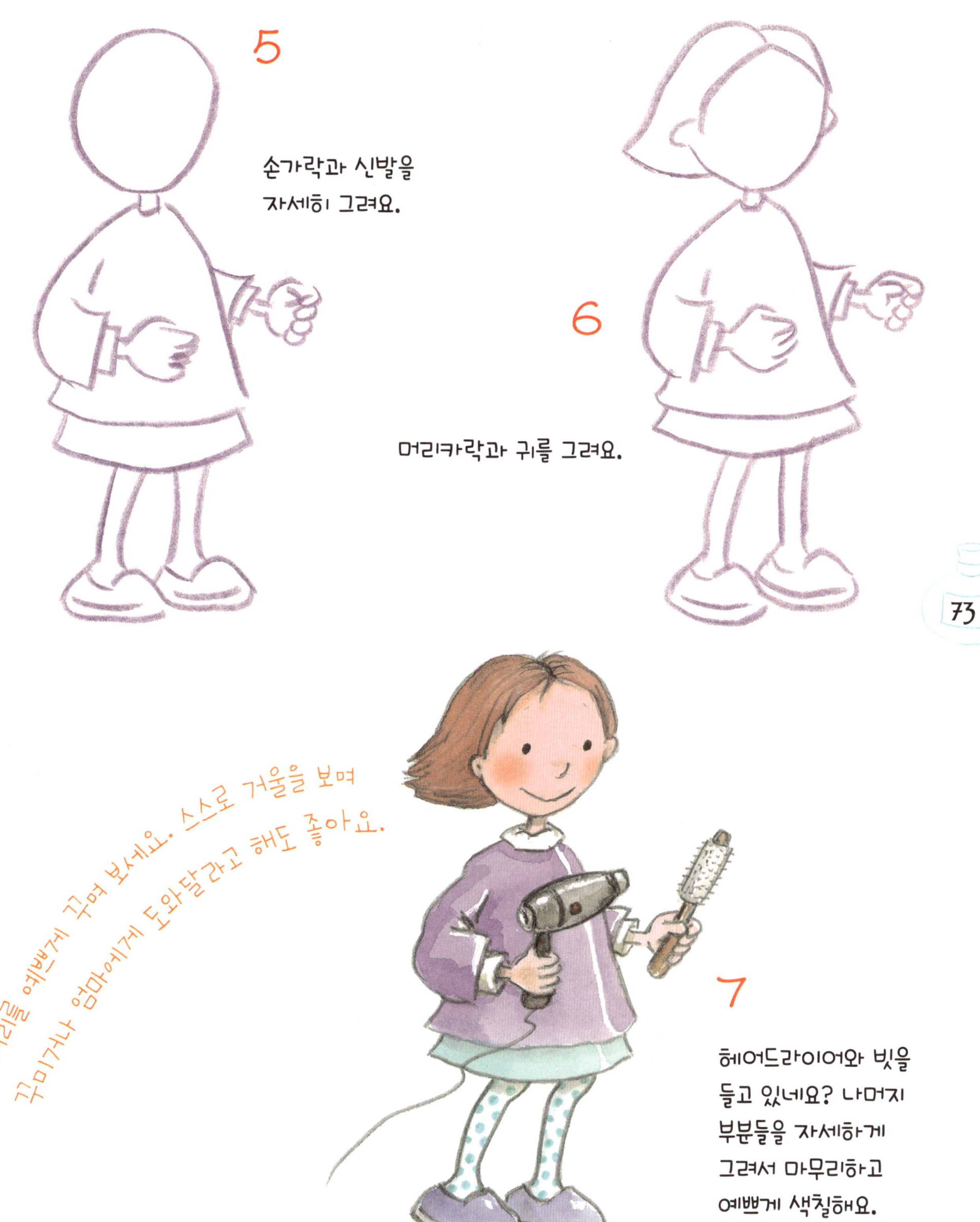

5

손가락과 신발을
자세히 그려요.

6

머리카락과 귀를 그려요.

73

머리를 예쁘게 꾸며 보세요. 스스로 거울을 보며
꾸미거나 엄마에게 도와달라고 해도 좋아요.

7

헤어드라이어와 빗을
들고 있네요? 나머지
부분들을 자세하게
그려서 마무리하고
예쁘게 색칠해요.

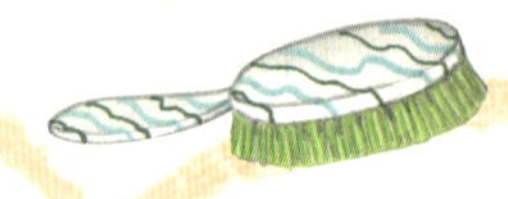

# 이런 것들이 필요해요

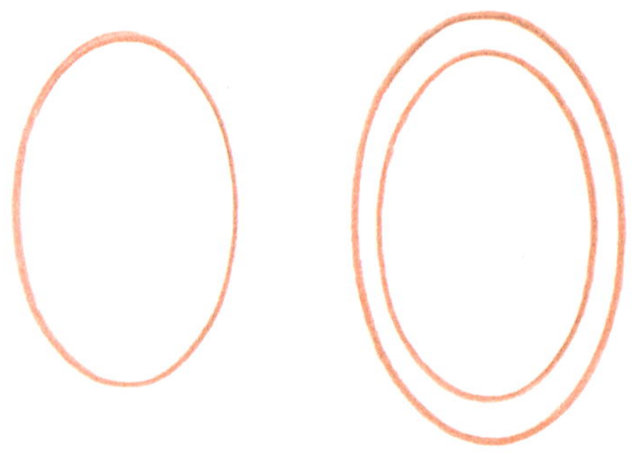

미용실에는 거울이 필수!
동그란 거울을 그려 보아요.
길쭉한 타원 모양과 손잡이만 그리면 끝!

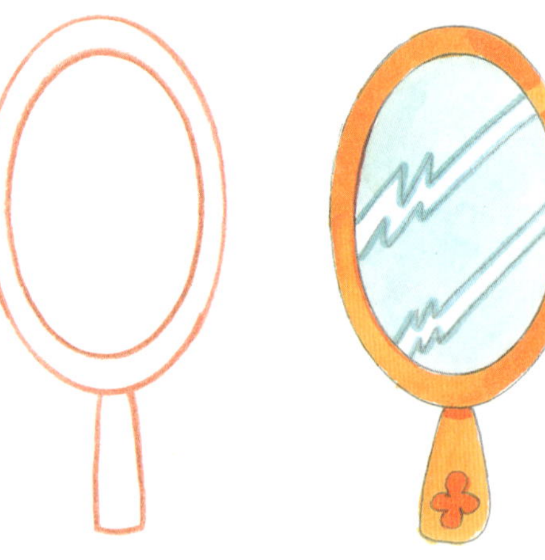

빗은 아주 쉽게 그릴 수 있어요. 스프레이도 마찬가지죠. 혼자서도 할 수 있지요?

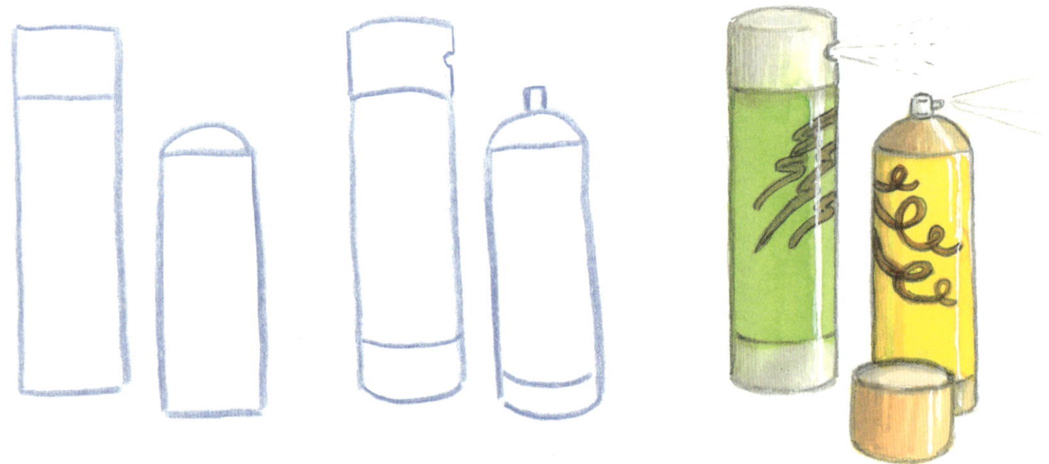

너무 오래 머리를 다듬지 않으면 머리카락에 힘이 없어지고 윤기도 사라져요.

빗질도 잘하고 머리를 감을 땐 깨끗하게 헹궈야 해요.

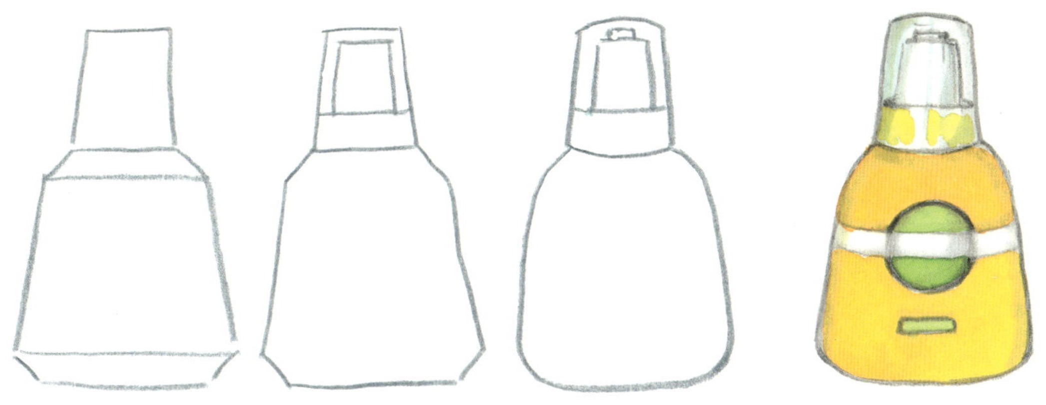

헤어로션 병이나 샴푸 병은 모양이 다양해요.
여기에 있는 모양부터 따라 그려 볼까요?

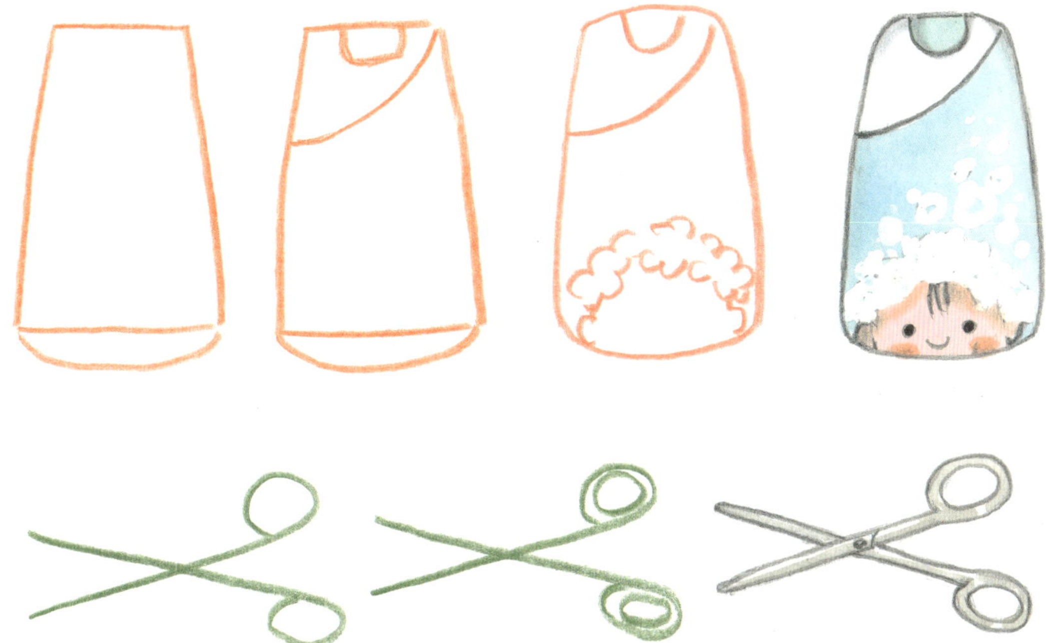

75

가위는 3단계로 그려요. 동그라미를 그리고 선을 연결한 다음, 선을 추가해 두께감을 주세요.
헤어롤은 네모를 그리고 원통 모양으로 만들어요. 아주 쉽죠?

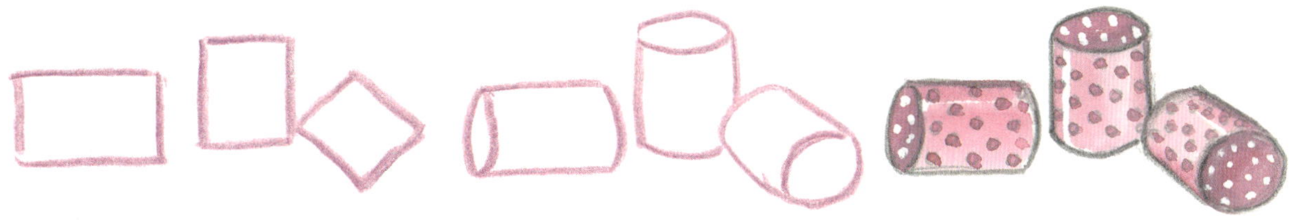

# 미용실에는 어떤 도구들이 있을까요?

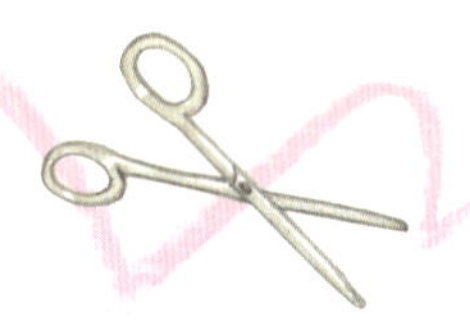

헤어디자이너는 머리카락 관리하는 방법을 잘 알고 있어요.
찰랑찰랑 멋진 스타일로 만들어 주지요.

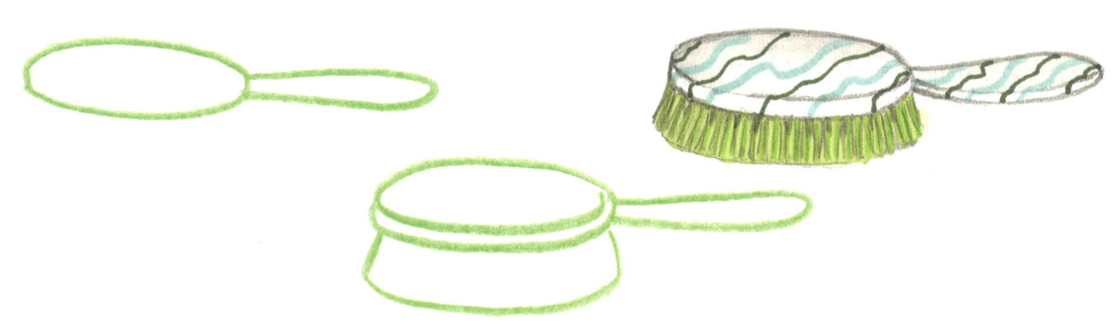



미용실에는 여러 가지 모양의 빗이 있어요.
동그라미나 네모부터 그리면 어떤 것도 쉽게 그릴 수 있어요.

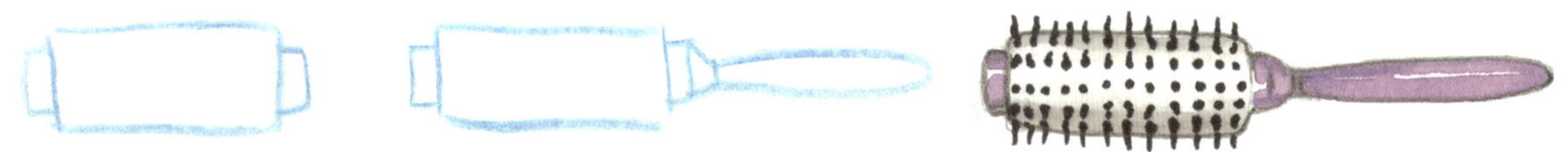

머리카락을 구불구불 말아 주는 고데기는 네모와 선으로 이루어져 있지요.

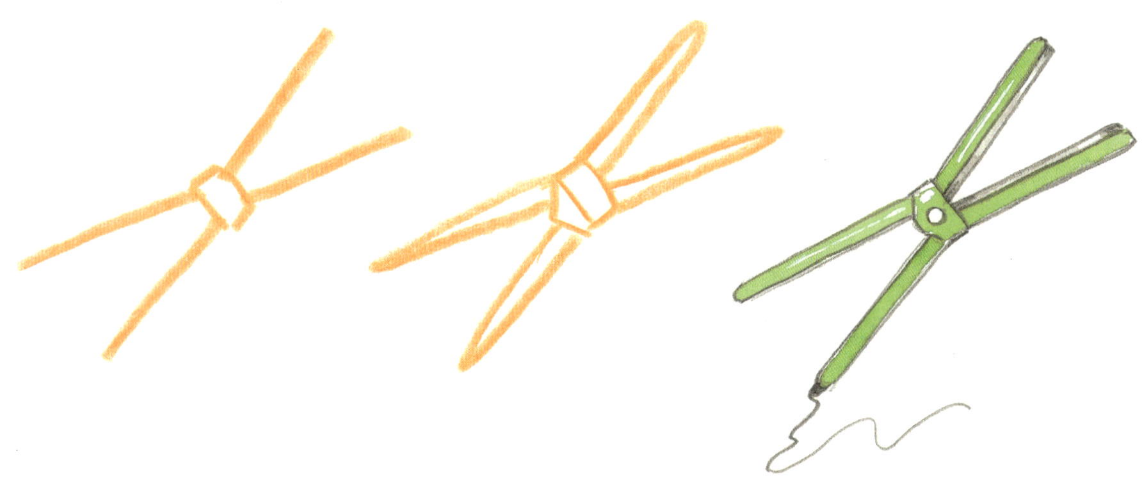

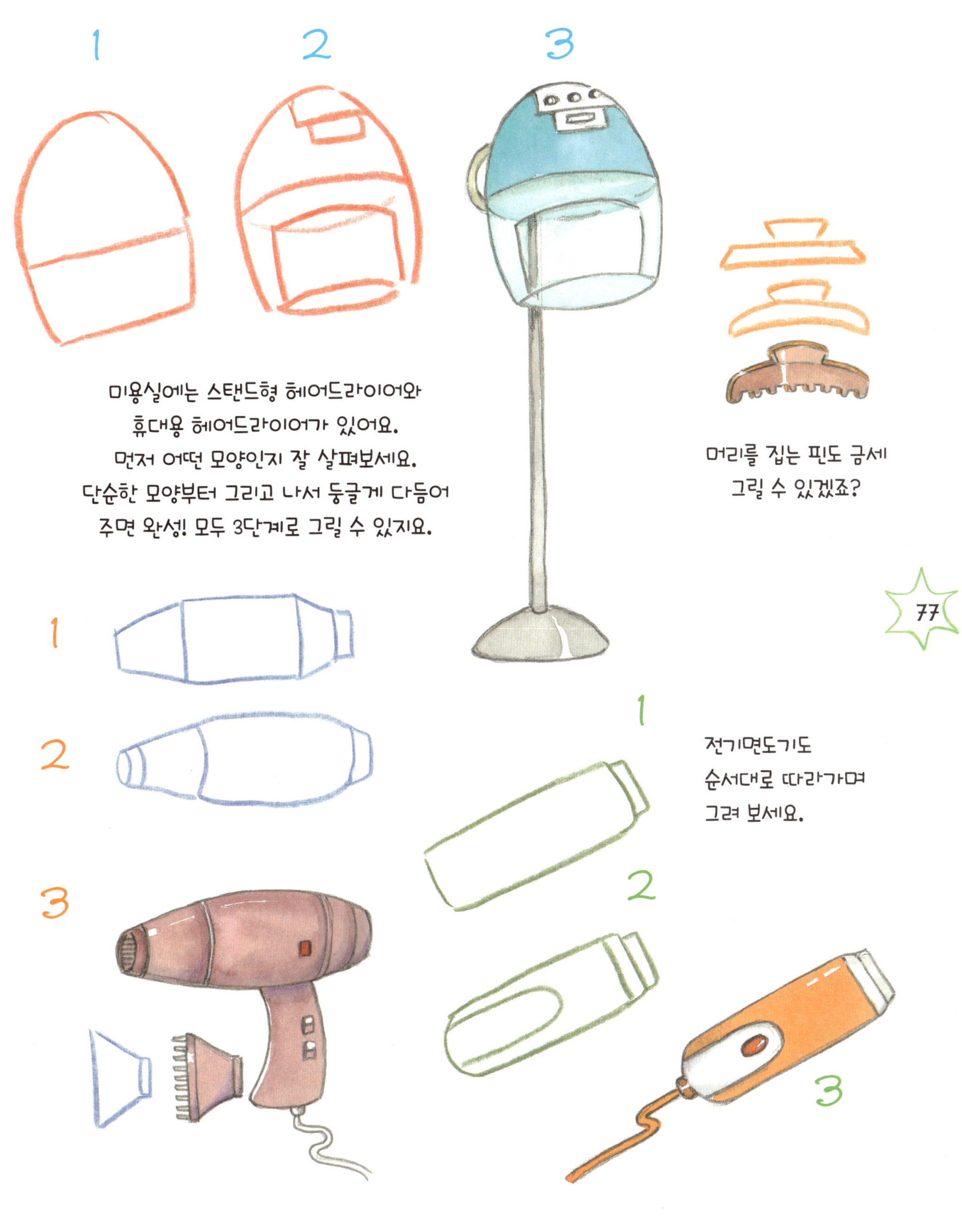

1
2
3
미용실에는 스탠드형 헤어드라이어와
휴대용 헤어드라이어가 있어요.
먼저 어떤 모양인지 잘 살펴보세요.
단순한 모양부터 그리고 나서 둥글게 다듬어
주면 완성! 모두 3단계로 그릴 수 있지요.

머리를 집는 핀도 금세
그릴 수 있겠죠?

1
2
3

전기면도기도
순서대로 따라가며
그려 보세요.

1
2
3

77

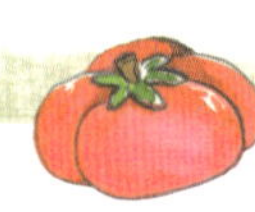

# 꼬마 농부가 텃밭을 가꿔요

먼저 머리와
몸을 그려요.

**1**

**2**

앞치마를 그리고
목선도 그려요.

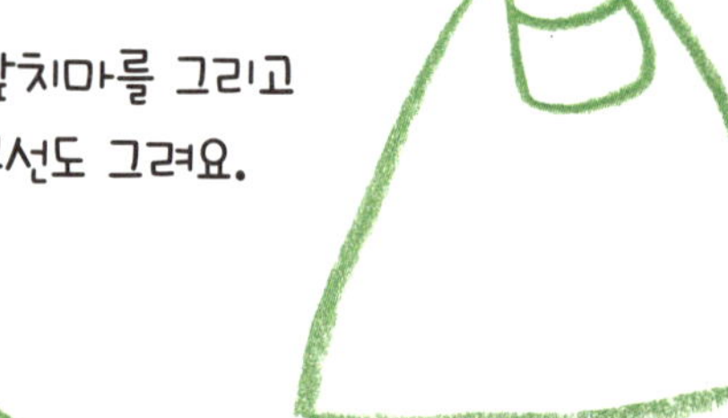



선으로 팔과
손을 그려요.

**3**

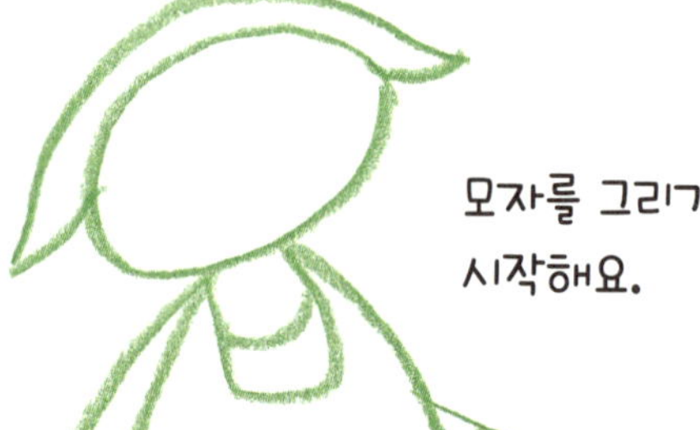

**4**

모자를 그리기
시작해요.

**5**

모자 윗부분까지 그려
이제 모자를 완성해요.

6

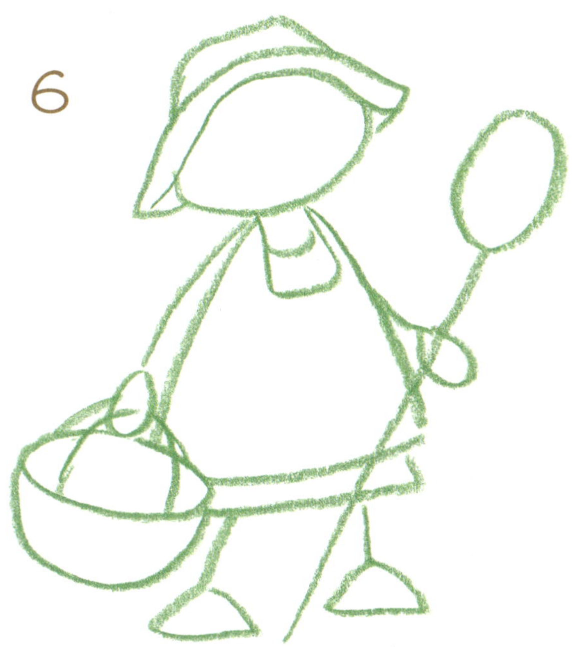

바구니와 삽을 그릴 차례예요.
두 다리와 발도 그려야죠.

7

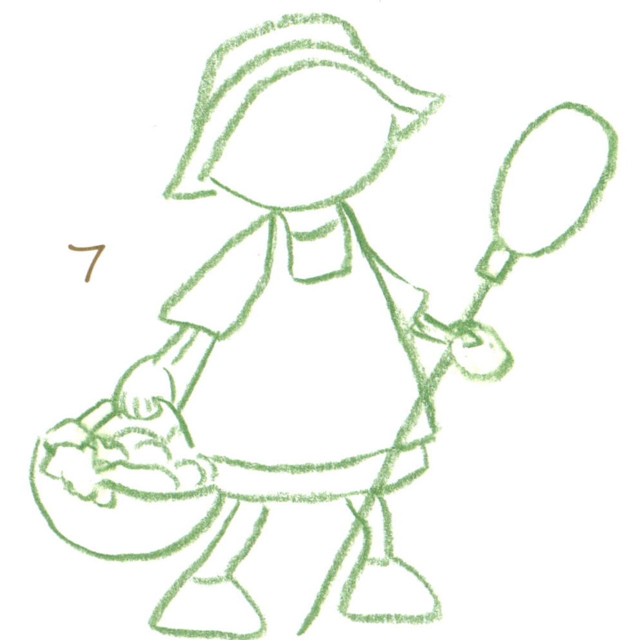

소매를 그리고 다리도 두 줄로 그려요.



8

농부들은 밭에 씨를 뿌리고 정성껏 가꾸어요.
그러면 맛있고 건강한 먹거리가 가득해진답니다.

머리카락과 눈, 코, 입도 그리고
바구니에 채소를 그려 넣어요.
앞치마에 꽃도 그려 넣고
나머지 부분 모두 예쁘게 색칠해요.

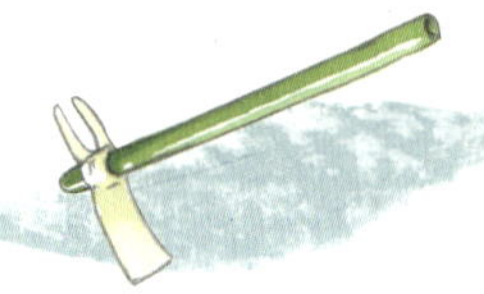

# 밭에서 어떤 채소가 나올까요?

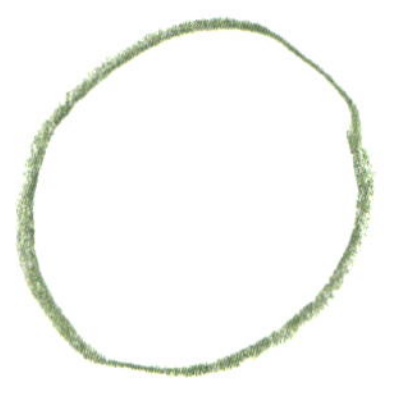 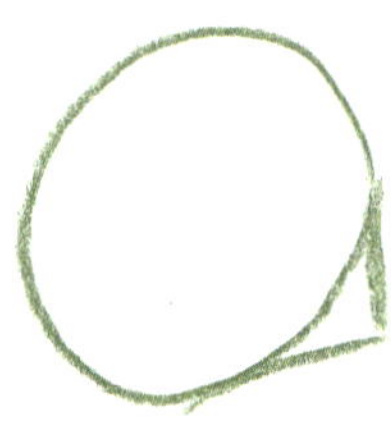 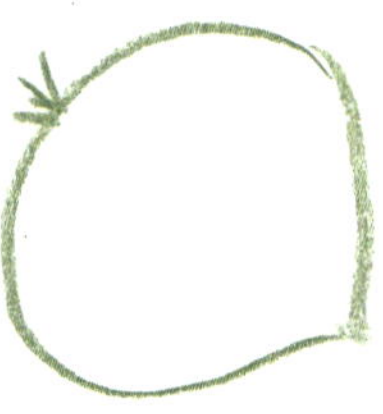 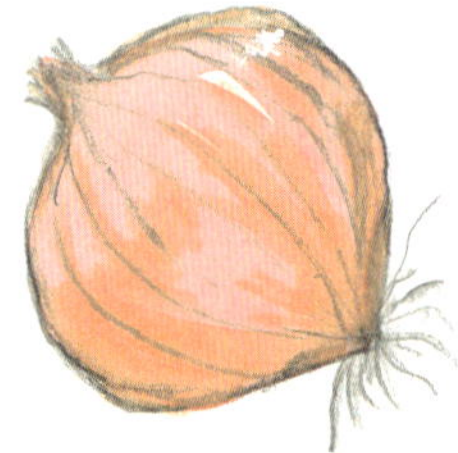

양파랑 순무는 비슷하게 생겼어요. 동그라미부터 그려 봐요.

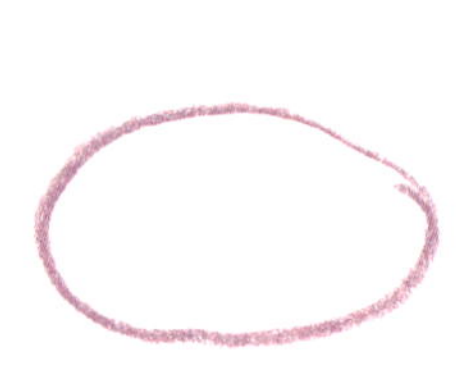 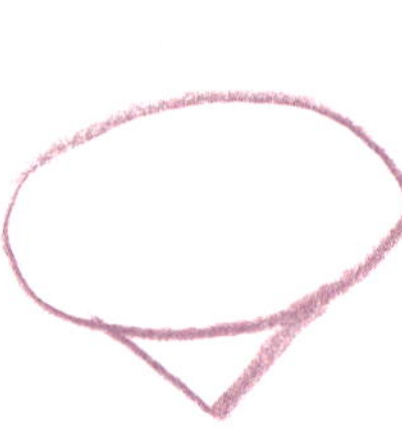 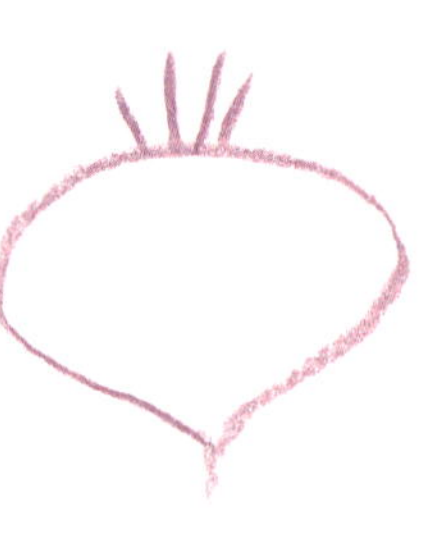 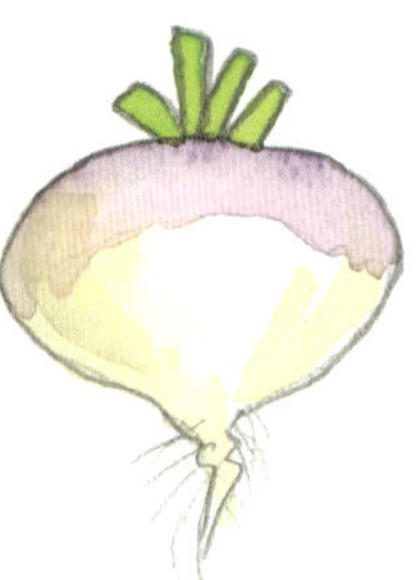

호박은 동그라미 두 개를 그린 다음 자연스럽게 이어 보아요.

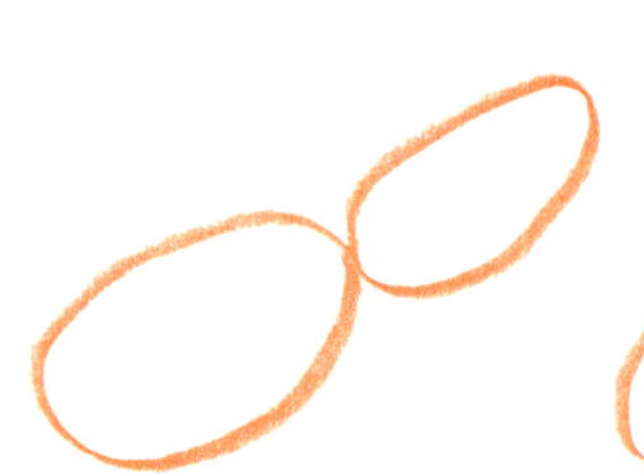 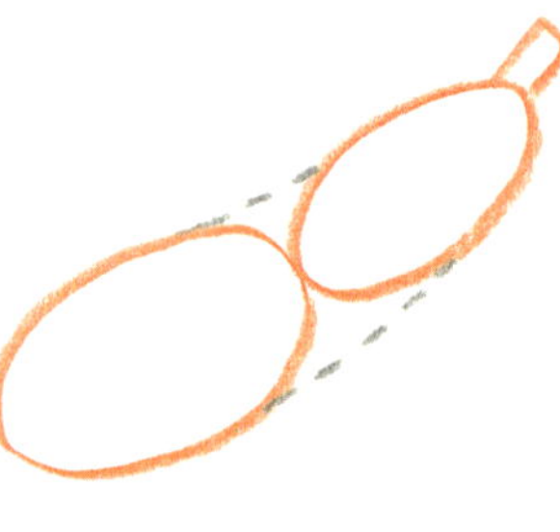 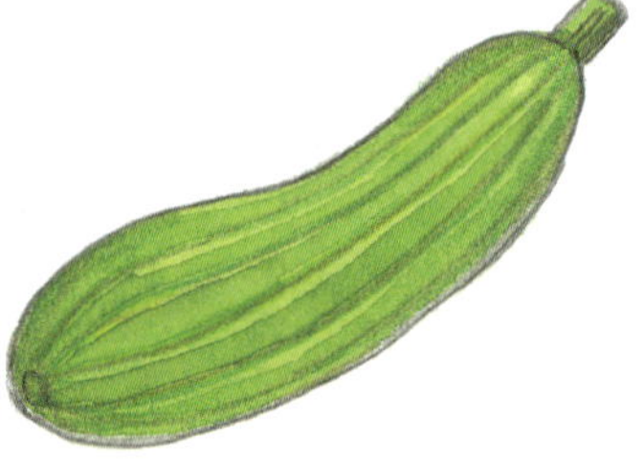

아티초크는 조금 어려워 보이죠? 동그라미 안에 가로, 세로로
선부터 그려요. 그다음 자세하게 표현하고 색칠하면 끝!

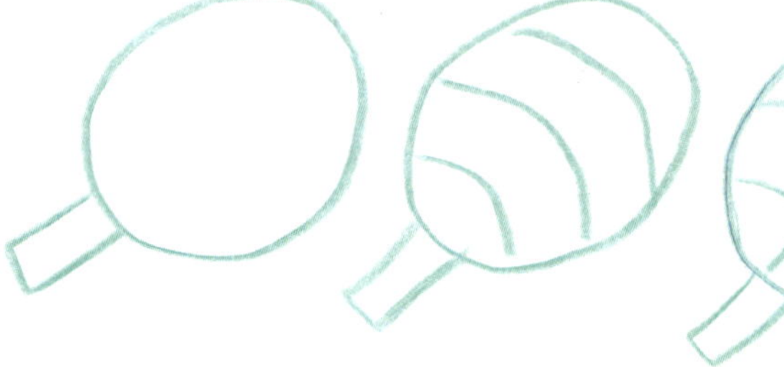 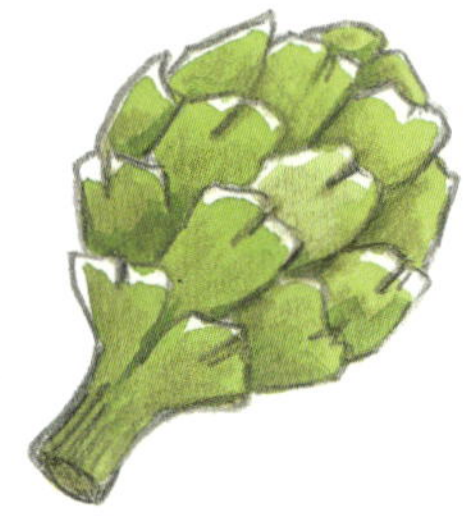

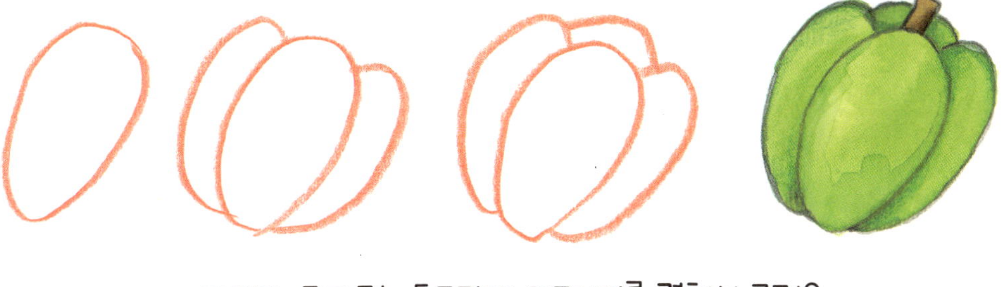

피망과 토마토는 동그라미 여러 개를 겹쳐서 그려요.

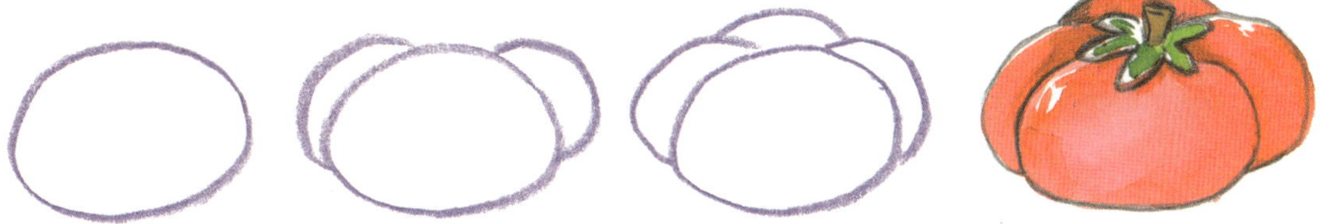

계절에 따라 다양한 과일과 채소가 자라요.
수박은 언제 먹을 수 있을까요?

81

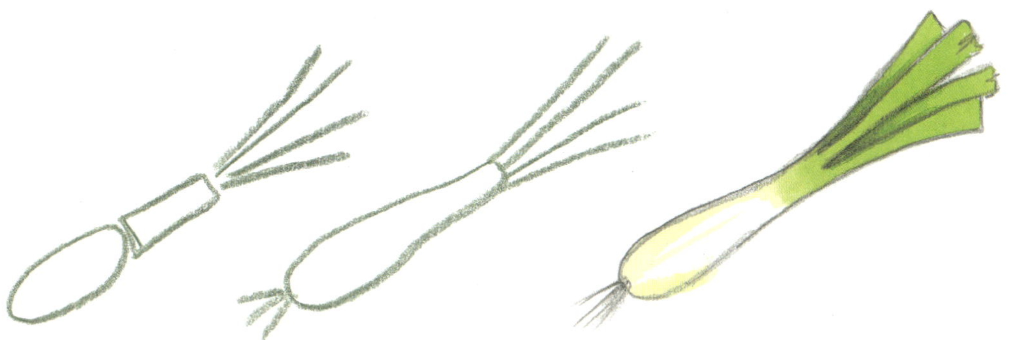

파와 샐러리는 길쭉하게 생겼죠? 천천히 따라 그려 보세요.

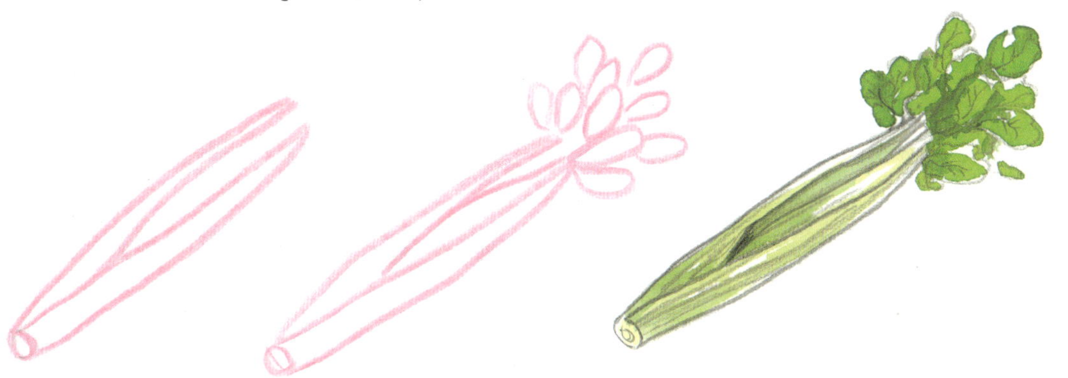

# 농사를 지으려면 어떤 도구들이 필요할까요?

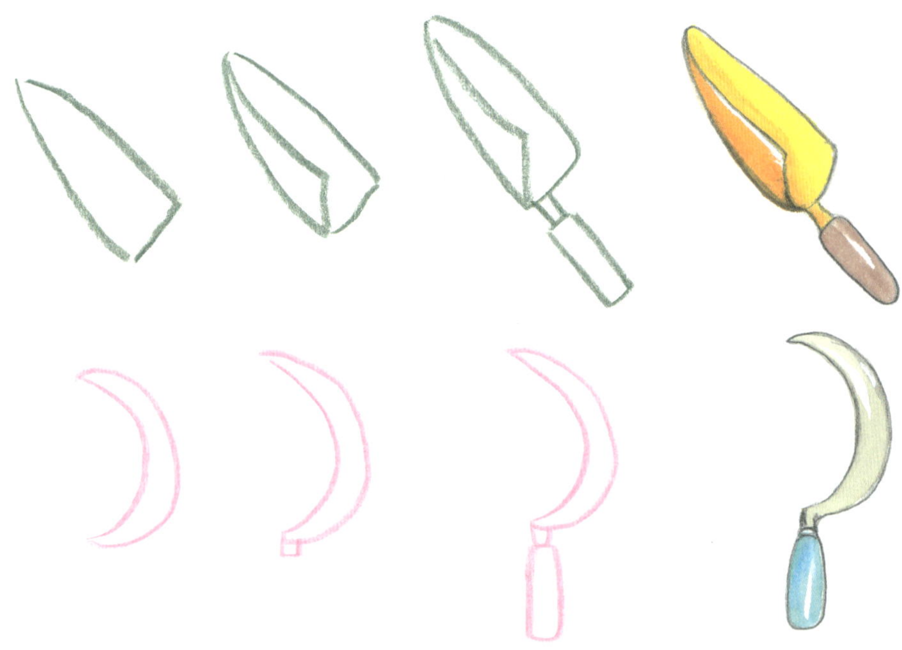

농부들은 흙을 갈아엎고, 식물의 가지를 치고, 잡초를 베는 일을 해요.

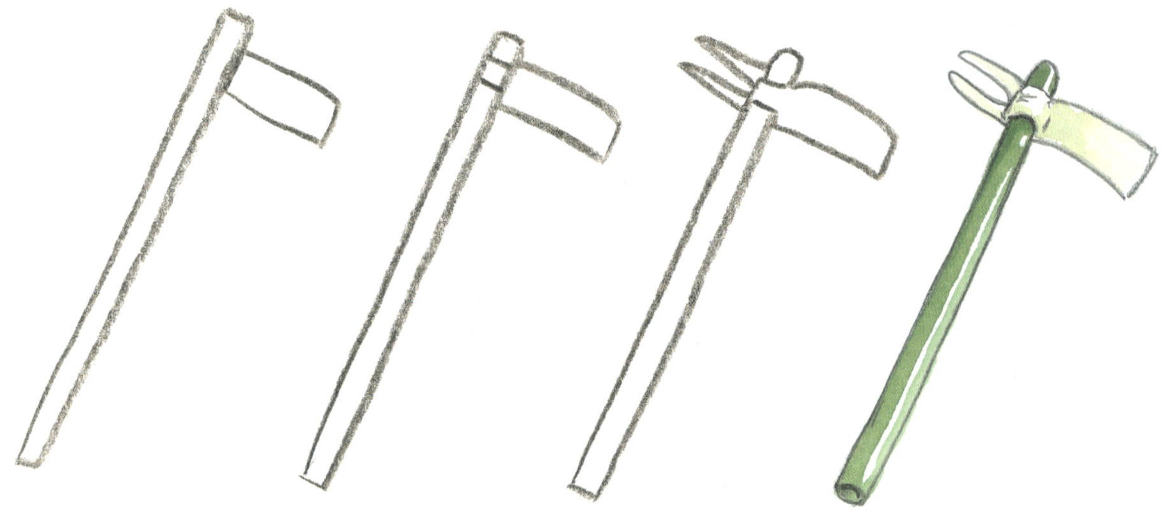

모종삽과 갈고리는 간단하게 그릴 수 있어요.
단단한 흙을 부수는 곡괭이는 길쭉한 손잡이부터 그리면 쉬워요.

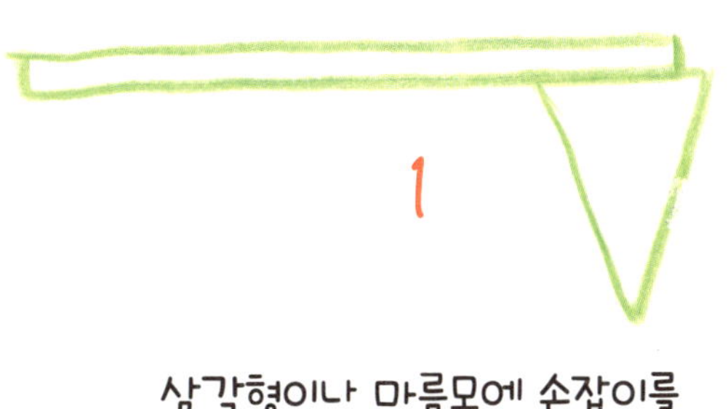

이것은 씨 뿌리는 도구예요. 단순하지요?

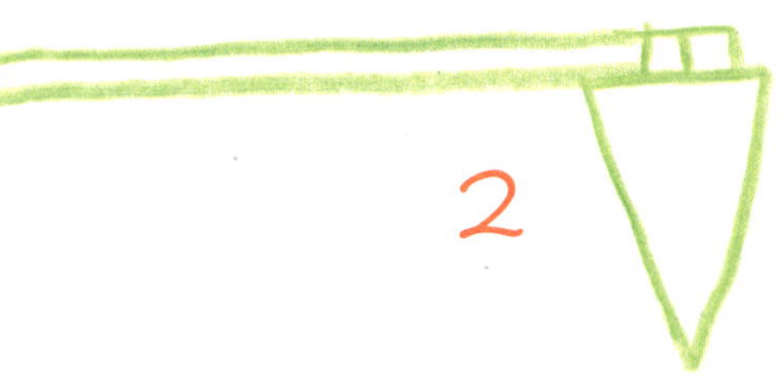

삼각형이나 마름모에 손잡이를
그려주면 호미나 삽을 그릴 수 있어요.
호미는 3단계, 삽은 4단계로 그릴 수 있지요.
농부에게 아주 중요한 도구들이랍니다.

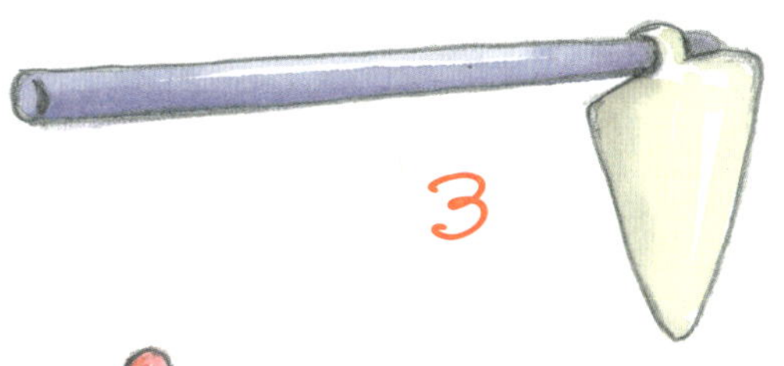

83

농부가 열심히 농사를
지으면 우리는 맛있는
음식을 먹을 수 있어요.
늘 감사하게
생각해야 해요~

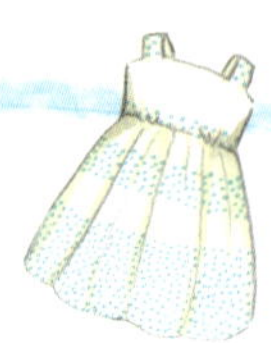

# 패션디자이너는 예쁜 옷을 만들어요

1

먼저 머리와
몸을 그려요.

2

소매와 팔과 손을
그려요.

3

셔츠를 좀 더 자세히 그려요.

오른팔에 들고 있는
옷감을 그려요.

4

5

손을 자세히 그리고 왼손에
옷걸이를 그려요.
두루마리 옷감을 입체적으로
표현해요.

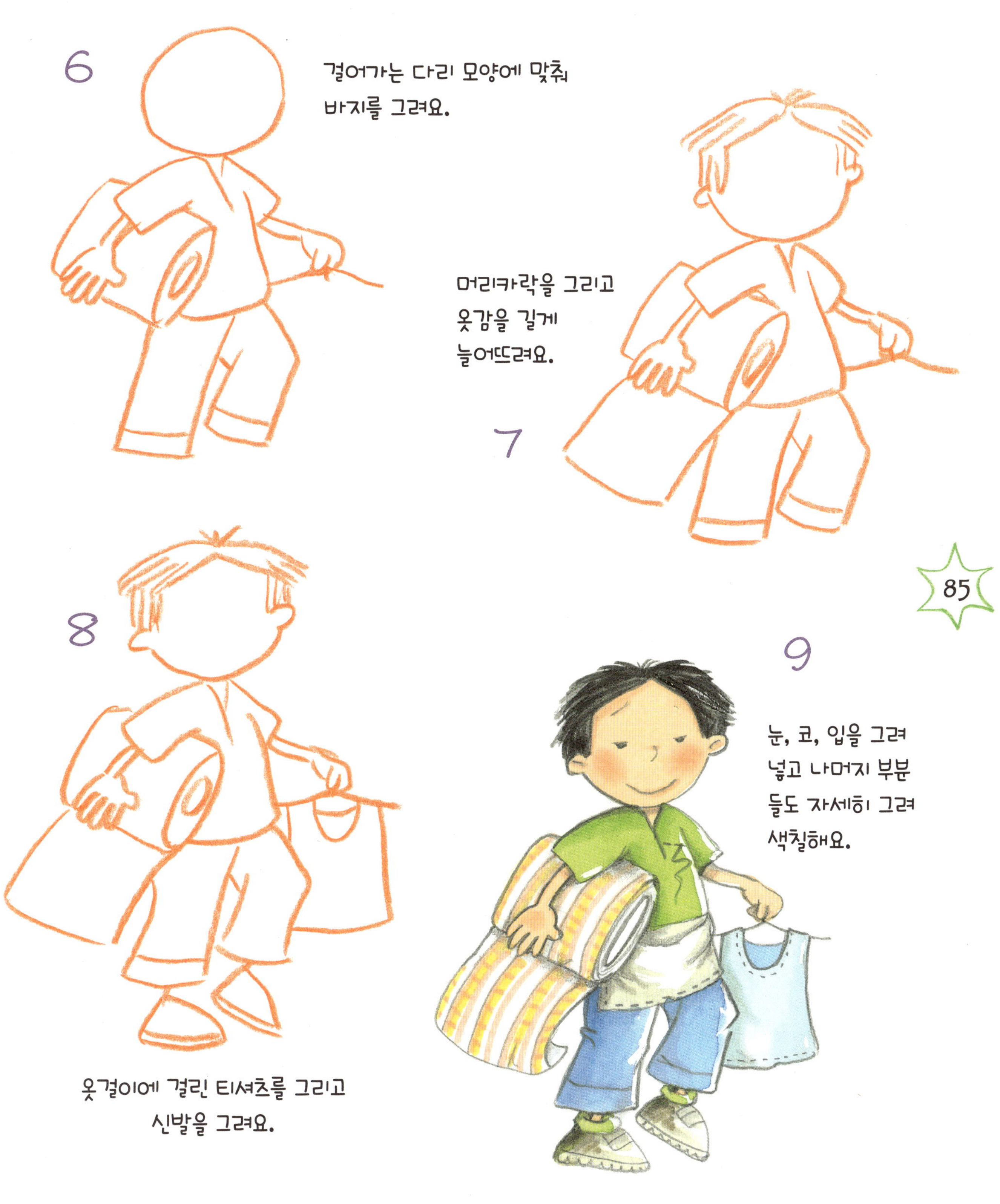

6

걸어가는 다리 모양에 맞춰
바지를 그려요.

7

머리카락을 그리고
옷감을 길게
늘어뜨려요.

85

8

옷걸이에 걸린 티셔츠를 그리고
신발을 그려요.

9

눈, 코, 입을 그려
넣고 나머지 부분
들도 자세히 그려
색칠해요.

# 옷을 만들 때는 무엇이 필요할까요?

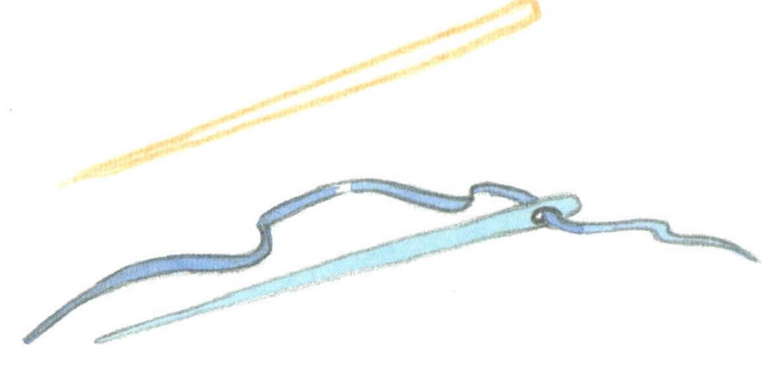

바늘은 누구나 쉽게 그릴 수 있어요.
바늘귀에 넣은 실까지 그려 보아요.
골무는 어떤 때 쓰는 물건일까요?
손가락을 보호하는 골무는 네모에서
시작해 쉽게 그릴 수 있어요.

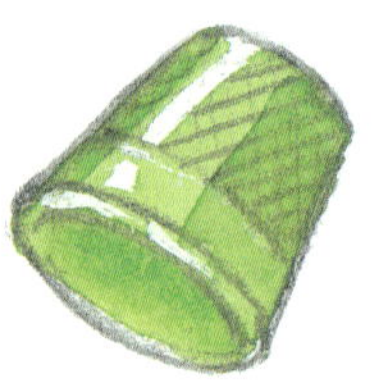

멋진 옷을 만들기 위해서는 바느질을 잘해야 해요.
나만의 옷을 만들어 볼까요?

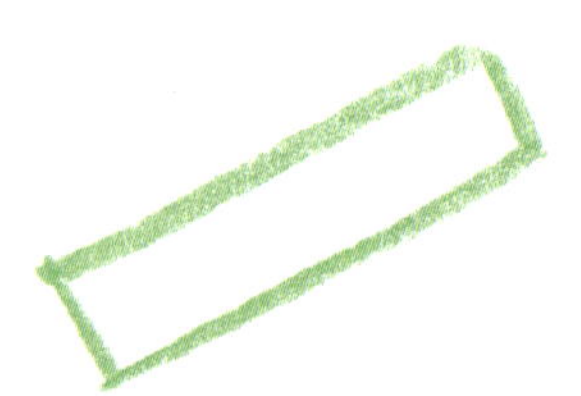 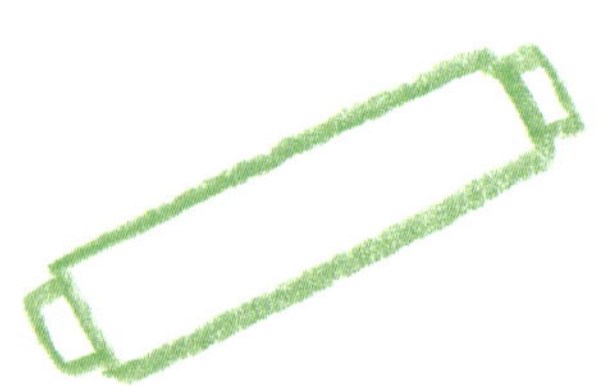 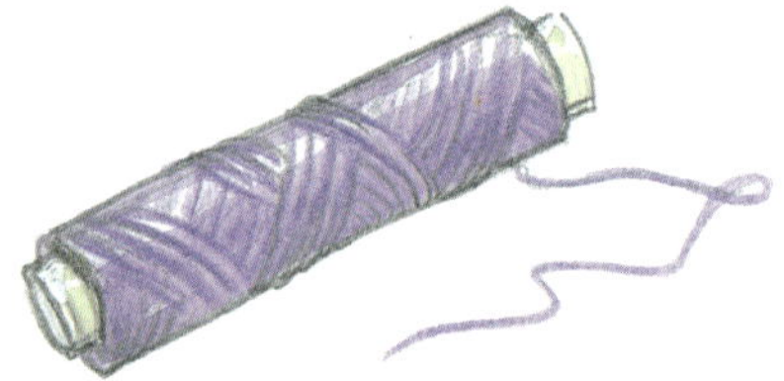

실패를 그리는 건 참 재미있어요.
다양한 색깔과 굵기로 그려 보아요.

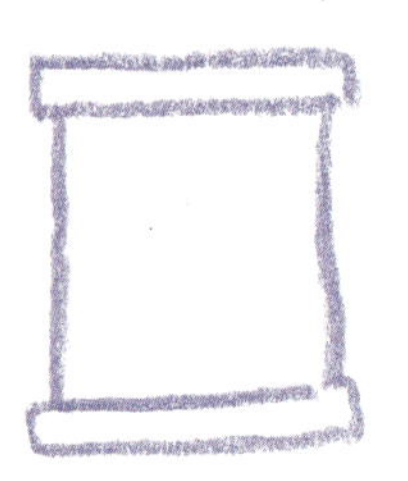 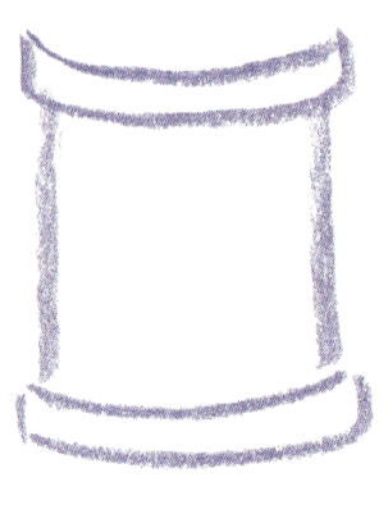 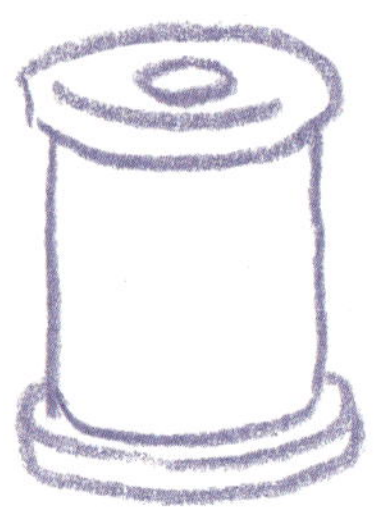 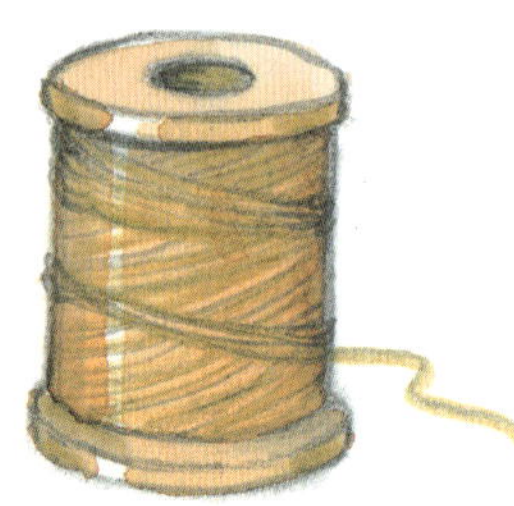

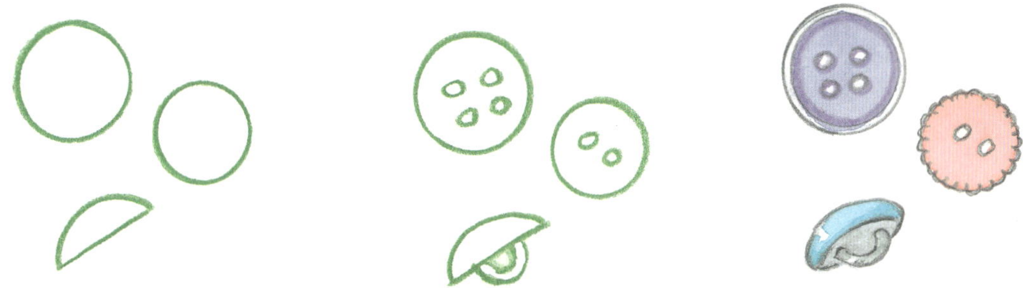

단추는 대부분 동그란 모양이에요. 동그라미를 그리거나 반원을 그리면 쉽게 그릴 수 있죠.
지금 옷에는 어떤 모양의 단추가 달려 있나요? 따라 그려 보아요.

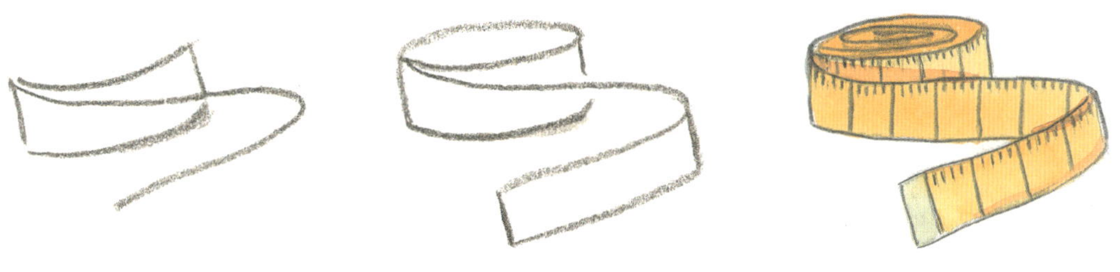

줄자는 네모부터 그리고 구불구불하게 선을 이어 그려 줘요.

세모 + 고리 = 옷걸이!

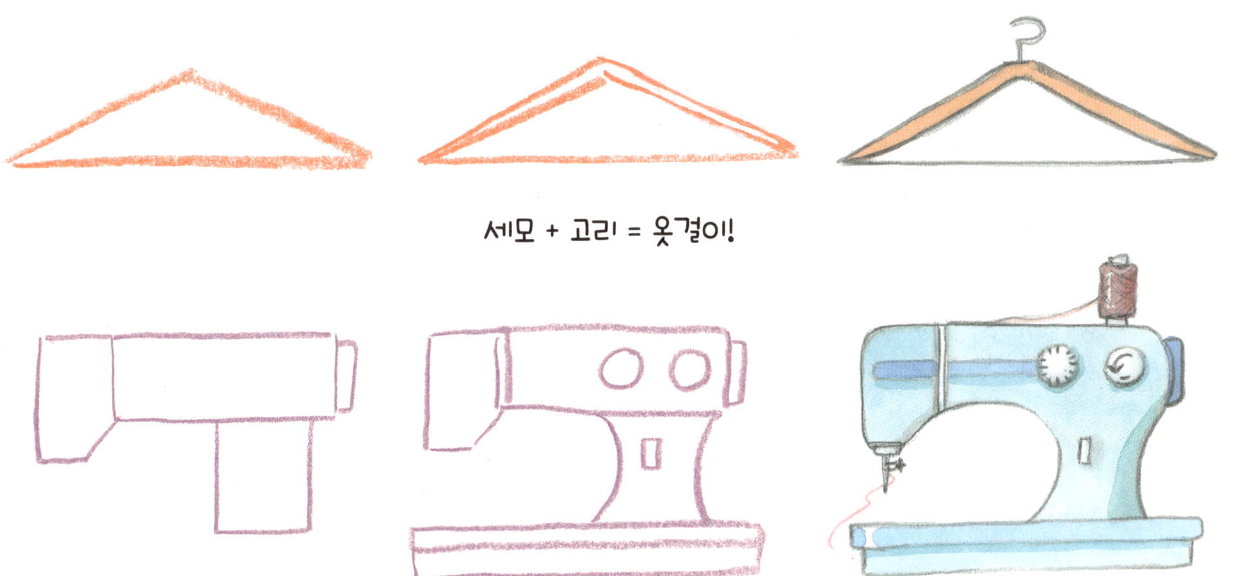

재봉틀은 복잡해 보이지만 네모부터 차근차근 그린 다음 자세하게
부분 부분을 표현하면 완성할 수 있어요.

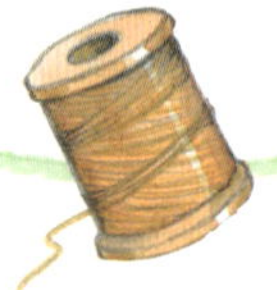

# 멋진 옷이 완성됐네요!

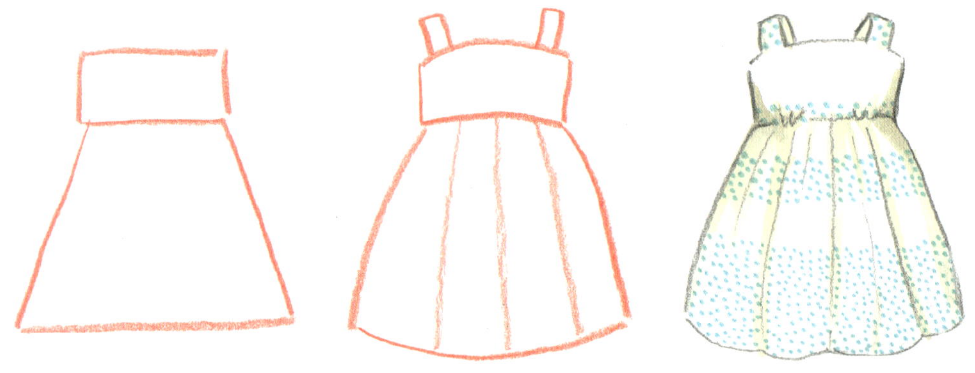

단순한 모양부터 그리기 시작하면 다양한 옷들을 척척 그릴 수 있어요!
원피스도, 티셔츠도, 바지도, 모두 단순한 선에서부터 시작하세요.

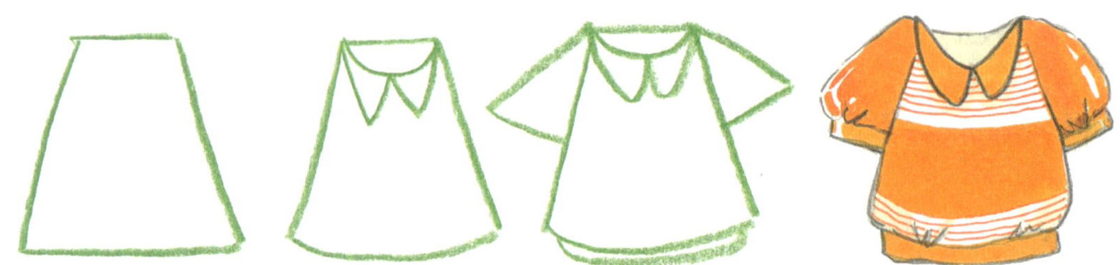

여러분은 지금 어떤 옷을 입고 있나요? 한번 따라서 그려 볼까요?

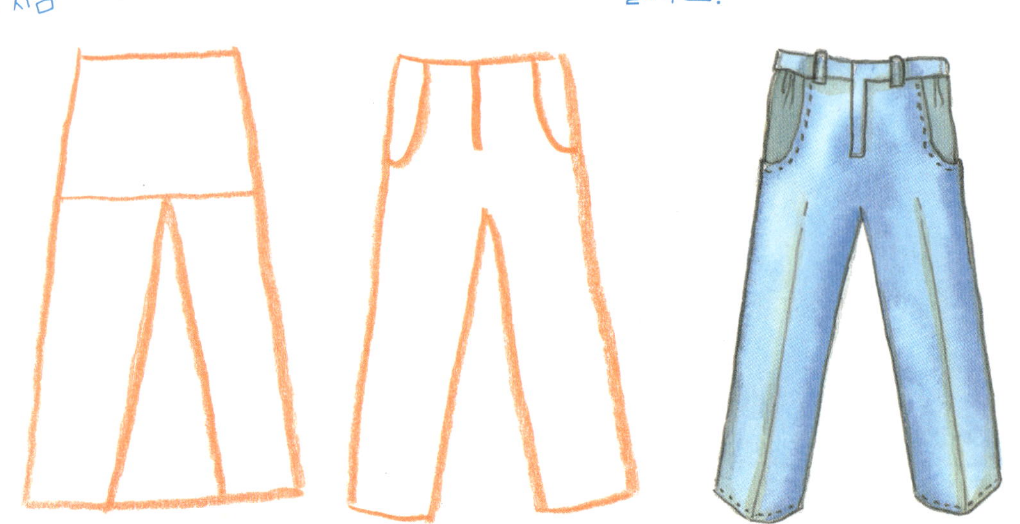

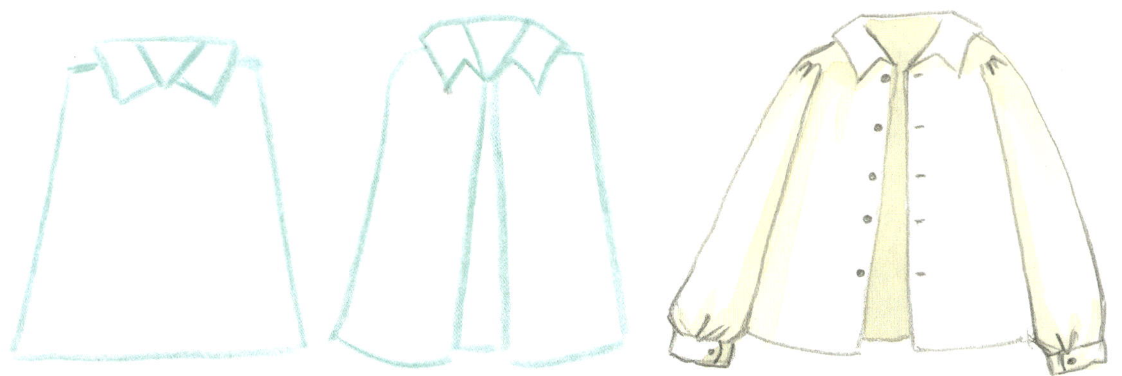

셔츠와 조끼를 따로따로 그려요. 그런 다음 셔츠 위에 조끼를 입고 있는 그림도 그려 봐요.

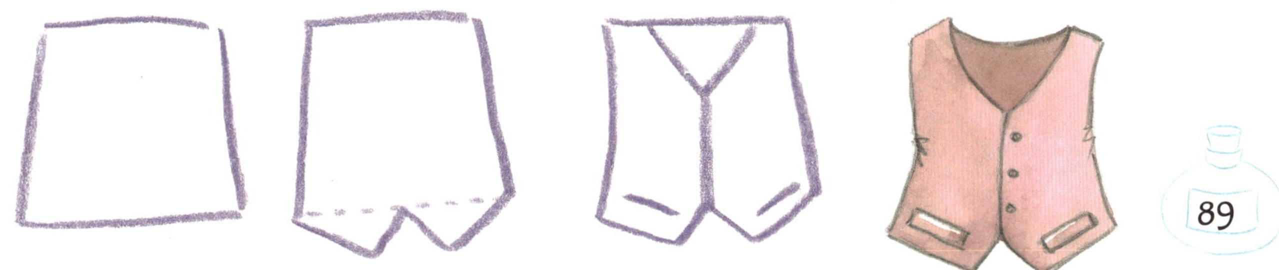

89

세모와 네모부터 그린 다음 차근차근 따라 그리면
복잡해 보이는 코트도 그릴 수 있지요.

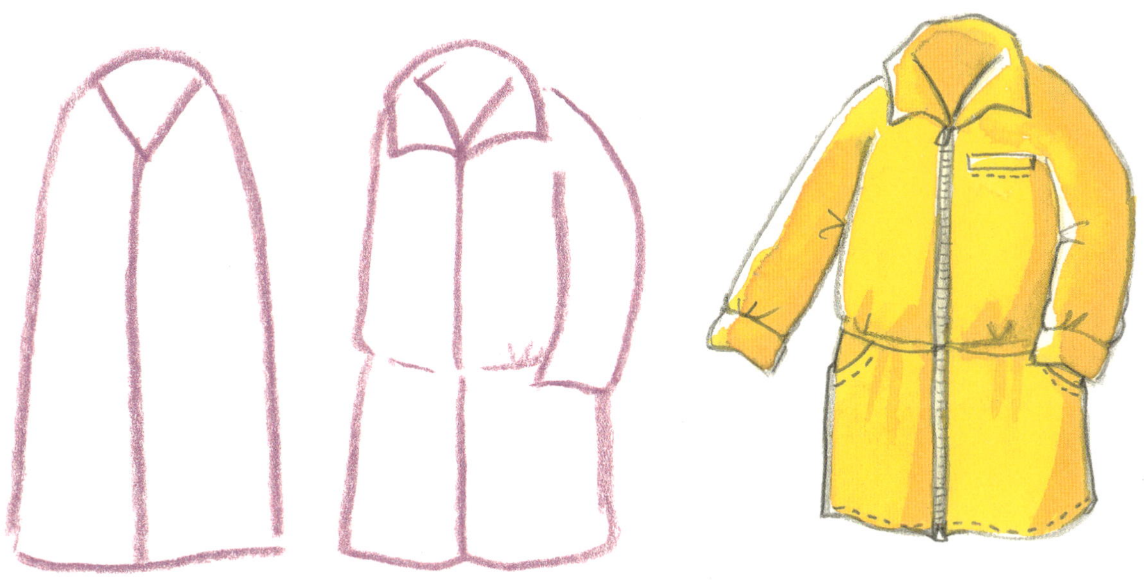

# 화가는 아름다운 그림을 그려요

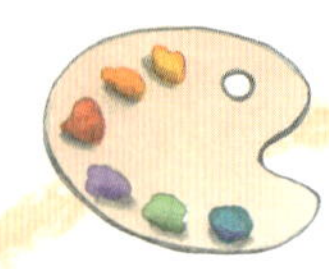

1

먼저 머리와
몸을 그려요.

2

작업복 밑부분을
둥글게 다듬어요.

3

선으로 팔과 손을 그려요.

4

이제 다리와
발을 그려요.

5

작업복의 소매와
목 부분을 그려요.

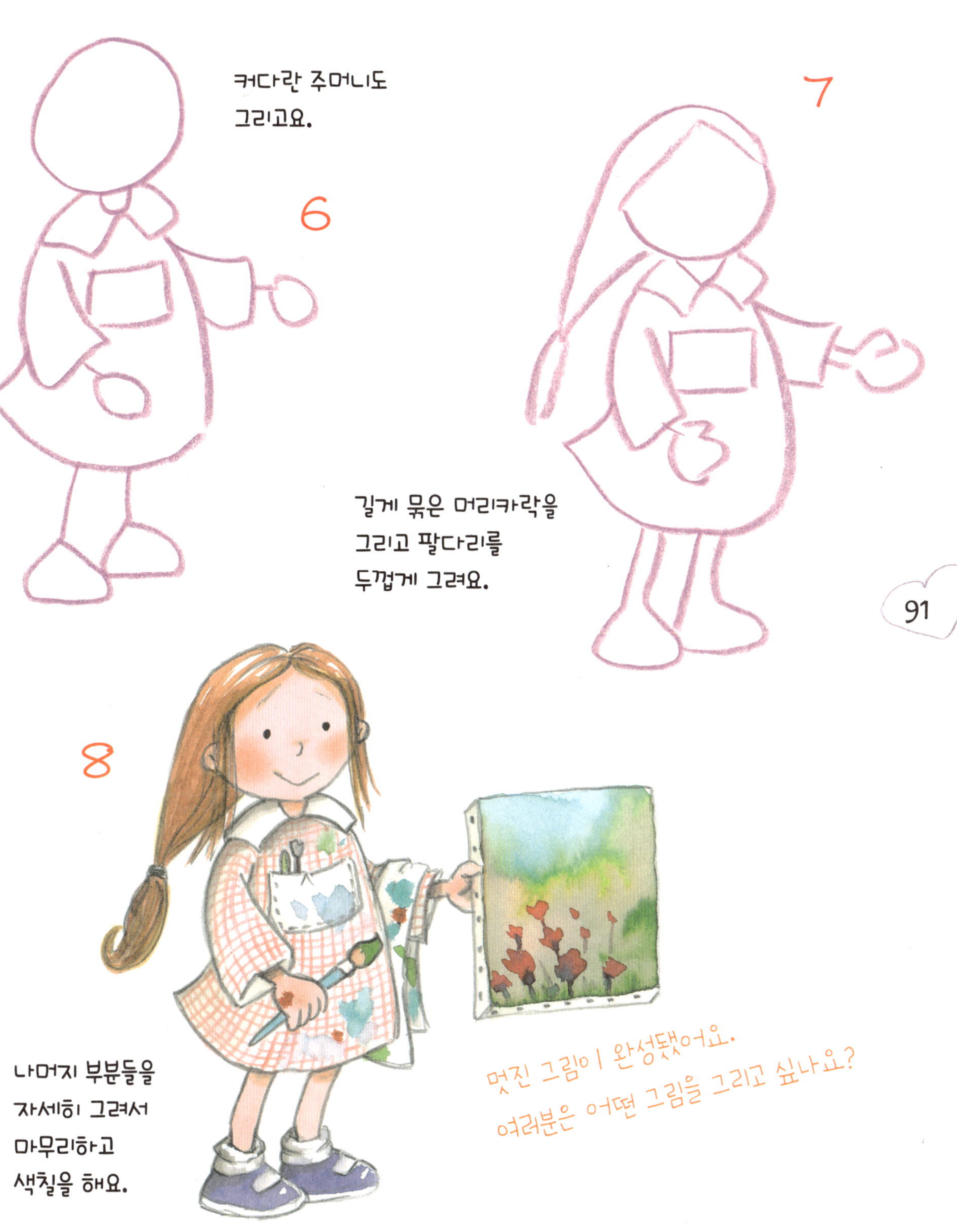

커다란 주머니도
그리고요.

6

7

길게 묶은 머리카락을
그리고 팔다리를
두껍게 그려요.

8

나머지 부분들을
자세히 그려서
마무리하고
색칠을 해요.

멋진 그림이 완성됐어요.
여러분은 어떤 그림을 그리고 싶나요?

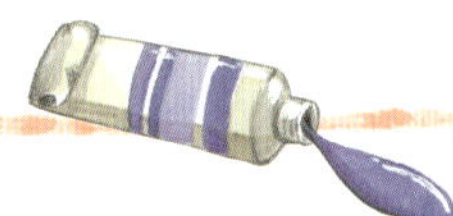

# 무엇으로 그릴까요?

 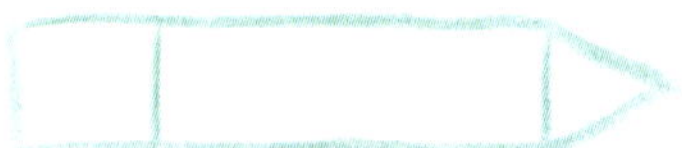 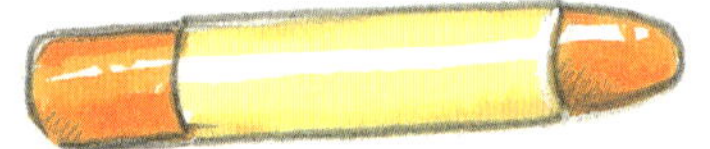

크레용과 색연필은 비슷하게 생겼어요.
끝부분을 어떻게 그리느냐에 따라 다른 물건이 되죠.

  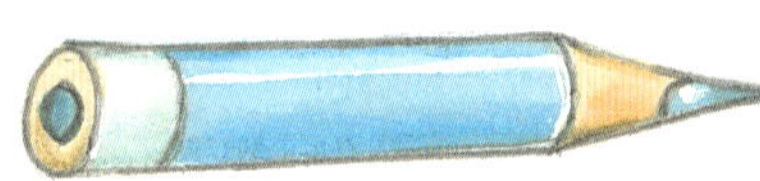

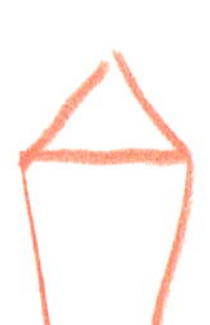 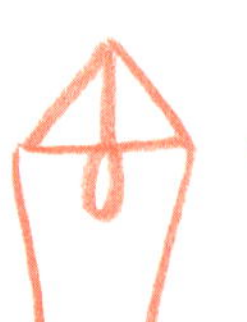 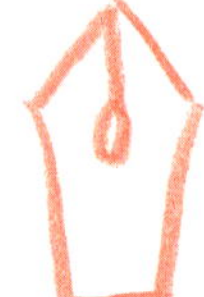 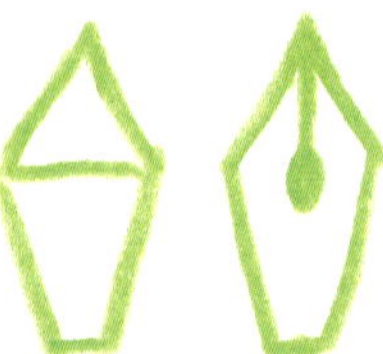 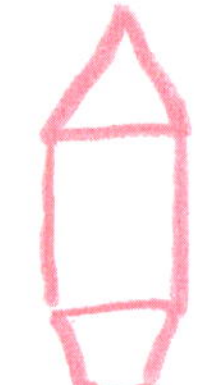 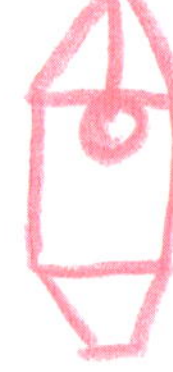 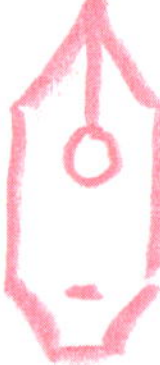

펜은 펜촉과 손잡이로 이루어져 있어요. 펜촉의 모양은 다양하지요.
펜촉을 그린 다음 손잡이를 그려요.

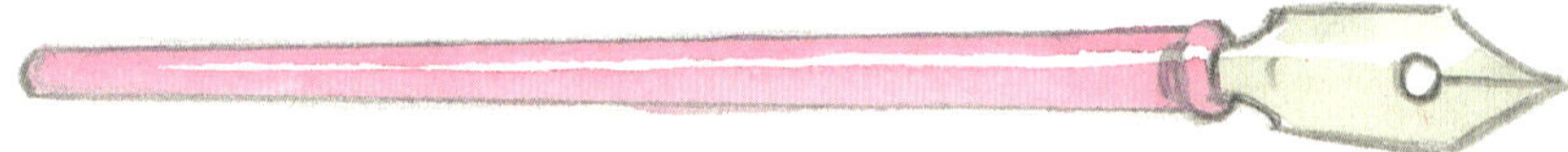

## 잉크병을 그려 볼까요?

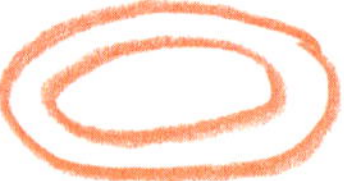


동그라미로 잉크병
입구를 그려요.

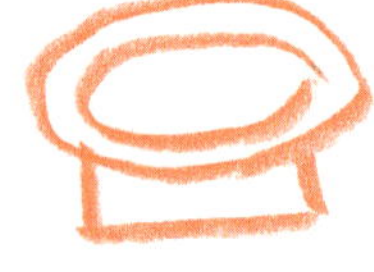


잉크병의 목을 그려요.

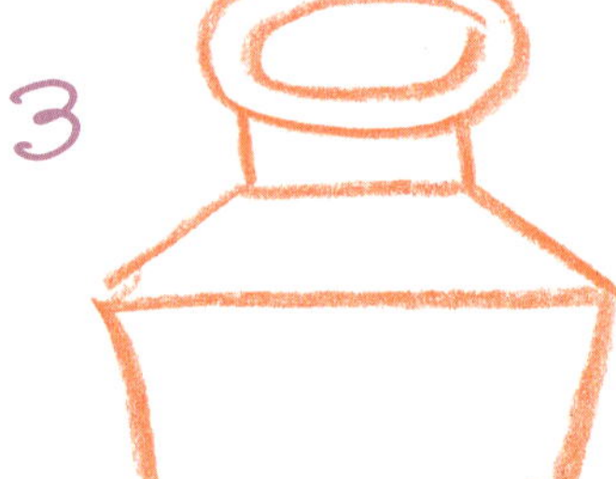


네모 2개를 붙여서
몸통을 그려요.

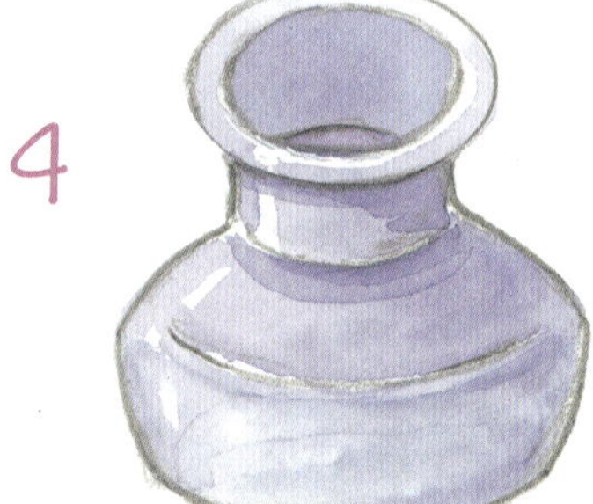


둥글게 다듬어서 입체적으로
만들고 색칠해요.

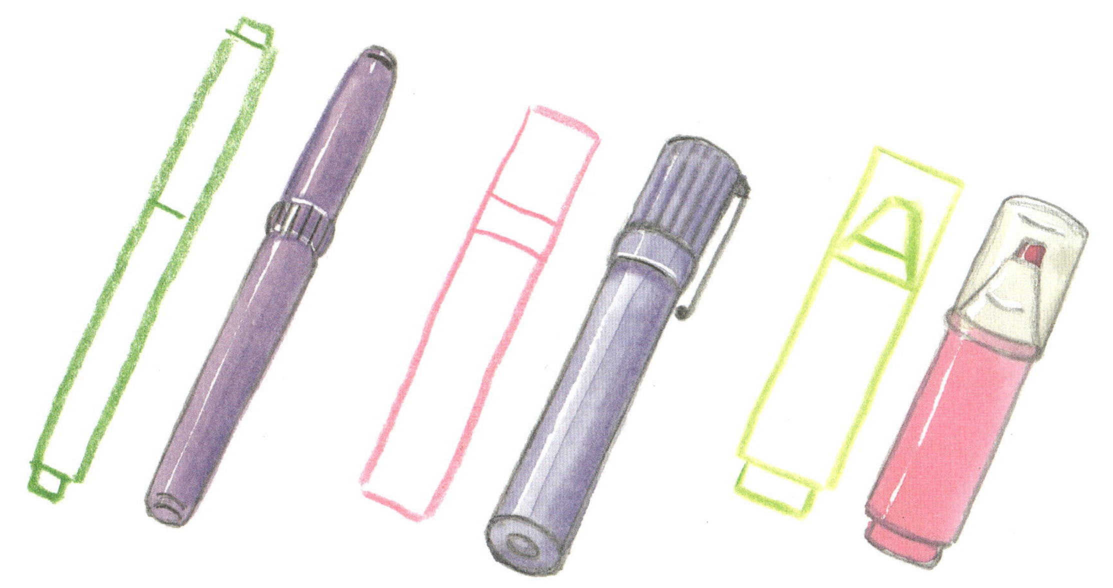

펜들의 모양은 다르지만 길쭉한 네모만 있으면 모두 그릴 수 있어요.

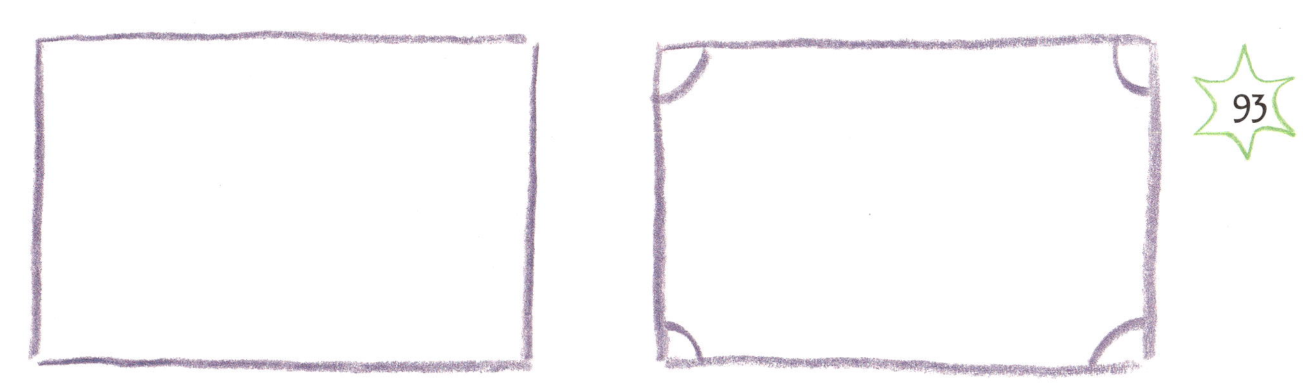



화판은 네모를 먼저 그린 다음에 모서리를 그려요.
리본을 그리고 나서 예쁘게 색칠해요.

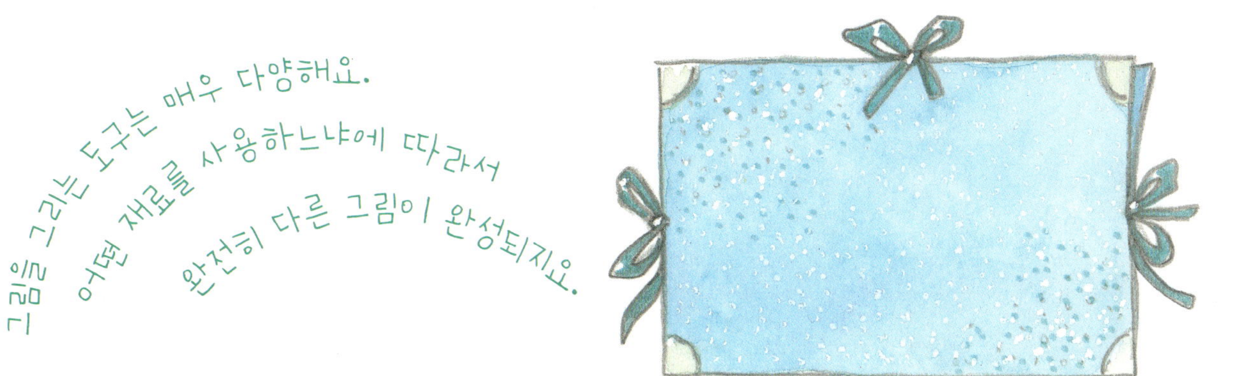

# 알록달록 색칠을 해요

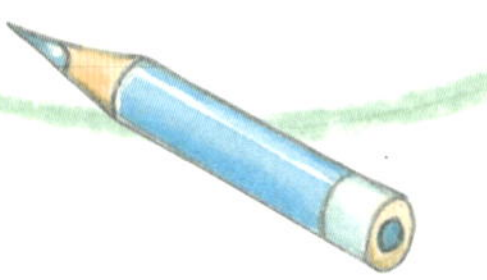

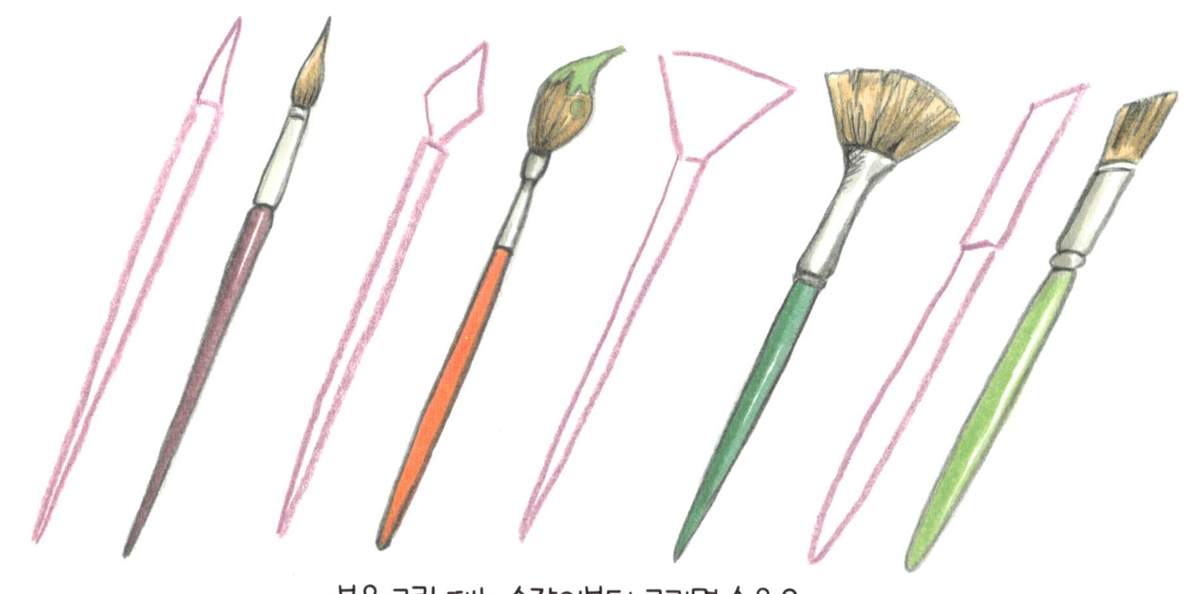

붓을 그릴 때는 손잡이부터 그리면 쉬워요.
붓 모양은 뾰족하게, 넓적하게, 비스듬히~ 마음대로 그려 보세요.

## 물감을 입체적으로 표현해요

**1**

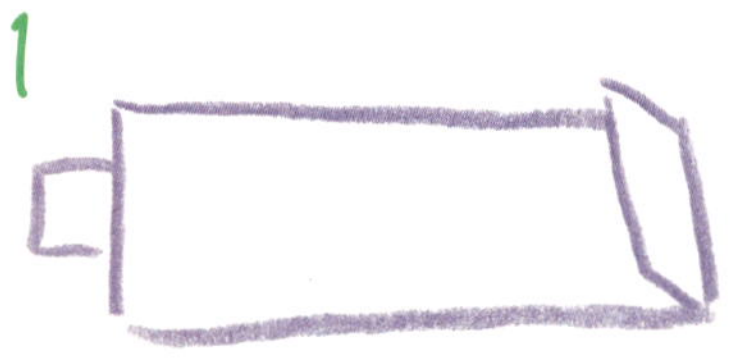

물감은 네모부터 그려요.

**2**

둥글게 다듬으면 실물처럼 보여요.

**3**

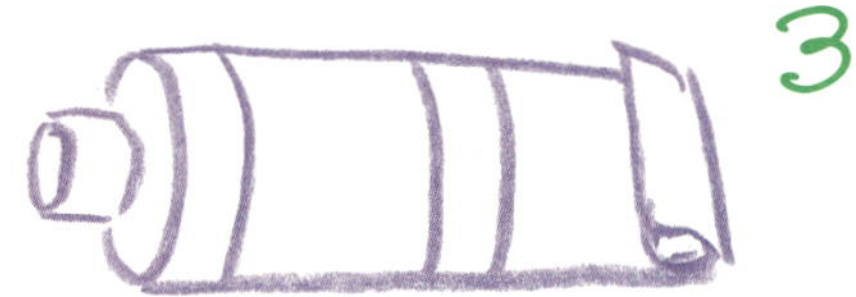

나머지 부분을 자세히 그려요.

**4**

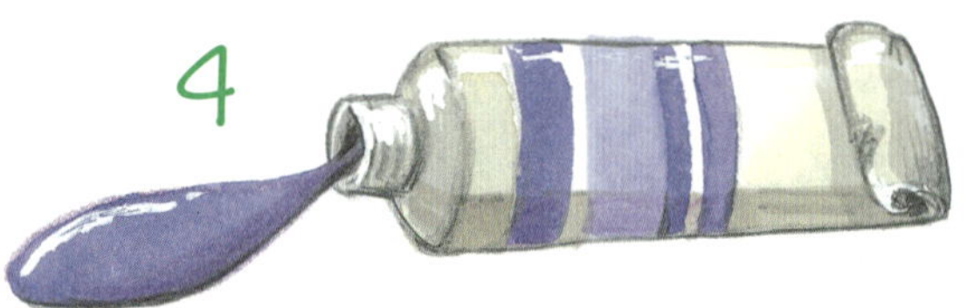

알맞은 색을 칠하면서 입체적으로 표현해요.
흘러나온 물감도 그려 보고요.

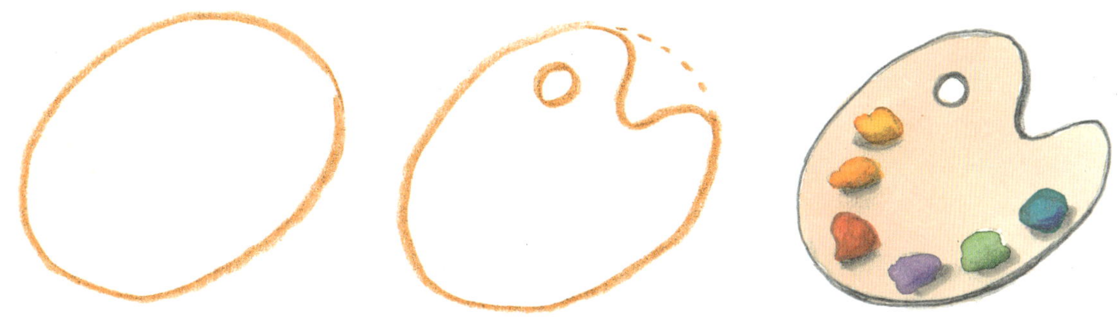

팔레트는 동그라미부터 그리고 쏙 들어간 모양을 다시 그려요.

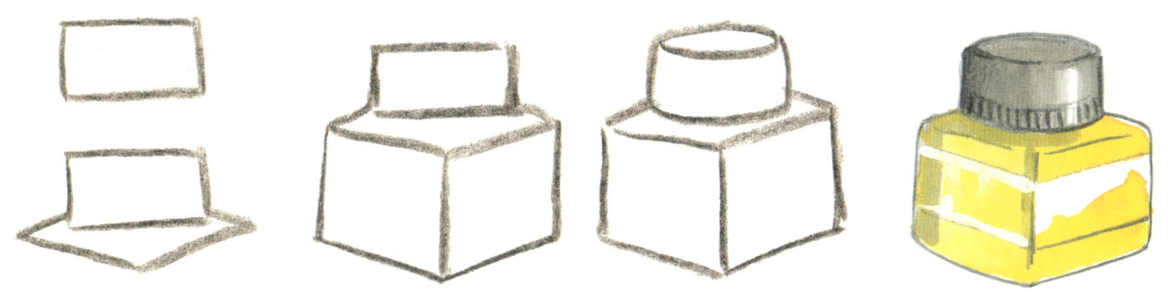

병에 들어 있는 물감은 이렇게 그려요.
먼저 뚜껑과 병을 네모로 그린 다음 필요한 부분은 둥글게 완성해요.

## 직사각형 팔레트도 그려 볼까요?

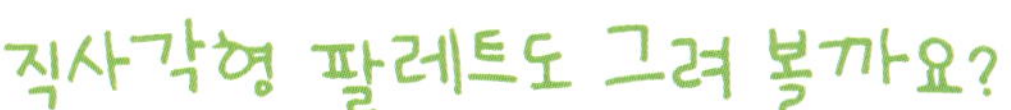

**1**

먼저 아래판과 뚜껑을
모두 네모로 그려요.

**3**

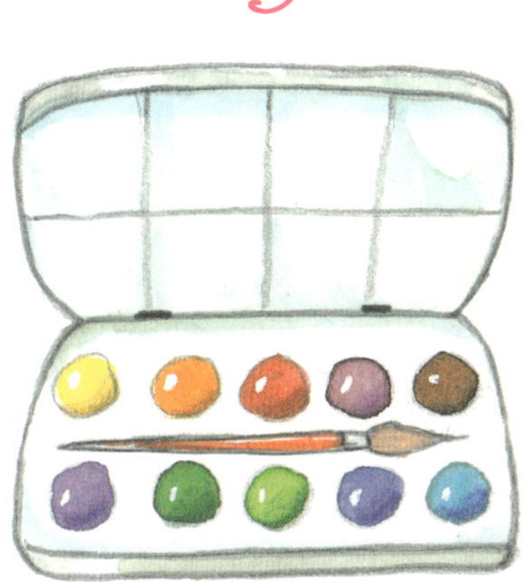

**2**

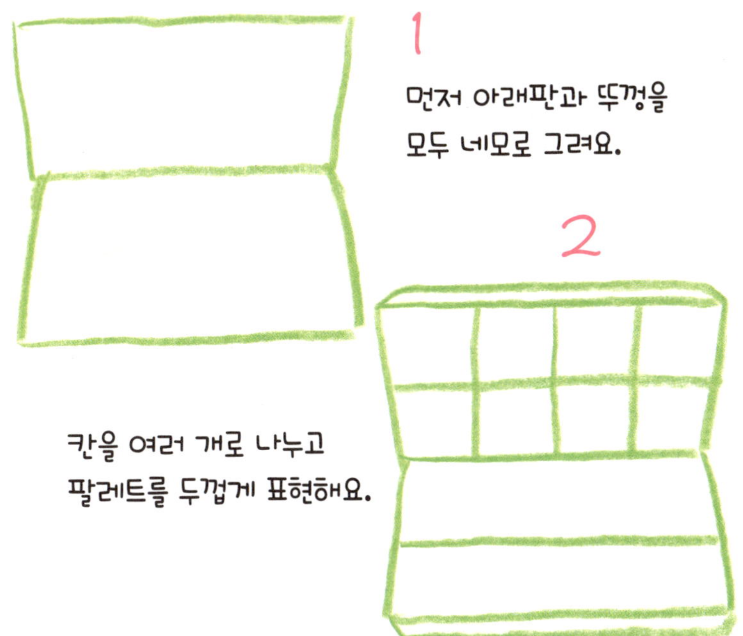

칸을 여러 개로 나누고
팔레트를 두껍게 표현해요.

자세하게 그려서 마무리하고
물감을 알록달록 색칠해요.

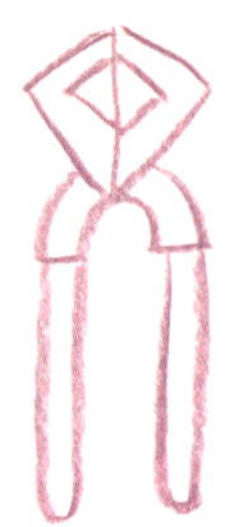
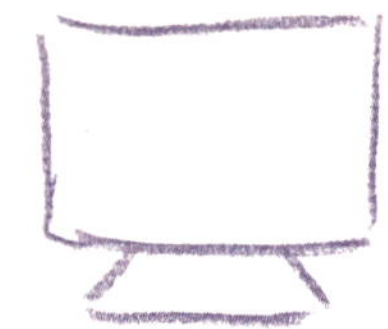
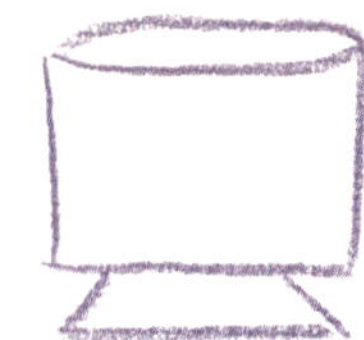
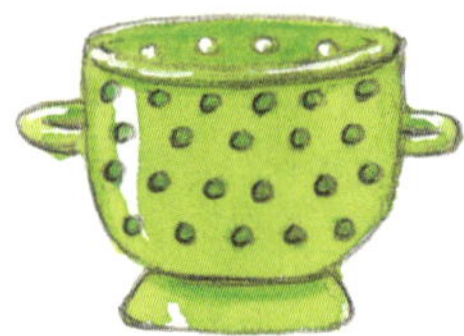
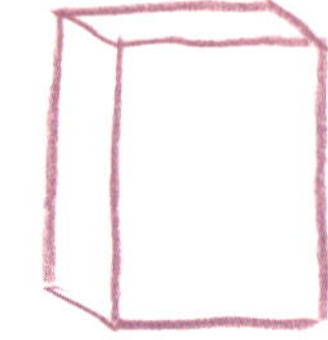

# 상상력과 창의력 쑥쑥 내가 꿈꾸는 직업 일러스트

© Rosa M. Curto, 2015


초판 1쇄 발행일 2015년 6월 10일

**지은이** 로사 M. 쿠르토
**옮긴이** 이은주
**펴낸이** 윤은숙
**편집 책임** 이희원
**편집** 위정은
**디자인** 윤미정
**마케팅** 석철호 나다연 옥찬미
**관리** 구법모 엄철용

**펴낸 곳** (주)느림보
**등록일자** 1997년 4월 17일
**등록번호** 제10-1432호
**주소** 경기도 파주시 회동길 198
**전화** 편집부 031-955-7383 영업부 031-955-7374
**팩스** 031-955-7393
**홈페이지** www.nurimbo.co.kr


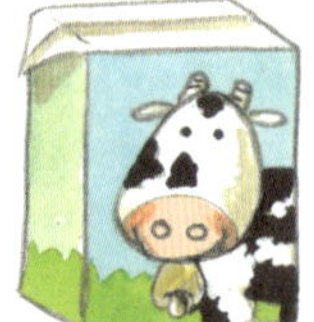
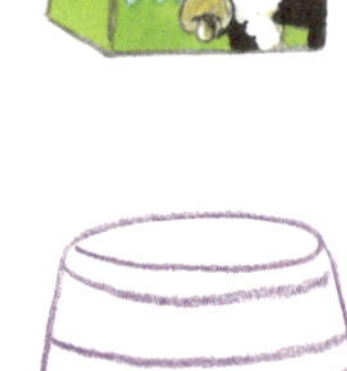

**ISBN** 978-89-5876-198-3  13370

이 도서의 국립중앙도서관 출판시도서목록(CIP)은 e-CIP 홈페이지 (http://www.nl.go.kr/ecip)와 국가자료공동목록시스템(http://nl.go.kr/kolisnet)에서 이용하실 수 있습니다. (CIP제어번호 : CIP2015015063)


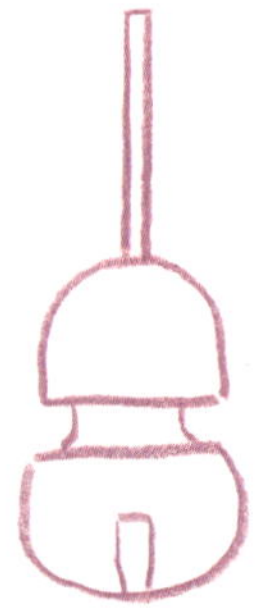
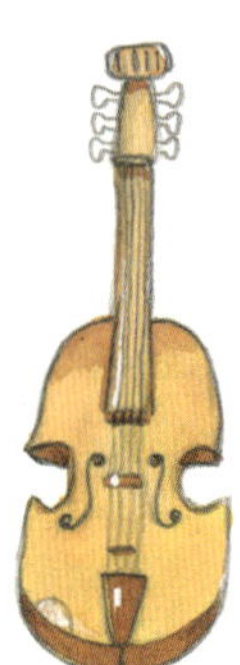
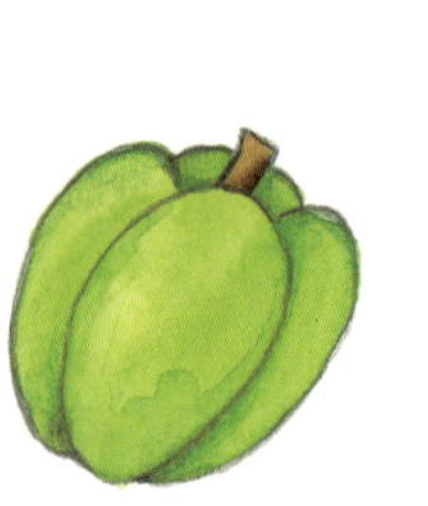
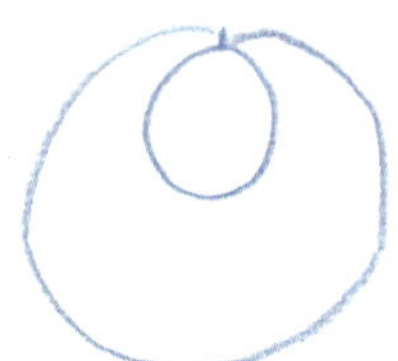
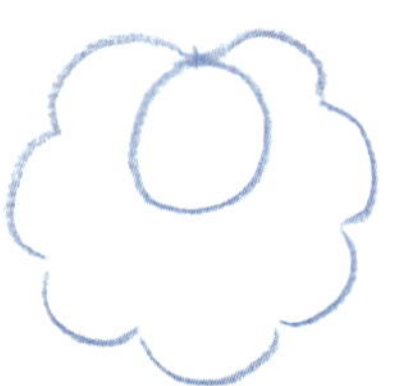

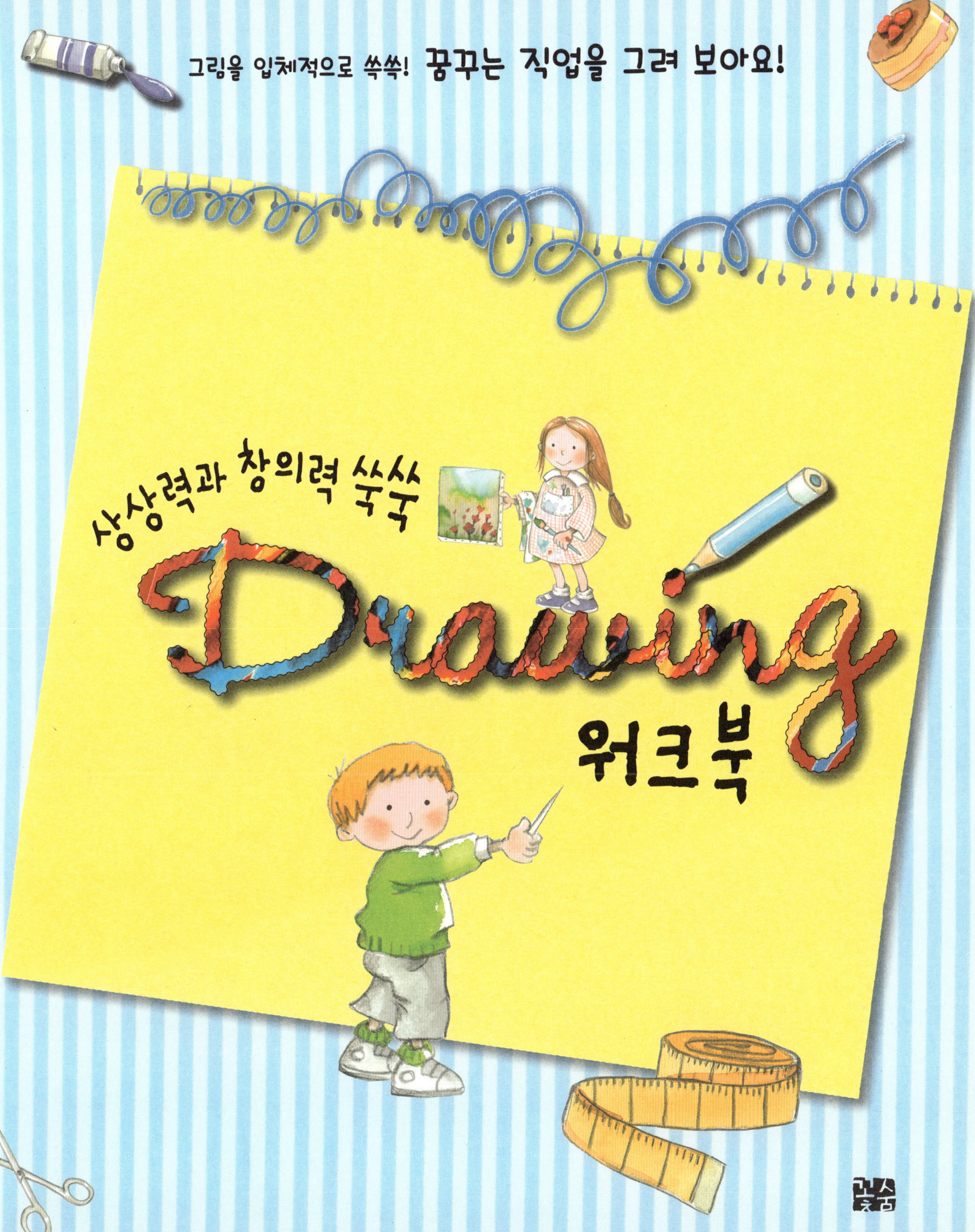
그림을 입체적으로 쓱쓱! 꿈꾸는 직업을 그려 보아요!
상상력과 창의력 쑥쑥
Drawing 워크북

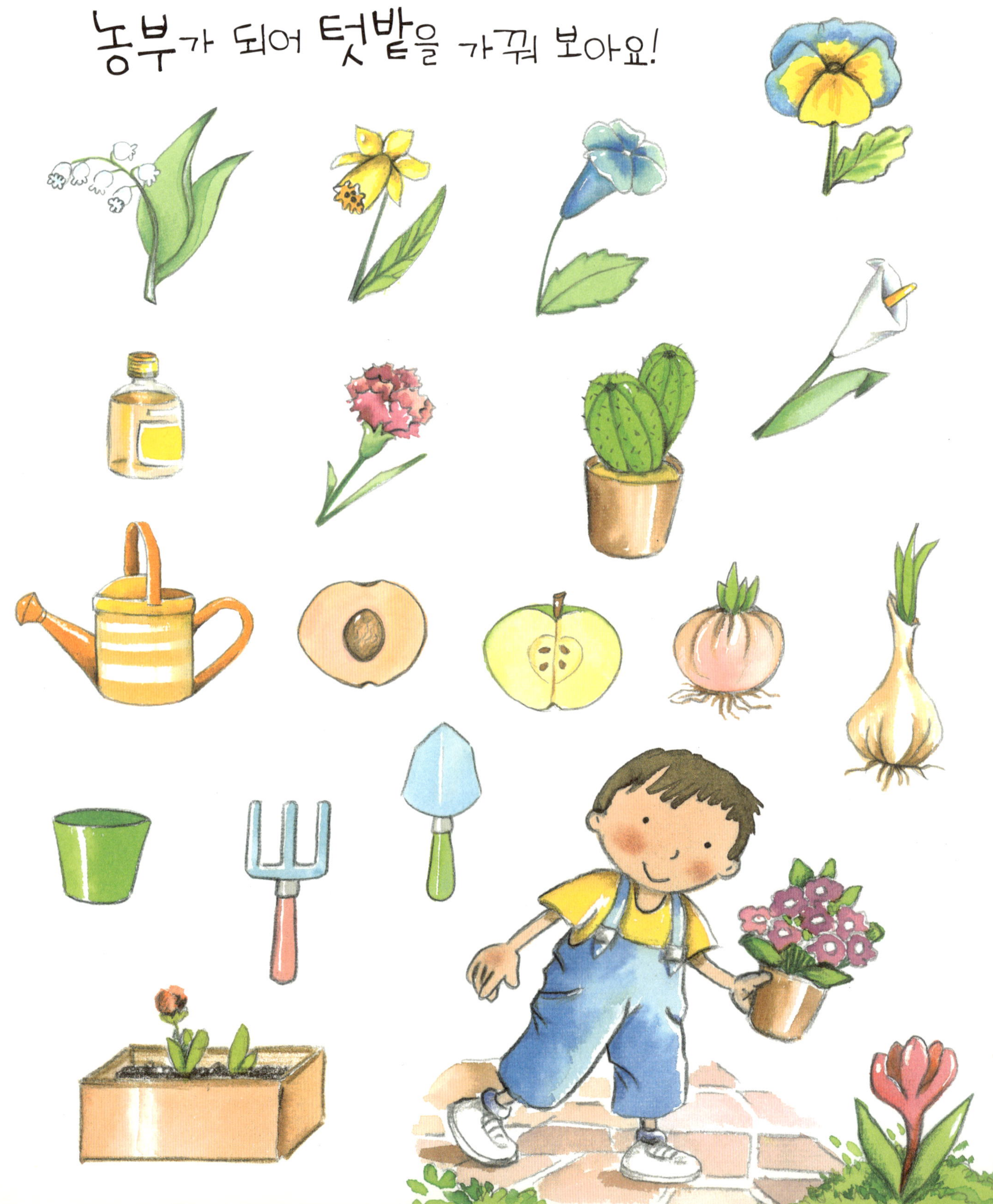

농부가 되어 텃밭을 가꿔 보아요!

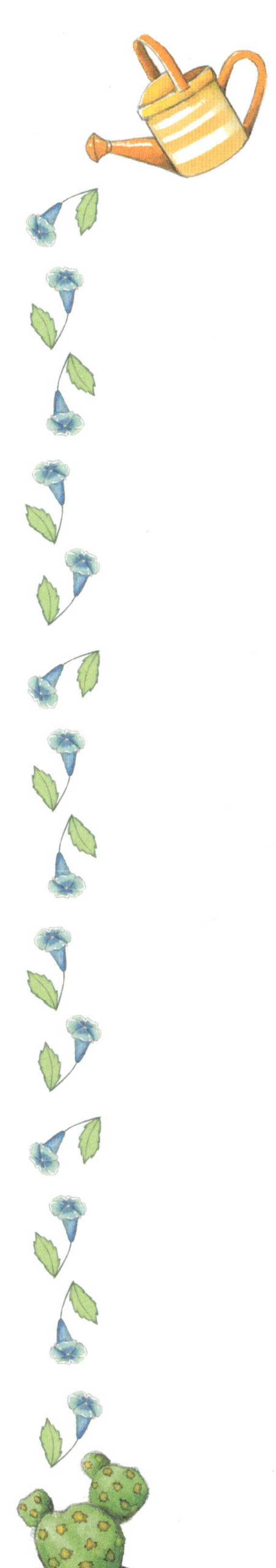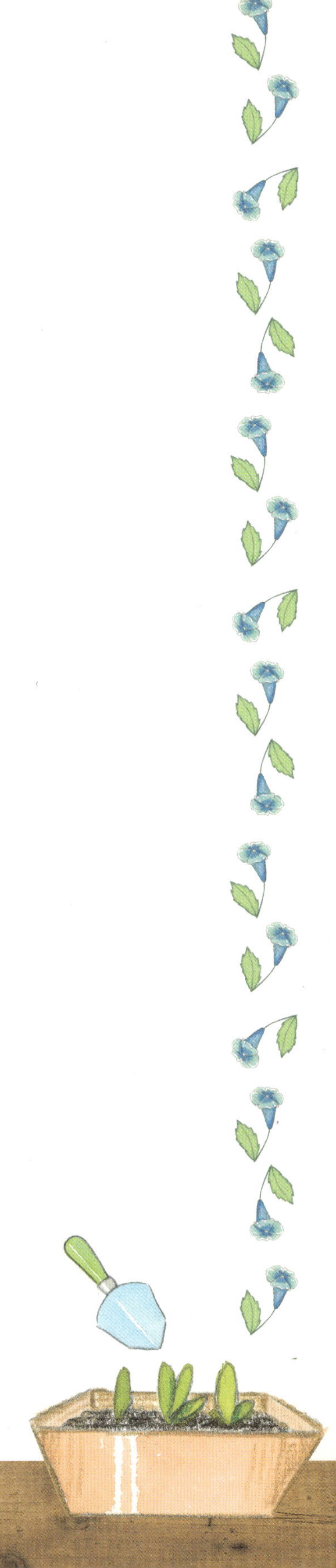

꽃, 채소, 식물들로 나만의 텃밭을 만들어 보세요!

# 오늘은 내가 요리사!

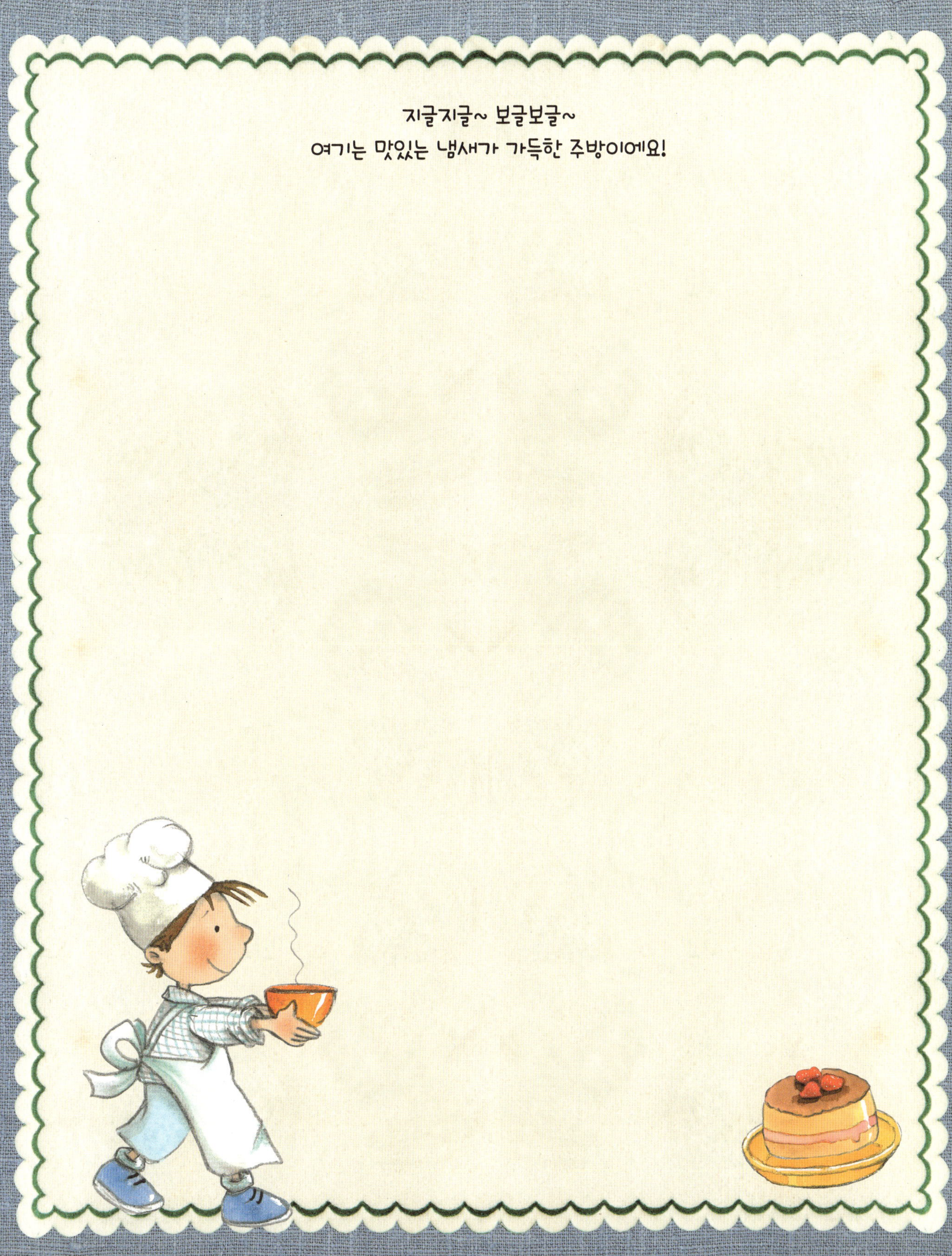
지글지글~ 보글보글~
여기는 맛있는 냄새가 가득한 주방이에요!

# 멋진 건축가가 되어 보아요!

뚝딱 뚝딱! 집을 짓고
내 손으로 가구도 만들어요!


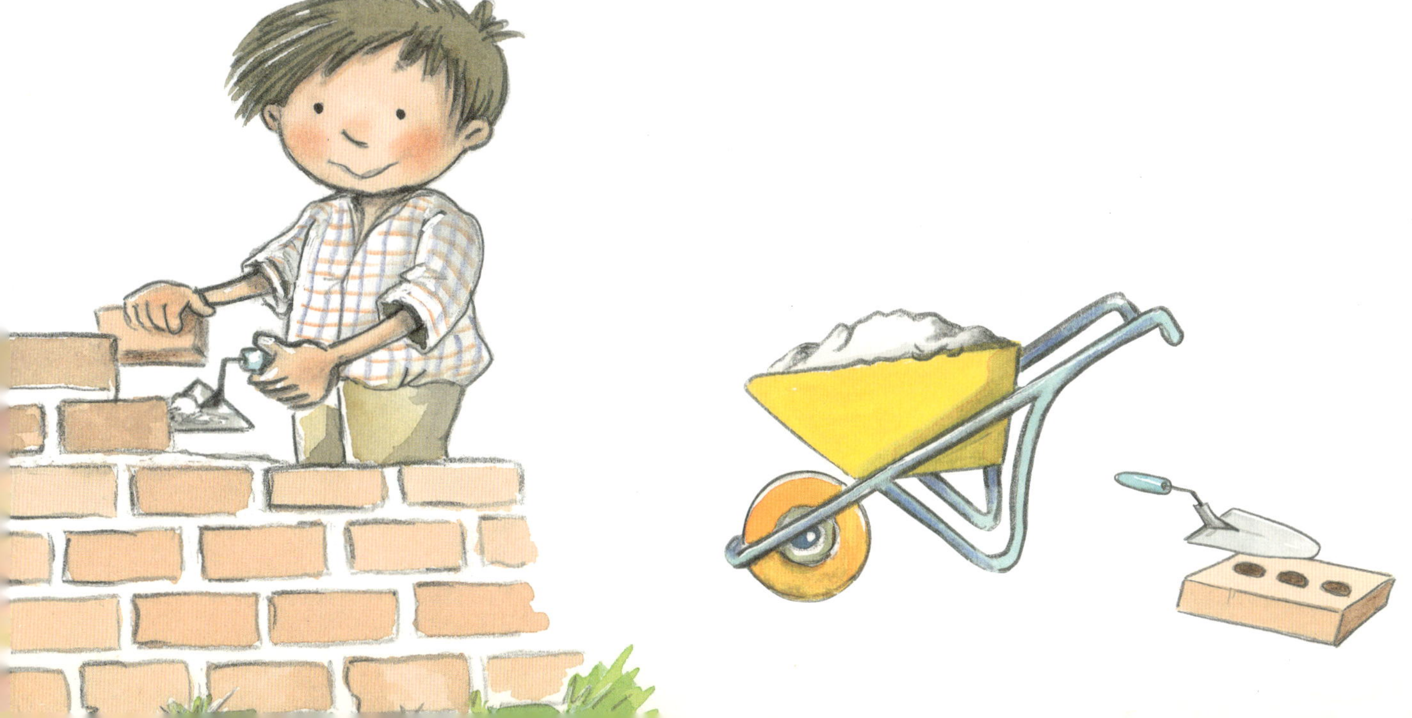

# 헤어디자이너는 손재주가 좋아요!

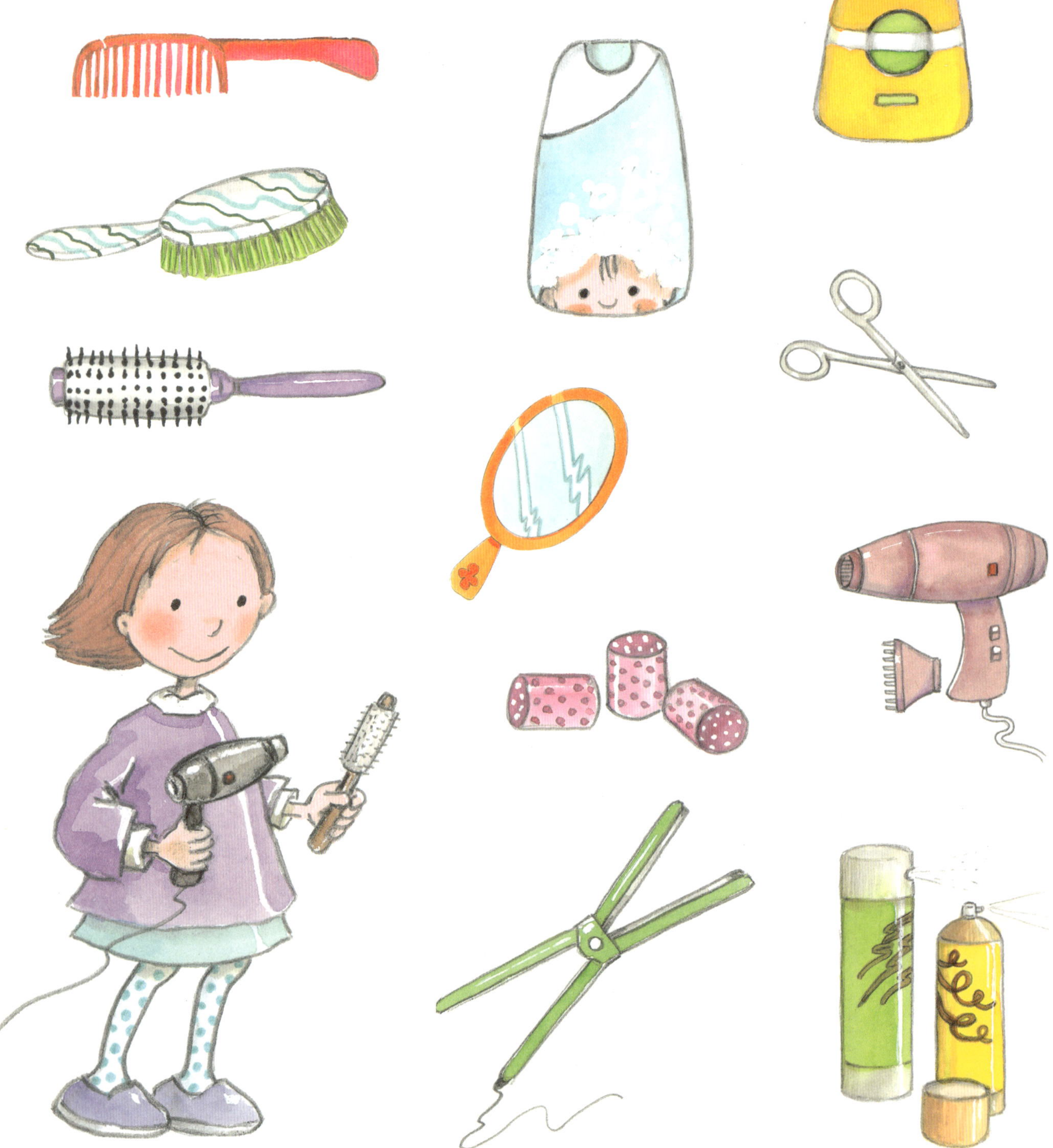

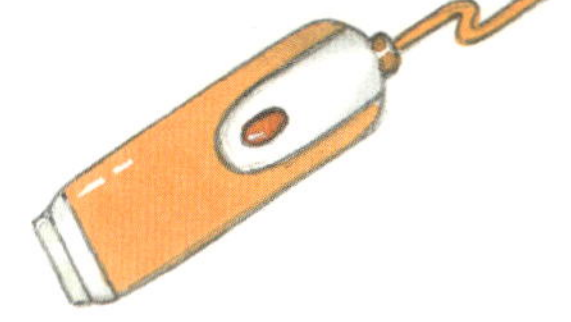

세상에서 하나뿐인 특별한 머리 모양을 만들어 보아요!

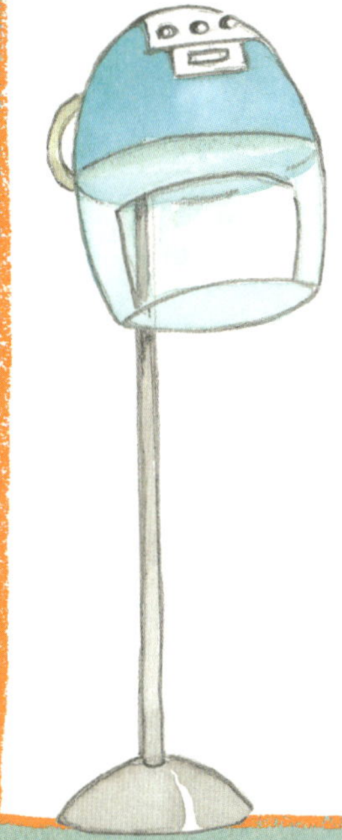

세상에서 하나뿐인 특별한 머리 모양을 만들어 보아요!

# 근사한 옷을 만드는 패션디자이너!

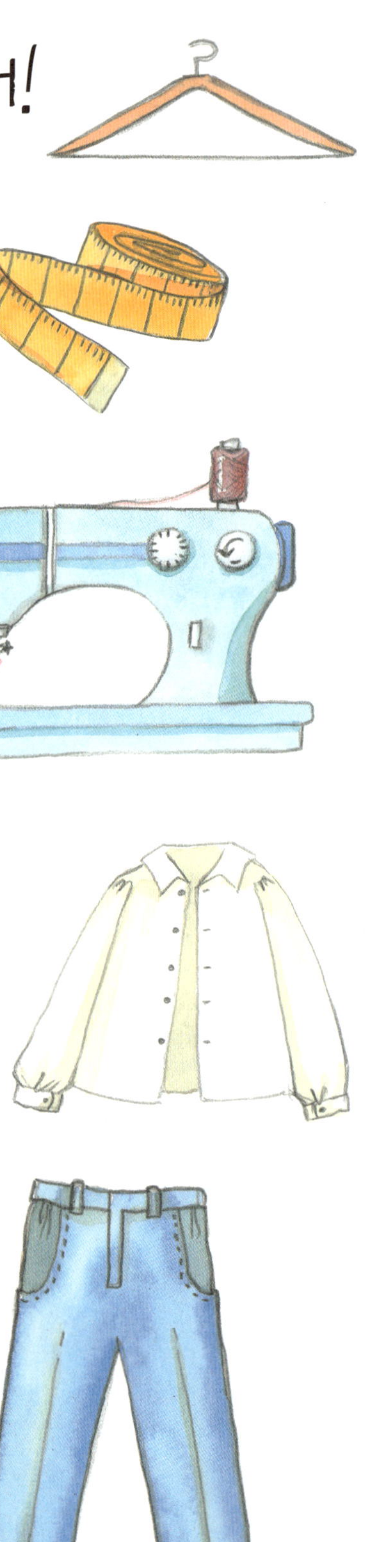

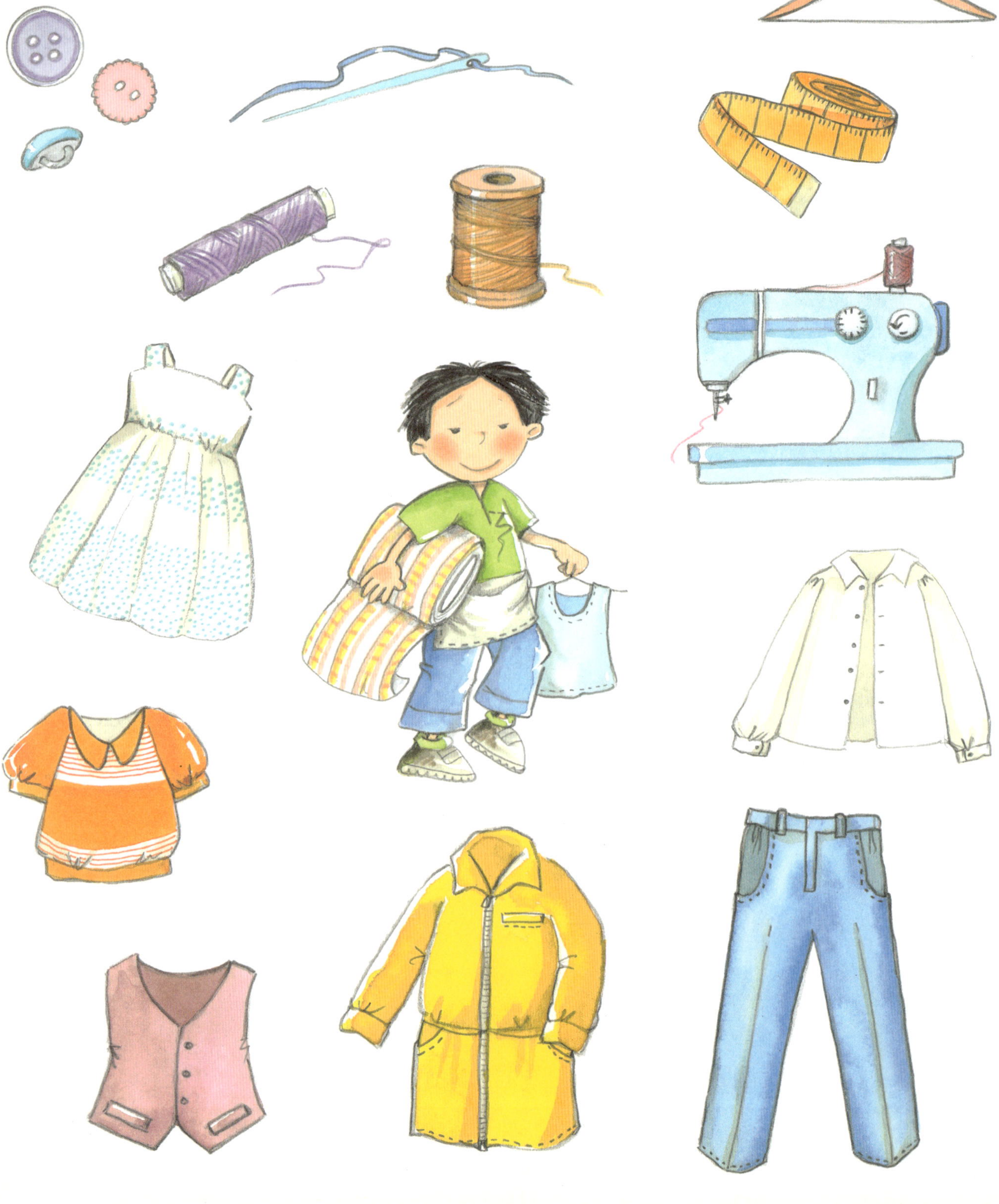

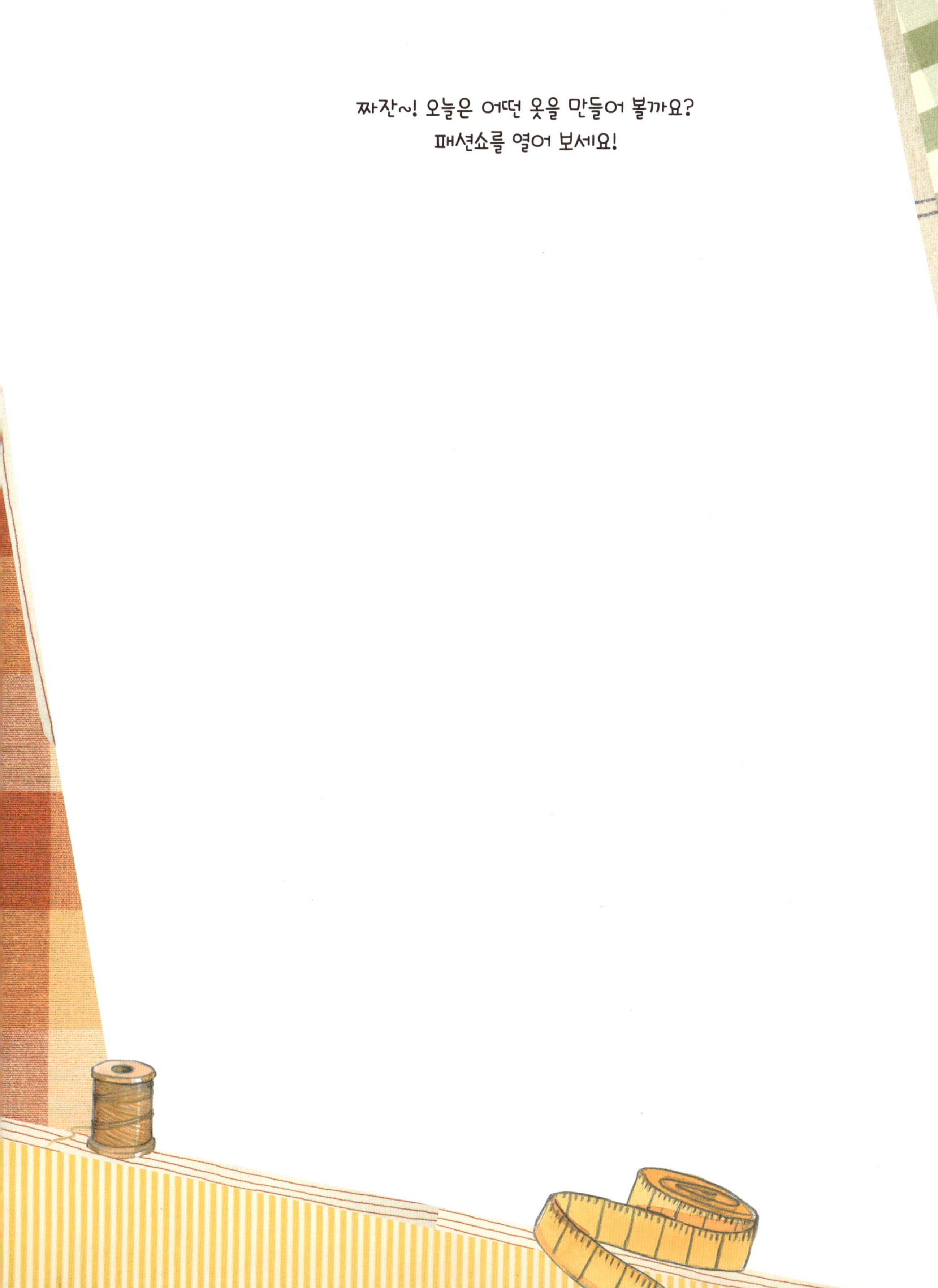

짜잔~! 오늘은 어떤 옷을 만들어 볼까요?
패션쇼를 열어 보세요!

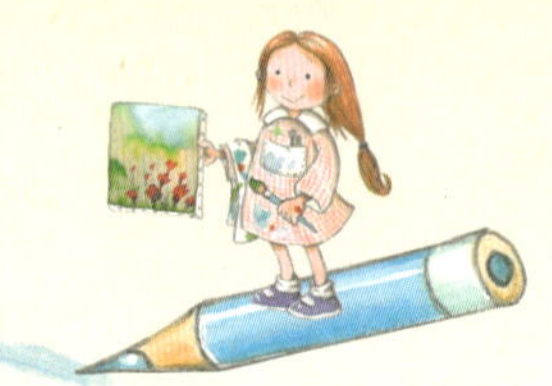

자! 여러분은 커서 무엇이 되고 싶나요?
마음껏 상상하고 신 나게 그려 보세요!

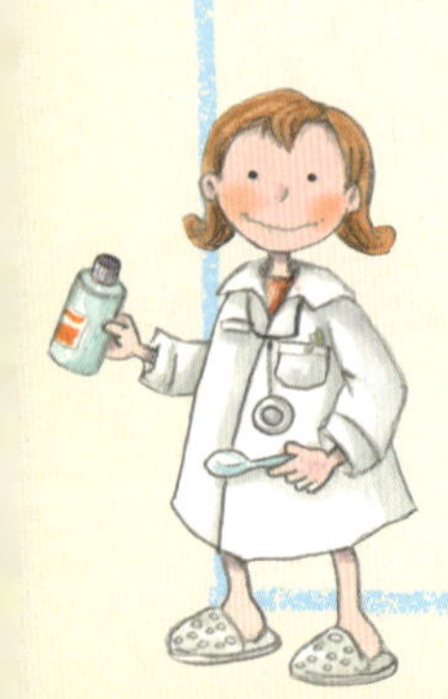

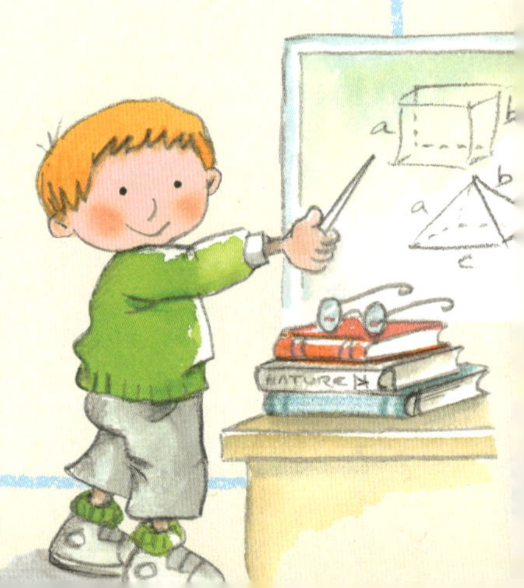